騙局

為什麼聰明人容易上當？

The Confidence Game:

Why We Fall for It . . . Every Time

Maria Konnikova

瑪莉亞·柯妮可娃——著　洪夏天——譯

各界讚譽

獨一無二的詐欺犯故事配上人類利益與洞察人性的剖析。柯妮可娃是心理學的明星作家，她以清晰獨特、深入淺出的文筆，向讀者解釋騙子的各種花招。

——語言學大師史迪芬．平克，《語言本能》、《寫作風格的意識》作者

這是本與眾不同的書，瑪莉亞．柯妮可娃向讀者揭示，易於相信是根深柢固的人性，往往會讓我們陷入危險之中。她巧妙地講述故事、分析研究報告，探索人們的思考方式，最終找出我們是誰的答案。《騙局》透過深入研究及高雅的文筆，將有助開闊視野與鍛鍊心智。

——丹尼爾．品克，《動機，單純的力量》、《未來在等待的銷售人才》作者

柯妮可娃寫下最動人心弦、讓人欲罷不能的詐騙世界。我徹夜不眠地讀著本書，無法停下。本書文筆優美，充滿故事與引人深思的心理研究，《騙局》告訴你騙子如何下手，而我們又該如何智取。

——查爾斯．杜希格，《為什麼這樣工作會快、準、好》作者

我很欣賞柯妮可娃的筆觸。在這個充斥極端思想與爭議偽科學的世界，她冷靜的理性思索既睿智又撫慰人心。

——強·朗森，《鄉民公審》作者

本書引人入勝，告訴我們為何人容易受騙。柯妮可娃是當今最有才華的社會科學作家之一。本書動搖了我對明辨騙術的自信，同時又教我該如何進步。

——亞當·格蘭特，《紐約時報》暢銷書《給予》、《反叛，改變世界的力量》作者

對詐欺犯的傑出研究，娓娓道來詐騙故事和需要相信的人類需求。

——知名小說家尼爾·蓋曼

本書不但令人驚豔且發人深省，你下一次面對友人提供僅有一次的絕佳機會時，一定會小心考慮。

——艾瑞克·拉森，《紐約時報》暢銷書《死亡覺醒》（*Dead Wake*）和《白城魔鬼》作者

身為美國退休者協會詐騙監控網大使，我們致力教導成員如何自保，避免遭到詐騙。我認

為《騙局》非常實用。要自我保護、避免上當的最好辦法，就是瞭解騙子的心理與動機。

——法蘭克．艾巴內爾（Frank W. Abagnale），電影、小說與好萊塢音樂劇《神鬼交鋒》主人翁

到底是什麼魔力，讓舌粲蓮花的陌生人說服你交出一切？柯妮可娃是位才華洋溢的說故事高手，她筆下騙子與受害者的故事會讓你大吃一驚。這本書既精彩又令人不安，我一方面希望所有人都讀這本書，又擔心它會落入宵小之徒手裡。

——保羅．布倫（Paul Bloom），《善惡之源》（*Just Babies*）作者

這是一窺詐欺世界最耗費心思也最引人反思的著作。我雖然熟知騙術，卻也上過當。這本書實在太棒、太重要了！

——麥可．薛默（Michael Shermer），《為什麼大家相信怪事》（*Why People Believe Weird Things*）與《輕信的腦》（*The Believing Brain*）作者

為了不要成為憤世嫉俗的人，最安全的辦法就是瞭解騙子如何掌握你的一切；瞭解騙子的心理、動機、招術和遊戲規則。柯妮可娃的著作讓世界各地的騙子無所遁形。

——《新共和》雜誌

非常精彩又令人著迷的一本書。柯妮可娃深入探索騙子與受害者的真實故事，援引以欺騙本質為主題的新研究，她不只揭露騙局高潮迭起的情節，也揭示背後的心理思考方式，告訴讀者為什麼我們是騙子的潛在最佳目標。

——大衛・格雷恩（David Grann），《失落之城Z》作者

在《騙局》中，柯妮可娃寫就迷人的騙子故事。不只如此，這是一本探討信任、信念與欺騙的書，深入解析最基本的人性。如果你自認不會淪落騙局陷阱，本書必會令你重新思考。

——大衛・艾普斯坦（David Epstein），《運動基因》（*The Sports Gene*）作者

本書結合新聞報導、當事人的口述、公開紀錄與親身訪談，柯妮可娃分析世上最厲害的騙子得逞的手法。本書讓你一看就停不下來，洞察騙子與我們（騙子的下手目標）的內心世界。

——《今日心理學》雜誌

柯妮可娃是位對詐騙的黑色藝術見識獨到的分析家。

——《紐約時報》書評

一本緊張刺激的騙人與被騙工具書。

——《華盛頓郵報》

結合流行社會科學與濃縮歷史，這位科學作家超越了葛拉威爾之流，深入剖析人的直覺如何讓我們誤入歧途，走進騙子的圈套。騙子與被騙者之間既離奇又相互依存的關係十分常見，不管被騙者自認多麼世故聰明，仍成了貝納．馬多夫手下名利薰心的蠢蛋和傻傻為蘭斯．阿姆斯壯歡呼的民眾。

——《Vulture》雜誌

柯妮可娃認為詐騙的受害者不能以愚蠢無知一詞概之。他們往往是普通人，只是處在絕望或情緒不穩的情境裡。大部分的讀者自認理智且富有謀略並以此自傲，而柯妮可娃的研究一開始就警告，自傲正是我們的弱點。受騙的領導者，往往是一開始就自我欺騙的人。

——《Fast Company》雜誌

這是一則精彩刺激的心理偵探故事，研究惡毒、心機深沉且嫻熟人心操縱的詐欺犯如何利用人們易於相信他人的本性下手。人心有所期待時，就容易相信夢想會成真。本書說明日常生活中信任與欺騙的潛在運作方式。

——瑪麗亞・波普娃（Maria Popova），Brain Pickings網站

柯妮可娃透過鉅細靡遺的研究與精彩的說故事能力，講述這個迷人的主題，引人入勝。

——《科克斯書評》

本書氣勢與熱情兼具，巧妙講述騙子的心理學研究。

——《出版人週刊》

本書令人回味無窮，深入解析為何那麼多人都失去理智，淪為詐騙的受害者。

——Vice網站

本書引領讀者跳入深沉（且十分有趣）的騙子世界。

——《時代》網站

原來有那麼多值得我們深入瞭解的人性，而柯妮可娃是位洞察人心的分析師。

——《經濟時報》

令人愛不釋手的一本書……既巧妙又有力地提醒我們，騙子並非陰險的壞蛋，他們和我們無意間對家人親友說出的善意謊言一樣模糊曖昧又無處不在。

——《洛杉磯圖書評論》

THE CONFIDENCE GAME

目錄 Contents

THE CONFIDENCE GAME

第4章 詐騙圈套

目錄 Contents

目錄

Contents

前言
詐騙的黃金時代來臨

罪犯界的翹楚。

——語言學家大衛．摩爾（David Maurer）

加拿大皇家海軍軍醫上尉約瑟夫．西爾（Joseph Cyr）醫生走上驅逐艦卡雲加號（Cayuga）甲板。此刻是西元一九五一年九月，韓戰邁入第二年。卡雲加號穿過北緯三十八度線，離北韓岸邊不遠。今天早上一切平順，沒有傳來有人生病或受傷的消息。但午後時分，觀察哨在水面上發現異樣：一艘小而狹長的韓國舢舨船上旗幟飄揚，急切地航向卡雲加號。

不到一小時，看來弱不禁風的小船停泊在卡雲加號旁。船內一片髒亂，堆疊著十九具身受重傷的軀體。他們半死不活，擠壓難辨的身軀血肉模糊，血流不止的頭顱與肢體扭成奇怪的角度，有的早已僵硬。大部分都是未成年的少年。一名韓國聯絡官趕緊向卡雲加號船員解釋，小船遭逢襲擊，船員身上才會滿是子彈與霰彈造成的傷口。船員趕緊召來甲板下的西爾醫生，他是船上唯一有醫學學位的人。他得幫這十九人動手術，事不宜遲；如果袖手旁觀，這些人難逃一死。西爾醫生立刻準備用具。

大詐騙家的高超騙術

問題是，西爾醫生根本沒有醫學學位，更沒有在行進的船上施行繁複手術需要的資格與訓練。事實上，他連高中都沒念完，甚至本名也不叫西爾，他叫費迪南・華多・戴瑪哈（Ferdinand Waldo Demara），後來世人稱他為「大詐騙家」。作家羅伯特・克萊頓（Robert Crichton）一九五九年的作品《大詐騙家》（*The Great Imposter*），多少是在紀念這位史上最厲害的行騙高手。他的詐騙生涯橫跨數十年，假扮過各行各業的人。不過，他最擅長扮演人命的掌控者：醫生。

四十八小時內，憑著一本醫學課本，戴瑪哈成功演出外科醫生開刀的戲碼。他曾仰賴同一本教科書，在安大略矇騙一位內科醫生，兩人還為軍隊辦了場半個外科醫生也沒有的醫療活動。除了教科書，他為病人準備大量抗生素，也不忘為自己開瓶酒，既可提神醒腦還兼消毒，再仗恃他最得意的高超騙術。畢竟他是扮演醫生的老手，曾假冒過心理學家，當過教授；也扮過僧侶，還扮了好幾次；他甚至創辦過宗教學院。像外科醫生這樣的角色，怎難得倒他？

戴瑪哈在公海上施展醫學奇蹟，人們架起臨時手術台並固定好，免得陣陣波濤影響手術，危急病人的安全。此時，一名年輕熱情的新聞官在甲板上閒晃，一心想挖掘頭條新聞。報社總部向他施壓，他們亟需有料的報導。他非寫篇好新聞不可。數星期來，他和同船水手打趣說報社在鬧新聞荒。救援韓國小船的消息一傳開，他就掩飾不了興奮之情。西爾醫生的報導大有看頭，這故事太完美了。沒人要求西爾先生援救敵人，但崇高的榮譽感使他無法見死不救。他會執行十九項手術，原本奄奄一息的十九名年輕人想必能精神飽滿地離開卡雲加號。但醫生會接受專訪，好紀念這週最意義重大的一刻嗎？

戴瑪哈怎能拒絕？他確信自己毫無破綻。他志得意滿，假冒醫學博士西爾醫生的身分，渴望成為媒體寵兒。可能的話，他還想吹噓自己嫻熟超凡的開刀技巧。西爾醫生的偉大成就登上新聞後，很快傳遍加拿大。

❧

真正的約瑟夫．西爾醫生開始不耐煩。十月二十三日，他人在加拿大東岸的艾德蒙斯頓家中，竭盡全力想好好讀本書，但片刻不得安寧，電話鈴響不斷，掛完一通又來一通。來電者心懷善意，只想知道他是去過韓國的西爾醫生嗎？或者是他的兒子，還是他的親戚？不是，不是，如果他們有耐性的話，他願意解釋。他們沒有親屬關係，世上姓西爾的人多如牛毛，很多人同名同姓，都叫西爾醫生。他不是那個人。

幾個小時後，西爾接到好友來電，向他唸出「傳奇西爾醫生」的學經歷。也許世上有好幾個約瑟夫．西爾，但這人宣稱的學經歷與他如出一轍。太離奇了，不可能是巧合。西爾向他的朋友要了張照片。

一定是哪裡搞錯了！他認識這個人。他說道：「等等，這是我朋友，是基督教學兄弟會的約翰．培恩弟兄（Brother John Payne）。」他的驚訝顯而易見。西爾和培恩初識時，培恩是個見習修士，當他告別俗世生活後，便改名培恩弟兄。西爾記得培恩原本也是醫生，和他的經歷相似。據他所知，培恩的本名應為西塞爾．哈曼醫生（Dr. Cecil B. Hamann）。為何他重新執業後，不但隱姓埋名，還盜用西爾的身分？他本人的學經歷應該夠用了吧。戴瑪哈的騙局立即就被拆穿。

雖然騙局被破解，海軍最終開除他，但他的詐騙事業並未就此終結。身負保家衛國重任的海軍，居然連人員身分確認也做不好，丟臉到家。因此，海軍沒有控告戴瑪哈，只是悄悄開除他，要他離開加拿大，不要聲張。戴瑪哈暗自慶幸，照做不誤。雖然他一時聲名狼籍，但歷時短暫。從此之後他假扮各行各業人士，包括典獄長、啟智學校老師、平凡的英文教師，以及土木工程師；還差點拿下墨西哥大型造橋工程的合約。直到過世前的三十年間，戴瑪哈的身分多變，而西爾醫生只是其中一個角色。連為他寫傳記的羅伯特．克萊頓也難逃魔掌，傳記出版後，戴瑪哈就冒用克萊頓的身分。他的行騙生涯更上一層樓。

認識戴瑪哈的人，以小名弗萊德（Fred）稱呼他。他一而再、再而三地登上權力高峰；在課堂上操控學生的心智，在監獄裡左右囚犯，而在卡雲加的甲板上，他掌控生命存亡。他的詭計屢屢被破解，但又一再成功誘騙身邊的人。

他得逞的祕訣是什麼？是否擅於選擇目標，總向性格軟弱、天真輕信的人下手？但我可不認為全美最戒備森嚴的德州監獄那麼容易受騙。還是他的外表充滿說服力、讓人尊敬？看來也不是如此。他身高一百八十五公分，體重一百一十三公斤，如橄欖球後衛般稜角分明的下巴，突顯他細小雙眼裡閃爍著興味盎然又狡猾的光芒，總是讓克萊頓四歲的女兒莎拉心生恐懼，每每看到他的臉就失神大哭。也許引人上當的是更深奧根本的緣由，來自我們內心，以及我們看待世界的方式。

陷入騙局：想像力與好奇心的力量

這是口耳相傳千萬年的古老故事。故事敘述的是人們最基本普遍且無法抗拒的需求——信念。信念賦予存在意義，肯定人對自己與世界、自身定位的看法。「信仰，」法國哲學家伏爾泰（Voltaire）可能曾說過，「始於第一個騙徒遇到第一個傻子。」至少這聽來像是伏爾泰會說的話；他一向看不慣宗教組織。但同樣一句話，有人說是美國小說家馬克．吐溫（Mark Twain）所言，有人說是美國天文學家卡爾．薩根（Carl Sagan）或英國文學之父傑弗里．喬叟（Geoffrey Chaucer）所言。可以確定的是，必定有某個人在某時某地講過這句話。

這句話聽來深具說服力，因為它觸及意味深遠的真理。自有意識開始，我們純粹且全然地需要信仰。仍在襁褓的嬰兒全然信任大人會盡心餵養並照顧他的需求；成年人渴望見證公平到來，正義伸張。戴瑪哈之流的詐欺犯總是輕而易舉得到人們的信任，正因人們已為詐欺犯鋪陳好前情提要，想要相信他們的花言巧語。**詐欺犯厲害之處在於察覺大眾需求，懂得如何包裝自己，好滿足人們的想像**。

像戴瑪哈這樣的詐欺犯總在受害者需要時及時上場，他換上眾人希冀的裝扮：正當軍方亟需醫生時，他成為願為海軍獻身的合格醫生；別人視監獄為畏途，他搖身一變成了勇於接受挑戰的典獄長。著名的龐氏騙局（Ponzi schemer）就是利用市場浮動不定、資金短缺時，向民眾提供絕佳投資標的。或者變身為眾所期待的學者，帶來複製科技上突破性發展。又或是握有馬克・羅斯科（Mark Rothko）消失已久的完好畫作的藝術經理人。當鎮民被某項難題煩擾已久，作為握有解決辦法的政客突然現身。或者化身成治療師，精通各種療法、手上有適宜藥劑，又深知如何對症下藥。也可能當個能言善道的記者，口若懸河，故事裡隱含深理。而在這些詐欺犯出世前，還有宗教領袖總給予面臨苦難的信徒無限希望，保證救贖與解脫，誓言有天正義終會降臨。

一九五〇年代，語言學家大衛・摩爾著手深入研究當時所知的詐騙世界。他暱稱這群老奸巨猾的騙子為「罪犯界的翹楚」。行騙高手並不在乎硬性犯罪（Hard Crime）——當面偷竊或搶劫、暴力、威脅等。**欺詐騙局需要軟性溝通技巧，如信任、同情與說理服人。真正的詐欺犯不會強迫對象做任何事，而是讓人們成為共犯，默許騙局發生**。他不偷東西，是我們心甘情願交給他；他不需要脅迫我們，我們自行腦補情節。我們認為一切出於自由意志，而不是任何人說服我們。我們雙手奉上他們所要的一切——金錢、聲望、信任、名氣、正當性與支持——當我們驚覺事情不妙時已太遲了。我們需要相信，想要擁抱相近的價值觀，這種渴望強烈而難以抗拒。只要對方利用特定暗示，人們隨即盲目跟隨，義無反顧地向任何人付出絕對信任。無論是陰謀論、超自然現象或靈媒，我們太容易聽信別人。或者如一位心理學家所言：「輕信易騙可說是人類根深柢固的行為特質。」這歸因於人腦善於架構故事。我們渴望劇情，若欠缺新鮮材料，不妨自行添補。我們創造人類起源的故事、存在的意義，以及世界現象的原因。人們討厭不確定性，也不喜歡霧裡看花。當一件事看來不太合理，我們就自行腦補；當某件事困擾我們，立刻想辦法合理化。詐欺犯樂於配合我們的想像，編個合情合理的故事正是他的專長。

有個關於法國詩人賈克．沛維（Jacques Prévert）的軼事，多半也是後人虛構的。話說有天沛維看到一位盲人在路旁舉著牌子，上面寫著：「我失明又沒有退休金。」沛維停步與盲人聊上幾句。他問盲人你還好嗎？施捨的人多嗎？盲人回答：「施捨的人很少，只有一些人給我錢，大部分人視而不見，毫不停留。」

沛維問他：「你的紙牌可以借我嗎？」盲人默默點頭。

詩人拿起牌子，翻面並寫上新的標語。

隔天，他又行經盲人停留的地方，問道：「現在情況如何？」

「好得不得了，」盲人回答：「我從來沒拿過那麼多錢！」

沛維寫的標語是：「春天已近，可惜我無法見到。」

一聽到迷人故事，我們心房大敞。信念戰勝懷疑。這讓盲人的紙杯裡滿是施捨的金錢，也讓我們聽信花言巧語，不管對方來意是善是惡。

我們去看魔術秀，心裡期待被幻覺所騙。我們渴望騙局瞞過雙眼，讓我們的世界染上奇幻色彩，讓現實變得眩目華麗。魔術師和詐欺犯手法相似，只是魔術師並不會讓你輸得一敗塗地。花了數十年揭穿超自然和偽科學傳言的科學歷史學家及作家麥可・薛默（Michael Shermer），在一個十二月的午後跟我說：「魔術是一種有意識的自願欺詐。當你被魔術技巧矇騙，並不代表你是個笨蛋。如果魔術師沒能騙倒你，那是他技巧太爛。」

薛默創立「懷疑論者協會」（Skeptics Society）、出版雜誌《懷疑論》（*Skeptic*），深切思考過為何對神祕力量的渴望足以削弱理智的感知能力。他說道：「拿潘恩與泰勒（Penn & Teller）的杯與球戲法為例。[1] 即使我向你破解其中奧妙，這戲法還是會騙過你。瞭解祕訣並不夠，重點不是這個把戲，而是魔術師的變化手法與表現技巧，其中一系列敘事過程，讓它能瞞過眾人雙眼。」追根究柢，魔術與詐欺（confidence game）利用同樣道理操縱我們的認知。魔術是基本的障眼法，玩弄人的視覺與現實關係。利用雙眼視覺與腦部理解的缺陷，瞬間顛覆我們認知的可能性，創造一個不可思議的世界。詐欺憑藉相同原理，但更深入人性弱點。講求快速的魔術技法，如郎中三張（three-card monte）戲法，魔術師人人都會，是心懷不軌才讓戲法變得危險。然而，長期詐欺（long con）則是拖延戰術，常常需要花上數週、數月，甚至數年的時間才會被人破解。挑撥現實是詐欺者的看家本領，玩弄人對人性與世界最基本的信念。

高超的詐欺滿足人對奇幻的渴望，利用人好奇於神祕隱晦的事物，一心想接觸深奧未知的境界。當人陷入騙局陷阱，並不是我們想被騙，至少不是有意識地想被騙。只要人對魔幻的渴望生生不息，想要接觸比日常生活更有趣崇高的事物，詐騙就會層出不窮，蓬勃發展。

科技發達助長騙局

詐欺在人們為它命名前早已存在，但直到一八四九年威廉・湯普森（William Thompson）的審判才正式定名。根據《紐約先驅報》（*The New York Herald*）的報導，湯普森行止高雅，常在曼哈頓街上與人攀談，一開始只是平淡閒聊，接著他向路人提問：「你相信我嗎？你敢把手錶寄放我這到明天嗎？」許多路人面對湯普森如唐吉訶德般唐突又不切實際的問題，出人意料地摘下手錶，只為表現尊重與信任。詐欺者（confidence man）由此而生，他濫用別人的信任謀取己利。你相信我嗎？你願意做什麼證明你對我的信任？

詐欺包含各種不同的手法。小把戲像郎中三張或核桃殼豌豆戲法（Shell Game）著重手部動作的花俏變化障人耳目，至今仍在曼哈頓街上隨處可見。長期詐欺耗時耗力，得足智多謀才

1 潘恩與泰勒是美國雙人魔術師團體。杯與球戲法是人類史上最古老且眾所皆知的戲法。

能鋪陳劇情，如身分假冒、龐氏騙局；更有甚者，徹底創造子虛烏有的整套故事，比如不存在的國家、新科技、新療法等。詐欺隨著網路普及更加盛行，但它們仍保有一貫偽裝手法。有些詐欺手法命名花樣百出，比如「袋中小豬」（pig in the poke）可追溯至一五三〇年。理查・希爾（Richard Hill）在《平民生活一覽》（*The Commonplace Book*）裡提醒讀者：「當別人向你兜售小豬時，記得打開袋子確認！」袋子一打開，裡面裝的可不一定是你要的小豬。一八九八年，《紐約時報》（*The New York Times*）將一個源自十六世紀、警界所知最古老迷人與經常得手的騙局稱為「西班牙犯人」（Spanish Prisoner）。其他還有像神奇錢包、黃金磚、綠貨幣、班可、大商店、電匯法、發薪法、假證券等騙術。騙局種類繁多，名稱和手法都萬分巧妙。

詐欺不但是最古老的戲法，至今仍隨處可見，甚至日漸壯大。科技的突飛猛進讓詐欺活動達到高峰，成就騙術的黃金全盛期。時代更迭與快速變遷讓詐欺犯事業蒸蒸日上，因為人們的想法還停留在舊時代，詐欺犯利用眩幻新潮的事物即能得逞。同理，在淘金熱與西部拓荒時期，隨著人心狂熱追利，詐騙也快速發展。每當革命興起、戰爭爆發或遭逢政治動亂，詐欺犯如魚得水，各種騙局欣欣向榮。變遷是詐欺犯的好朋友，因為變遷讓一切變得不確定。**人們面對局勢改變，內心惶惶不安，此時正是詐欺犯有機可乘的大好時機**。我們既捨不得告別過去，又對未來好奇，渴望擁抱新事物。畢竟他們吹捧的新生意，說不定就是未來的潮流，不是嗎？

許多今日常見的詐騙技巧，起源於十九世紀的工業革命。現今，科技革命日新月異正是詐欺盛行的絕佳時刻。網路讓一切瞬息萬變，從最基本的需求（如我們與人相識、社交往來）

到日常作息（如購物、飲食、安排會議、約會日程、計畫假日等），都與以往大不相同。若你拒絕嘗試，別人會認為你有科技恐懼症（你們怎麼認識的？網路嗎？現在……你們要結婚了？）。若你太勇於嘗試，就會置身風險之中。以前，走在堅尼街上你會看到有人擺起郎中三張的桌子，或在你常去的俱樂部，有人跟你提起某個「投資機會」。然而，現在只要一打開平板電腦，你就暴露於詐騙風險中。

因此，科技再先進，科普知識再豐富，乃至社會發展再躍進，詐騙也不會就此消失。西部拓荒時盛行的大型商店詐騙手法，在你的電子信箱裡重現；電匯詐騙則出現在你的手機裡。可能是家人傳來的訊息或醫院打來十萬火急的電話，又或者表親從臉書傳訊給你，說他受困異國，向你求助。電影《神鬼交鋒》（*Catch Me If You Can*）主人翁法蘭克・艾巴內爾（Frank Abagnale），青少年時期就開始行騙。他騙過各種機構團體，從航空公司到醫院都是他的手下敗將。有人問他，科技發展今非昔比，他的冒險行徑現在還能成功嗎？他忍俊不禁地回說，現在騙人比以前更容易：「要在現代如法炮製我青少年時的伎倆，比五十年前簡單幾千倍。因為科技發達，科技讓犯罪易如反掌。這是不變的道理。」

科技並沒有使人變得更老練世故或知識淵博。科技無法保護我們，只是改變詐欺行為的競技場，但規則亙古不變。**你相信什麼？信任誰？詐欺者瞭解你堅定信念所在，以此為據，巧妙改變你的世界**。而你因為一開始堅信不移，當一切已物換星移，你也無法察覺蛛絲馬跡。

美國的消費者詐騙案自二〇〇八年起增加超過百分之六十，網路詐騙則增加一倍以上。

二〇〇七年時，網路詐騙只占詐欺案的五分之一。二〇一一年，它們增加到百分之四十。二〇一二年時，網路犯罪申訴中心宣布他們收到三十多萬件網路詐欺舉發紀錄，蒙受共計五億二千五百萬美金的損失。

根據美國聯邦貿易委員會在二〇一一年到二〇一二年間的最新調查，超過百分之十、二千五百六〇萬的成年人曾經被騙。詐欺案總數更為驚人，計有三千七百八〇萬件。其中，虛構的減肥用品最為大宗，影響五百萬人。中獎促銷手法名列第二，有二百四十萬受害者。而第三名為買家俱樂部，就是那些被一般人扔掉回收的傳單上宣稱你可以免費獲利，但接著就要求你支付無止境且無用處、甚至聽也沒聽過的各種入會費。第四名和第五名分別是未授權的網路帳單（一百九十萬人受害）和在家工作計畫（一百八十萬人受害）。這些詐騙案裡，超過三分之一都發生在網路上。

去年在英國約有百分之五十八的家庭接到詐欺電話，對方宣稱是銀行、警局、電腦公司或其他聽來可信的商家。少數人直覺敏銳倖免於難，但仍有許多人受騙，損失共計二千四百萬英鎊，遠遠超過前一年七百萬英鎊的紀錄。舉報案件只是冰山一角，大多數詐欺案未曾記錄在案。根據美國退休協會統計，年過六十五歲的民眾裡，只有百分之三十七的受害者通報相關單位，而年過五十五歲的民眾裡，有一半左右的受害者會舉發。警方根本不知道詐欺者位在何方，也無從起訴他們。

不管詐欺使用什麼手法技巧，它們原則上如出一轍，重點是如何玩弄人的信任。許多詐欺案從來不曾被舉發，因為人們不願承認自己的基本信念有錯誤。不管我們面對的是龐氏騙局或偽造資料，假報帳單或不實資訊，如假似真的贗品或是啟人疑竇的健康理賠，造假的歷史或虛構的未來願景，這些都不重要。追根究柢，以心理學的角度而言，詐欺利用人的信任謀求己利。

自信讓人更易被騙

本書並不是敘述詐欺歷史的書籍，也不會詳加解釋從古至今的詐欺手法。本書旨在探索每個詐欺手法背後利用的心理學原理，不管是最基本還是複雜難解的詐欺花樣，從下手第一步到最後結果，都會一一探討。

詐欺乃是善用基本心理學原理。從詐欺者的角度來看，首要重點在於如何鎖定目標（選定受害者）：他是誰，他想要什麼，要如何利用他的欲望達成目的？詐欺者需要懂得同理心並建立友好關係（詐騙前戲）：實行詐欺手段前，必須先建立感情基礎。接著透過思考邏輯和說服技巧（詐騙圈套）：手法（詐騙童話），掌控情勢的證據（獲利誘餌），讓受害者嘗到甜頭。正如深陷蛛網的蒼蠅，受害者愈是抗拒，愈無法逃脫，終至無藥可救。等到情況不妙時，受害者往往因投注過多情感與精力，而不願面對現實，不斷自我說服。甚至不顧情況惡化，自願加碼投資（一敗塗地），當受害者被騙得一毛不剩（騙子達陣），往往還無所察覺，搞不清楚前因後果。詐欺者甚至不用說服受害者保持緘默（排除障礙、買通內線），受害者多半不願聲張。畢竟人們最懂得如何自我欺騙。過程中每一步驟，詐欺者手法繁多且足智多謀，玩弄受害者於股掌之間。當受害人心悅誠服，就給予詐欺者更多餘裕。

有句俗諺人人聽過：「金玉其外往往敗絮其內。」或者另一句話：「天下沒有白吃的午餐。」但當事情發生在自己身上，人們往往相信「也許我是例外的幸運兒」。看起來太美好的事物發生在我身上時，不代表金玉其外敗絮其內，而是「因為我值得」。我值得拿到這偉大的藝術品，因為我在藝廊工作了大半輩子，就等發跡這一天。我值得真愛，畢竟我已經歷數次失敗感情。我值得豐厚利潤，耐心終有好報，這幾年來我可學了不少。事實上，「金玉其外」和「我值得」的說法背道而馳，但輪到自己做決定時便選擇性無視警訊。當別人高談闊論難以置信的好買賣或從天而降的好運，我們馬上認為他們被騙了。但當我們遇到這樣的好運，就忍不住相信天助自助者，好運眷顧我們。

相信自己無懈可擊讓我們得意不已。能夠理解世界運作的巧妙多麼快意，一想到自己比別人都更聰明，忍不住盡情嘲笑別人竟能被可笑簡單的伎倆騙倒。你比別人更勝一籌，見的世面更多更廣，飽經世故又憤世嫉俗。別人會被騙，但你呢？不可能，上當的絕不會是你。

然而，每個人都可能是詐欺犯的手下敗將。**正因自認不易上當，我們往往更容易被騙**。這正是為何偉大的詐欺犯，在英文中被稱為「詐騙藝術家」；他們真的是厲害的藝術家，足以讓最老道挑剔的人落入他們無可抗拒的魅力。不管是分子物理學家或好萊塢製片廠的總經理，都和八十歲的佛羅里達退休阿公一樣，可能會為了子虛烏有的投資機會傾盡畢生積蓄。老練圓滑的華爾街投資客和新手一樣都可能上當，即使是每天審問罪犯的檢查官，也和只看八卦小報的無知鄰居一樣容易被騙。

詐欺者究竟如何騙人？他們如何取信於人，如何依此獲利？沒有人能倖免於詐欺騙術，每個人多少會被某種說辭技巧所騙。每個人都可能是詐騙受害者。問題是：為什麼？你是否能瞭解自己的心理，並學到如何及時脫逃？

1 騙徒與肥羊

他不回答問題，只是虛與委蛇。言詞前後矛盾，坐立難安，腳趾蠢動。他顫抖，臉色慘白，不安地用手指繞著髮根。

——《騙子側寫》（*Profile of A Liar*），西元前九百年

別人問我有沒有被騙過，我誠實回道：「我根本不知道。」我知道自己從沒上過龐氏騙局的當，或者被郎中三張這種毫無贏面的手法騙得口袋空空，但也就僅止於此。有些小騙局當下矇混過我的雙眼，不過它們恐怕稱不上貨真價實的詐欺。詐欺的特點就是，最厲害的詐欺往往至今無人察覺。我們經常被騙而不自知，上當後只能自認倒楣。

魔術師往往拒絕再次表演同樣的把戲。當首次目睹的驚喜褪色，觀眾聚精會神只想找出其中巧妙，而且很快就能識破機關。唯有最厲害的花招能重複表演，經過再三演練臻於完美。知名魔術師哈利．胡迪尼（Harry Houdini）曾揭露許多知名騙術，並吹噓任何技法都難逃他的法

眼，只要他看過三次，必能找出其中訣竅。

某夜在芝加哥格萊諾頓飯店，另一位著名魔術師戴弗農（Dai Vernon）向胡迪尼表演一段撲克牌把戲。戴弗農從一疊撲克牌上抽了最上面一張並請胡迪尼簽名。胡迪尼在牌上一角簽下名字簡寫「H．H」，戴弗農再將牌收進牌組中間。然後戴弗農輕一彈指，抽起牌組的第一張。太神奇了，第一張牌居然正是胡迪尼簽名的那張。這把戲正如其名，被稱為「陰魂不散」（Ambitious Card），不管你把牌插進一疊撲克牌中哪個位置，它都會突然變成第一張卡。戴弗農在胡迪尼面前表演七次，胡迪尼卻仍不明就裡，驚訝萬分。厲害的把戲光明正大，不須藏手藏腳（這把戲其實是運用熟練的變換手法，在當時前所未見，現今已是魔術師常表演的技巧）。

每分鐘都有騙子為詐財而生

詐騙和魔術的原理相去不遠，最厲害的騙局往往至今無人破解，因為無人報案，詐欺犯仍舊逍遙法外。以戴瑪哈的案例來說，雖然軍方發現他的騙局，但面子丟得太大了，因此不願張揚。若不是戴弗農和胡迪尼在公開場合對決，我猜胡迪尼說不定會隱瞞自己無法看穿戴弗農手腳的失誤。事實上，被同樣的手法再三矇騙是人之常情。德州牧場主人詹姆斯．富蘭克林．諾福利特（James Franklin Norfleet）最初被騙了二萬美金後，短時間內被同一幫派利用相同手法，再騙走二萬五千美金：他完全沒發現上次輸錢是場騙局。後面章節會再度提及諾福利特的故事。大衛・摩爾敘述過一件知名電匯詐騙案，騙子宣稱他能夠在賽馬結束的前幾秒得知比賽結果，說服受害者依其建議下賭注，保證穩賺不賠。一名受害者被騙數年後在路上巧遇這群騙子。騙子們看到受害者迎面走來，心想大事不妙——完蛋了，他一定會報警！結果事情出乎意料，受害者輸掉大把鈔票後，仍想向這群騙子討教，一心盼望能贏回來。他確信經過這幾年風水輪流轉，他的運勢看好。騙子們一聽，便心花怒放地再騙上他一筆。

即使像貝納・馬多夫（Bernie Madoff）[1]這樣的大案子，也花了二十年才被揭發。他的騙局遭到破解時，他已七十多歲。若他在真相大白前就過世，一切還會水落石出嗎？可以想見的是，受害者往往不會學到教訓，只要新的投資機會出現，他們絕對會上鉤。

二〇〇七年六月，《頁岩》雜誌（*Slate*）的記者賈斯汀・皮特斯（Justin Peters）打算去義大利一趟。他預算不多但又想在義大利住上幾個月，於是決定精打細算，自認為找到絕佳妙計。他打算向網路賣家購買哩程數，藉此買到便宜機票。皮特斯立即上網搜尋誰有用不完的哩程數。很幸運地，他在克雷格交易論壇（Craigslist）上找到握有大量哩程數的克里斯・漢生

1 馬多夫是前納斯達克主席，也是股市傳奇人物，他主導的龐氏騙局歷時二十多年，讓投資人損失五百多億美金，受害者包括大型金融機構與知名人物。

（Chris Hansen）機長。皮特斯立刻聯絡漢生，深怕被別人搶先買走。兩人通上電話，漢生的聲音聽來知書達禮又友善。皮特斯寫道：「我們兩人的對話讓我相信他是個誠實的人。」於是，皮特斯花了六百五十美金買下十萬哩程。透過PayPal支付網站付款，一切清楚明瞭。

沒想到PayPal網站拒絕交易，皮特斯感到莫名其妙，他告訴機長交易失敗，機長卻沒有回覆。皮特斯萬分著急，出發日期將至而他還沒買到機票。他繼續在網路上尋找賣家。賓果，這次他找到一位名叫法蘭科．博加（Franco Borga）的人，對方有意出售哩程數。博加立刻回覆皮特斯的訊息，甚至在回覆中附上駕照證明自己身分清白，不是克雷格交易論壇常見的那些心懷不軌的騙子。一通「非常愉快」的電話之後，雙方達成交易。只要在綠點卡（Green Dot card）上儲值七百美金，皮特斯就能拿到哩程數（騙子最愛綠點卡，它類似常見的禮品卡〔gift card〕，在一般超市藥局都有販售。不但可以反覆儲值，而且只要知道帳號就能使用儲值金，比匯款更方便快速）。

交易完成四天之後，皮特斯仍沒拿到哩程數。他終於明白自己八成被騙了。意想不到地，消失已久的機長出聲了。漢生解釋他人在國外，沒辦法即時連上網路收發電郵，不過皮特斯想買的哩程數仍在他手上。太棒了！皮特斯當然願意買下，他還向機長提起自己如何慘烈地被人誆了一筆。漢生對他同情不已，網路是個弱肉強食的競技場。為了讓皮特斯放心，漢生寄給他一份合約，正如皮特斯心裡想的，漢生是個剛正不阿的漢子。

PayPal網站尚未排除故障問題，因此皮特斯立刻匯了約定好的六百五十美金給漢生。

事已至此，只有皮特斯仍沒發現自己又上當了。匯款後過了三天，他仍沒拿到哩程數。四天、五天、六天過了，皮特斯什麼也沒拿到，而漢生音訊全無，煙消雲散。一週之內，皮特斯就被同樣手法騙了兩次。他心知肚明自己是受害者，因為他沒拿到半點哩程數。但若換個場景，比如股票市場、賽馬或投資機會，機率至關重要，此時人往往將虧損歸諸於手氣不佳，不是嗎？

馬戲團經紀人P．T．巴能（P. T. Barnum）也許沒說過：「每分鐘都有笨蛋誕生。」（很可能他真的沒說過。）但二十世紀早期的詐欺犯圈子裡盛傳一句話：「每分鐘除了有個笨蛋誕生，還有個人為了向笨蛋詐財而生，另一人則為了修理他們而生。」每個人都有弱點，而總有人懂得如何乘虛而入。

誰是待宰肥羊，而誰是騙子？哪些人像馬多夫和漢生機長一樣狡詐？像諾福利特或皮特斯的受害者是否有類似的潛在特質？是否有天生的騙子和徹底的傻子？

天生的大詐騙家？

史戴特街（State Street）十八號矗立著一棟約兩扇窗寬的奶油色小屋。窗戶上有著翠綠與白色相間的百葉遮光板，水泥地板間隙冒出小草。一樣綠白相間的車庫上方有個籃球框。大詐騙家曾住在這裡，儘管他盡力使人遺忘這段過去。

小費迪南・華多・戴瑪哈——我們在韓戰軍艦上的老朋友，西爾醫生——一九二一年十二月十二日出生於麻薩諸塞州的勞倫斯市。他是當地一個富裕家庭的老二，也是長子。他的母親，瑪麗・麥克納利（Mary McNelly）是來自麻州塞勒姆市的愛爾蘭女孩，成長於嚴格的天主教家庭。他的父親老費迪南是法裔加拿大人，南下移民美國的第一代，他為了追求財富而移居於此。當小費迪南出生時，老費迪南剛在電影業發跡。他原是羅德島上普羅維登斯的放映師，幾年下來存夠了錢，足以開家電影院。在勞倫斯市，他認識了當地的贊助人，不久之後「湯米—戴瑪哈娛樂公司」開了第一家電影院：皇宮戲院。電影院大獲成功，老費迪南得心應手。正如戴瑪哈的母親後來回憶時所形容：「少有像他一樣厲害的人，即使手持拐杖、腳穿襪套，看來也不會像個笨蛋。」

小費迪南暱稱弗萊德，他可不是出生在窮酸的史戴特街小屋裡。才不是呢！他出生在時髦的傑克森街上。他就讀愛蜜莉・華勒比小學，同學大部分是工人子弟，他顯得與眾不同。戴瑪哈不但來自上流社會，而且比大家都高；即使還是個孩子，戴瑪哈已經像個小巨人。

戴瑪哈不太受歡迎，因為他總一副自命不凡的得意樣。但別人也沒有特意排擠他，直到有個男孩以為戴瑪哈向老師告狀，男孩集結其他學生，對戴瑪哈說：「中午時你就有得瞧了。」戴瑪哈趁下課時立刻跑回家，但中午前就回到學校。當男孩們團團圍住戴瑪哈時，他拿出一把對決用的手槍威脅說：「我要射死你！」他書包裡還有另兩把手槍，因此他被停學了。

他的行為舉止愈來愈肆無忌憚，後來轉學至聖奧古斯汀天主教學校。在這裡，他不再橫衝直撞濫用暴力，轉而使用狡猾手段。

聖奧古斯汀學校有過聖瓦倫汀節（即情人節）的傳統，每位八年級生都要為七年級生準備小禮物。小小的贈禮儀式象徵傳承與交接，代表七年級生即將升級。隨著戴瑪哈升上八年級，他的家境突然沒落。在他十一歲生日時，湯米─戴瑪哈娛樂公司宣告破產，迫使他告別傑克森街，搬到原本用來停放馬車的市郊小屋，正位於沒沒無名的史戴特街。

戴瑪哈一心想擺脫貧窮，他總是這麼祈禱：「求求祢，耶穌和聖母瑪麗，求求祢們讓我們遠離貧窮。如果祢讓我們不再貧窮，我這輩子每晚都唸玫瑰經。」然而，他的願望未曾實現。

那年的二月早晨，他想向周圍窮困的天主教孩子們炫耀一番，展現紳士儀態。戴瑪哈走到傑克森街上舊家附近的糖果店，因為他知道戴瑪哈家在糖果店可以賒帳。戴瑪哈訂了最大的心型巧克力禮盒，要求當天三點送到他的學校。

然而，禮盒一直沒送來。可能訂單遺失了，或者糖果店老闆對戴瑪哈的信用起了疑心。不管如何，這成了戴瑪哈無法忍受的恥辱，他痛恨貧窮，但更痛恨被人當作騙子。他向同學保證會有最厲害的禮物，卻兩手空空。他誓言絕不重蹈覆轍，立刻衝回糖果店，這次他不只訂了最大的心型禮盒，也為每個同學訂了小的心型禮盒，全部都記在他帳上。

這回一切順利。若男孩膽敢大量訂購，顯然他家出得起錢。既然戴瑪哈大搖大擺地下訂單，想必有人撐腰。巧克力禮盒從手推車裡滿溢出來，即時送到聖奧古斯汀學校。然而，戴瑪哈家可沒錢付款。

自那時起，人們稱弗萊德為「糖果屠夫」。一直到他十五歲，退了學轉而加入許多宗教團體，這稱呼才逐漸離他遠去。不久之後，他實行人生第一次詐騙：在同學不知情下，竊取對方的身分資料，試圖加入海軍。

戴瑪哈是否注定當個冒充專家？他天生是個騙子嗎？

詐騙專家的黑暗三人格

詐騙專家是邪惡可憎的小人，心懷不軌又厚顏無恥。若真是如此，人生就簡單明瞭多了，只要揪出壞蛋就能世界和平。然而，真實人生往往更加複雜晦暗。

愛倫．坡（Edgar Allan Poe）在他的著作《欺騙》（*Diddling*）裡描述騙子的特徵：「一絲不苟，注重利益，不屈不撓，機智大膽，漠不關心，不落俗套，魯莽傲慢，且不忘露齒微笑。」現代心理學特別同意愛倫．坡指出的「漠不關心」這項騙子特質。大部分人類歷經演化成為合作共享的動物，我們彼此信任互相依賴，走在路上時不會擔心路人衝來搶走錢包，夜裡上床睡覺時不怕有人半夜闖入殺了我們。久而久之，我們的情感也隨之演化。當人們互相幫助，內心自然湧起一陣暖意。說謊或傷害別人會讓心裡滿懷愧疚不安。雖然人們仍偶爾疏忽犯錯，但大部分的人都值得信賴，和冷漠無情的騙子正好相反。絕大多數的人類都在乎別人，也知道別人多少關心著自己。不然的話，社會早就崩潰瓦解了。

萬事總有例外，**少數人演化後變得擅長利用人們的善心好意，這種對人性的淡漠，就是讓騙子成功詐欺的人格特質。這些人對於造成他人的痛苦毫不在乎，只在乎自己能否占上風。**他們認為這才是生存之道。如果身邊盡是正派人物，即使說謊欺騙甚至偷拐搶騙，你仍能一帆風順，過著大好日子。只有圖謀己利的壞蛋為數不多，這種情況才能實現，若人人都是騙子，這招不但不管用，反而會讓大家叫苦連天。身為少數的騙子，為了存活下來產生了冷漠絕情的特質。賓州大學的心理學家艾德里安·雷恩（Adrian Raine）專門研究反社會行為：「長期的悖德行為可視為社會上少數人的另類演化戰略。他們欠缺阻止悖德行為的感情機制，藉由欺騙與玩弄人心，他們能夠成功騙過一世人。」

這種算計過的冷漠無情可能是天生的，也被稱為心理病態（psychopathy），亦即對身邊的人欠缺基本同理心。這是生物學上的極端無情。詐欺犯是否有心理病態？我們是否能說，像戴瑪哈這樣的匪類是未經臨床確認的心理病患呢？或者他們只是人們心中小惡魔的現形？日常生活裡的善意謊言和詐欺犯老奸巨猾的騙術，兩者是本質不同，或者只是程度的差異？

犯罪心理學家羅伯特·海爾（Robert Hare）的「病態人格檢測表修訂版」（Psychopathy Checklist-Revised）最常用來檢測反社會、心理病態的傾向，內容包括責任感、愧疚、病理欺騙、心機狡詐、濫交、一般衝動性、外表魅力、浮誇等項目。得到高分的受測者即符合人格病態特徵，或被稱為「受折磨的靈魂」，自己不僅深受折磨，也折磨著別人。

心理病態者的決定因素之一，在於他們無法像常人一樣表達、理解人類情感。真正的心理病態不在乎別人的痛苦。他們沒有同理心，也不知悔恨為何物。心理病態者即使看到常人無法承受的景象，比如悲慘可怖的圖像等，依舊脈搏穩定、心跳平緩，也不會緊張冒汗。大多數人遇到道德難題往往痛苦不堪，舉例來說：若有嬰兒吵鬧不休，此時若悶死嬰兒能解救全村，不悶死嬰兒的話，天降大禍危及全村，連嬰兒也將難逃一死。絕大多數的人必會萬分躊躇。根據心理病態的臨床研究指出，一般人的大腦裡，情感區塊與功利主義區塊爭執不休，而心理病態者毫不遲疑作下選擇，這正是漠不關心、冷漠無情的極致表現。

據海爾所言，全球男性總人口中有百分之一的心理病態者，而在女性人口中極為少數，幾近於零。因此，你所遇到的每一百個人裡，有一人可被臨床確診為心理病態。但所有的心理病態者都是天生的詐欺高手嗎？

就某方面來說，騙子和心理病態者極為相似。研究證據顯示，一般人若擁有和心理病態相似的神經功能障礙，便會有類似詐欺的行為。心理創傷研究指出，腦部額葉極皮層與腹內側額葉皮質（polar and ventromedial cortex，與心理病態相關的區塊）遭受早期創傷的人，會有激似心理病患與詐欺犯的行為和人格變化。其中兩位曾受心理創傷的病患愛說謊，心機重且反抗規範。他人形容這兩位病患「欠缺同理心、無恥、不知悔改、無所畏懼、完全不在乎自己的悖德行為」。因此，我們可說心理病態是種生物學傾向，心理病態者有許多和詐欺犯如出一轍的行為。

但**騙子並非僅有心理病態的特質**，心理病態只是所謂黑暗人性三面向（dark triad of traits）

之一。事實上，其中另外兩面：**自戀與馬基維利**[2]**主義**（Machiavellianism），**也可視為騙子的特徵**。

有自戀傾向的人喜好浮誇、自命不凡，高估自己的價值，且心機重、擅於操縱他人。基本上聽起來和我們的戴瑪哈相去不遠，他無法接受自己低人一等，渴望受人注目，不顧代價以償夙願。自戀者一心只想保持形象，正如戴瑪哈寧願向糖果店說謊也不願蒙受羞辱。這雖然不是什麼驚人騙術，但顯示他多麼自我中心。

也許馬基維利主義更符合詐欺者的思考模式。**馬基維利認為君主為達目的，不管手段多殘暴都無妨，這和詐欺者的想法不謀而合**。

心理學文獻正式將「馬基維利主義」定義為操縱別人以達己利的一系列行為傾向——這根本是詐欺的書面定義。北卡羅萊納大學的行銷學教授理查．卡魯（Richard Calhoon）在一九六九年形容馬基維利主義者「使用侵略手段利用與剝削他人，只為達成自己或組織的目的」。心理學家理查．克斯蒂（Richard Christie）和佛羅倫斯．吉斯（Florence Geis）在七〇年代著手設計馬基維利量表，想要瞭解領導者的操縱性格傾向。所謂高馬基維利主義者（high Machs）指的是在馬基維利量表上拿到高分的人，他們通常是社會上成功的人心操弄者。在一連

---

2 馬基維利（1469-1527）是義大利政治家、哲學家，著有《君主論》。

串的研究中發現，當高馬基維利主義者和低馬基維利主義者處在同一情境裡，不管情況如何，往往是前者占上風。低馬基維利主義者易受情緒影響。反之，高馬基維利主義者不為情感所動。

早期一項研究的十一個例案裡，參與者遍及不同行業和身分，包括學生、教職人員、父母、子女、運動員，以及精神病院和商業公司員工等，研究發現馬基維利主義者擅長虛張聲勢、作弊、討價還價、想要贏得別人的喜愛欣賞，而且總能成功。另一研究指出，馬基維利主義者說起謊來比一般人更具說服力。當受試者被指控偷錢（其中一半的人很誠實，另一半人則真的偷了錢），側錄結果顯示，高馬基維利主義者說的話聽來比其他人可信。在第三個研究裡，商學院學生必須決定要不要違反道德與法律給某人回扣。案例裡詳細解釋給佣金的前因後果與合理性，若強調付出回扣是較划算的選擇，高馬基維利主義者通常認同給回扣。

馬基維利主義似乎和心理病態一樣，可用來解釋人們的詐欺傾向，並且能讓這些人辦到常人難以想像的事。英屬哥倫比亞大學的心理學家德爾羅伊．鮑休斯（Delroy Paulhus）專精於研究黑暗三人格，認為馬基維利主義者比心理病態者一詞更符合詐欺者的人格特質。「像馬多夫這樣邪惡的股票經紀人算不上心理病態，」他寫道：「他們是一群有組織的馬基維利主義者，蓄意運用策略手段來剝削別人。」

真相到底為何：詐欺專家是心理病態者、自戀者，還是馬基維利主義者？或者三者皆是？戴瑪哈似乎同時擁有這三種人格特徵。醫生常被人戲稱妄想扮演上帝，而戴瑪哈把這個玩笑話演繹到極致。他到底有何等自信與能耐，視旁人生命為糞土，不但假扮外科醫生，甚至在沒有任何醫學訓練下幫人開腸剖肚？他明知這些人的生死都操在自己手上，在數百人面前為何還能神色自若？看來戴瑪哈不僅非常自戀，也是如假包換的心理病態者，喜歡掌控別人的生殺大權。想必他也是高馬基維利主義者，才能說服一國軍隊，左右其他醫生、船長和士兵，讓他們相信他真的是個醫生。

韓國之行東窗事發，但這並未削減戴瑪哈的銳氣；相反地，他變得更加膽大妄為。當克萊頓打算寫下戴瑪哈的傳記，戴瑪哈花了數天不斷向克萊頓遊說，只因他想替克萊頓的妻子接生。戴瑪哈再三保證自己能力過人，然而有合格醫生可找，何必求助蒙古大夫？克萊頓明知戴瑪哈沒受過任何正規訓練，但又想到他見義勇為救過許多士兵，也讀過醫科教科書，說不定他真的比普通醫生技高一籌？戴瑪哈不停勸誘哄騙，克萊頓愈來愈相信自己的妻子確實情況危急。克萊頓甚至想盡辦法說服妻子接受提議，最後是克萊頓的妻子茱蒂一口拒絕戴瑪哈。

詐騙藝術家的名號他真是當之無愧啊。

不過，精彩的還在後頭。經過一連串旁人眼中狗屁倒灶的事情之後，茱蒂向丈夫表示以後不准弗萊德踏進家門一步，但她最後也還是被戴瑪哈說服了。大詐騙家仍在克萊頓家出入數年，甚至當起他們女兒的保母，直到他控告克萊頓和藍燈書屋未發款給他，他才真的離開。

他真是位令人甘拜下風的詐騙藝術家。

造就騙子三要素：天性、機會與邏輯依據

在詐騙世界裡，戴瑪哈只是滄海一粟。事實上，即便同時擁有黑暗三人格，也不一定會成為詐欺犯。雖然騙子身上有明顯的心理病態、自戀和馬基維利主義特質，但其他正當行業的專家也常有同樣特質。正如摩爾所說：「詐欺者為非作歹，但別忘了許多社會中堅分子在合法的表象下做著相同之事。」不管華爾街、政治圈或是法律界，只要讓多數的領導者或德高望重的人接受測試，皆可發現他們有心理病態或黑暗三人格。海爾推測的百分之一人口似乎低估了點。

當謝爾比・杭特（Shelby Hunt）與勞倫斯・重柯（Lawrence Chonko）向一千名專業行銷人發出馬基維利量表時，發現其中超過百分之十的受測者落在最高得分範圍，遠遠超過平均值。換句話說，這些人有非常顯著的操縱擺布與欺騙他人的傾向。然而，他們選擇從事合法行業，沒人成為罪犯，根本稱不上是「罪犯界的貴族」。

具有黑暗三人格的人擅長操縱人心。克斯蒂和吉斯發現，具有高馬基維利主義傾向的醫生，多半選擇當懂得操縱與控制心理的精神科醫師；另一項實驗中則發現，有馬基維利主義傾向的學生通常選擇主修商業或法律。雖然如此，操控他人的欲望並不會讓他們想從事社會無法見容的職業或活動。

一定有人會說上述案例證明一個道理：政治家、律師、商人、廣告人和行銷人，他們豈不就是蒙著面紗的詐欺犯嗎？然而，真正的詐欺犯並不只是天生。從大部分的例子來說，環境也

是助力。正如科學家常說：「基因為槍上膛，而環境扣下扳機。」**黑暗三人格可以運用在不那麼邪惡的目的上，這些人依然能自行選擇要成為怎樣的人**。不管是馬基維利主義、心理病態或自戀，和詐欺都沒有絕對關係，就像深具魅力但冷漠無情的人也不一定就是騙子。

美國神經科學家詹姆斯・法隆（James Fallon）偶然間發現自己是心理病態者。當時他同步進行兩項研究計畫，一個是阿茲海默症病人的大型腦部造影研究，他和家人在此項計畫中是對照組；另一小型計畫則是研究心理病態者的腦部。他看著阿茲海默病人的腦部掃描片時，特別注意到其中一人具備所有心理病態者的腦部特徵。法隆想道，八成不小心拿錯了，一定有人把兩個計畫的掃描片混在一起。

一般來說，實驗室資料都是匿名的，不會對研究者洩露受試者的身分。然而，法隆認為這是特殊情況，決定解除匿名，好確認這張腦部掃描片到底屬於哪一項研究。他要求技術人員對比數據，找出這個腦的主人。

後來，法隆便據此寫了《天生變態》（*The Psychopath Inside*）一書。沒有人弄亂腦部掃描片，那個被他認為是心理病態者的腦部掃描，毫無疑問正是他自己的。

法隆長久以來認為遺傳對心理病態有重大影響。他堅信心理病態與許多病症都是運氣不好所致。若你的腦生來就是心理病態，只能說你上輩子沒燒好香。現在他面對的是自己的腦，他決定深入研究。心理病態的腦真如法隆所料，是老天決定的嗎？

現在，法隆相信遺傳仍有一定影響力，但幼年特定時期也會影響腦部發展，決定人是否會成為臨床認定的心理病態者。某人可能有心理病態的某些行為，但並不代表此人就是心理病態。幸運的話，你會成為當中的佼佼者，比如法隆或書中提及的詐騙達人。若你不幸，可能會變成具有暴力傾向的心理病態者，淪落到監獄或面臨死刑命運。

我們知道子宮期對基因組的表觀基因標記（epigenetic markers，決定基因如何顯現的甲基化組合）有重要影響。法隆相信生命的前三年決定心理病態特徵的未來發展。在這時期，兒童自然發展所謂的複雜適應行為，比如面對恐懼的能力、微笑，以及與周圍人事物的互動等。然而，有時兒童的發展過程會被打斷，通常是因為遇到特別多的壓力。也許是造成心理創傷的單一事件，也可能孩子在學校或家裡面對過大壓力，甚至是同時面對二者的襲擊。這些狀況打斷常態發展，讓兒童原本具備的心理病態特質強化。就像戴瑪哈突然遭逢家中破產，從幸福天堂掉落貧窮困境，失去童年家園。但若沒有外界壓力的影響，一個原本可能變成詐欺犯的心理病態者，也能像法隆一樣成為受人敬重的神經科學家。

讓人放棄正當工作走向詐欺一途，通常必須同時具備三項要素：你得有動機，也就是本身有心理病態、自戀、馬基維利主義的潛在傾向。但這還不夠，必須有適宜的機會和說得通的邏輯依據。以公司集團詐騙為例，很少有人會毫無來由選擇做詐騙共犯。研究指出，將近三分之一的犯案者只是懶得多做一個讓事情正當化的步驟（天性傾向），他們身在銷售競爭激烈的環境（機會），認為自己必須做些什麼才能出頭（邏輯依據）。公司文化與氣氛遇上個人尋求捷徑的求勝心，同時又說服自己選擇捷徑是唯一解決之道。

天性加上機運，造就出騙子。根據消息來源，內線交易的成因之一正是如此——商人搖身一變成了詐騙專家。這也是史蒂文．柯恩（Steven Cohen）臭名昭彰的對沖基金賽克資本案（SAC Capital Advisors）中，內線交易如火如荼發展的原因。「你說服自己這沒什麼大不了的，人人都想分一杯羹，」熟知賽克資本內情的人在午餐時向我透露：「我被抓到的機會不大，不然早就有人被抓了。」他繼續說道：「在賽克資本案中，公司裡從未有人挺身而出，說那些小學三年級生也聽得懂的話：『對了，別犯法、別作弊、別偷竊，這不是我們的做事風格。』」瞧瞧避險基金的內部狀況，「聽說某個可能被正式雇用的職員在前一家公司做過內線交易。即使合規官[3]出聲反對，他仍被錄取了。讓人吃驚的是，他才剛加入公司幾週，就開始從事內線交易。」

實證研究早已預告這種結果。一項以行銷人員為對象的研究顯示，組織的倫理結構會影響本身具備類似詐欺技巧的人（特別是有馬基維利傾向的人）決定要不要展露本色。若組織較重視倫理，結構性高，個人隨意下決策的機會較低，則雇員比較不會有類似欺騙的行為。反之，

3合規官是負責監視和管理組織內部合規問題的官員。

組織架構鬆散，倫理傾向不明，雇員較易有欺騙行為。

公司、文化與情境的行為準則（公眾接受與否的行為為何）必得清楚明白地仔細傳達。否則，善於欺騙的人便有機可乘。「這聽來是陳腔濫調，」美國南紐約州的律師琵特・芭芭拉（Preet Bharara）因力破詐騙案而名傳千里，「但此言不假，上層的態度決定一切。」有些極端分子會自行創造機會——不管身在何處，他們都會四處詐騙——但對絕大多數的投機分子而言，環境影響重大。在資本公司犯下詐欺的經紀人，在其他情況下可能是誠實無欺的普通人。

我們在乎形象，如果某件事會讓別人對我們的印象大打折扣，大部分人寧願循規蹈矩。人類不是只會「依樣畫葫蘆」的猴子；我們會想像觀眾是誰，並依此演出符合眾人期待的猴戲。

這種情況其實很常見。美國安全資訊公司（USIS）原本負責提供情資組織三分之二的安全身分調查。然而，原以為只是幾件零星錯誤的背景調查案件，卻像滾雪球般，演變成上千件的失誤案件。事件一開始，似乎只是一位心懷不軌的員工提交了一千六百件偽造的信用調查報告。乍看之下只是個人行為，不足以危害整家公司的信用。但在二〇一四年一月，眾人終於明瞭那不是籃裡唯一的爛蘋果。根據司法部門控告美國安全公司的訴狀，這只是醜聞的冰山一角：美國安全資訊公司在二〇〇八至二〇一二年間竄改超過五十萬件背景調查報告，占案件總額的百分之四十。相比之下，加拿大皇家誤用戴瑪哈根本只是小事一椿。腐爛的不只是一顆蘋果，而是整棵邪惡之樹縱容爛蘋果恣意生長。

對騙子而言，詐欺是必要之惡

騙子對其所作所為的理解，來自一連串天性與機會的交集：當一個人有黑暗人格的傾向，同時發現機會就在眼前，他必定會找出說服自己的邏輯依據。超過半數的詐欺者形容自身處於競爭激烈的環境，可能是市場或公司內部的競爭，而他們認為唯有作弊或耍手段才能平衡局面，一切是情勢所逼。

戴瑪哈一而再再而三地解釋他是出於善意，只是事情出了點差錯。他古道熱腸，才不是人人喊打的騙子，只是情況陷他於絕境。他不是有意欺騙無數宗教組織，假扮成熱中尋找生命真義的著名學者，他只是渴望傳道。至於冒用班．瓊斯（Ben W. Jones）的身分，在德州當上典獄長，那是因為囚犯需要他。那在加拿大海軍當外科醫生呢？海軍需要專業人士，而戴瑪哈只想拯救生命。他的逃亡故事聽來如此撼動人心，克萊頓筆下的戴瑪哈不像罪犯，倒像個受害者，命運乖舛使他淪為騙徒。

將這些人的欺騙行為與動機合理化的不只有機運。放眼世界，有些文化甚至認為我們眼中的詐欺理所當然，合乎人之常情。在一項研究中，國際學生比美國學生更願意給回扣，不管誘因為何。他們成長於價值觀不同、行為準則相異的社會；在美國人眼中有道德瑕疵的行為，在別的國家則合情合理。在俄國，抄襲剽竊沒什麼大不了，甚至偽造資訊文書也無妨，只要偽造出來的結果符合情況需求。

有些人認為，詐欺者的合理化說辭聽來用意良善。超過百分之二十的詐騙者說自己只是想隱瞞壞消息，他們的所作所為不正當，並為此感到可恥；然而他們深信，只要得到機會，他們就能東山再起，別人不需要知道那些丟臉難堪的過去。當然，他們從未走上正途。

一位律師剛成立自己的事務所時，被告客戶中有位財務總監任職於當地一家創業不久的小型電腦公司。那時是九〇年代晚期，經濟正好開始衰退。財務總監決定竄改某季帳目。「他是個正派體面的人，只是有點天真。」律師回憶道，「他不會錯過孩子的籃球賽。當他遭到調查時，他坐在會議室裡幾乎快哭出來，我真的很同情他。他很痛苦。」財務總監認為他只動過一次手腳，下一季數字將變好，他會彌補這次的錯誤。「但下一季情況並未好轉，第三季還是一樣糟。然而你已脫不了身，無法回頭。」慘澹的財務報告接踵而來，而他一次又一次竄改。一切都是情非得已，而他已無法煞車。

財務總監是個詐欺犯嗎？對大部分人來說，他恐怕算不上是個騙子。他只是犯了錯的傢伙，被機運擺了一道，在道德上出了點差錯，但他無心犯罪害人。許多人就像他的律師一樣同情他的遭遇。真是不幸，他本性善良，只是想扭轉劣勢。

然而，故事的另一面和財務總監的說法大相逕庭。詐欺者絕不像口中宣稱的那麼無辜不幸。這家公司仔細調查財務總監的所作所為，確認他的瀆職狀況。「財務總監開始竄改公司帳本後，也盜用公司的信用卡，從中獲利數十萬美金。」財務總監的律師說道：「我多少改變了對他的看法，他試圖做好工作，不想失業，然而只要犯過錯，就很容易一錯再錯。」

詐欺犯就此誕生，不管用意良善與否，作弊就是作弊。一旦罔顧良心下手，就已無法回頭。詐騙總是從耍小聰明開始，在糖果店靠信用賒帳，財務報告上一條假報數字，或在報價單上動點手腳，讓數字看起來更吸引人。你瞧，沒人發現，啥事也沒有。你想著現在情況實在太不利，才會被逼到無路可退。然而，情況一直沒有好轉。你老是被時限追著跑，金錢、精力和精神都如緊繃的弓弦，一觸即發。你總得想個辦法扭轉頹勢，只要做過一次且僥倖成功，你就忍不住再做一次，再一次，改變方法，從中成長。這不再是作弊，而是你工具箱中不可或缺的成功法寶。就像黑幫電影的劇情，只要你下手殺掉一個人，接下來就能殺人不眨眼。

詐騙者到底是怎樣的人？他有黑暗三人格，看準時機伺機下手，不同於心地良善、懂得反省的一般人，他將自己的行為解讀成是必要之惡。雖然詐欺者有共通之處，各自仍有獨一無二的特質。有的如我們所料，有的則出乎意料，而在每個研究中，總有不少特異分子。有項研究是針對二〇一一至二〇一三年間，遍布七十八個國家的六百件公司詐騙案調查分析，尋找歸納犯案者的人格特質。其中，的確不少人具備黑暗三人格，但並非每個犯案者都是如此。被問及詐欺的動機時，五分之一的人回答：「因為我辦得到。」這答案完全符合黑暗三人格的特質。超過百分之四十的人則認為貪婪是主要動機；但幾乎一半的人回答，驅使他們這麼做的理由是優越感，而優越感是自戀的正字標記。他們自認比別人聰明厲害，相信自己比別人值得更好的生活、更多的東西。還有許多人表示憤怒不滿是他們的動機，認為自己的收入太低、不受他人重視。你憑什麼低估我？就讓你瞧瞧我有多厲害！

但其他人在追逐名利時沒那麼邪惡冷酷。三分之一的犯案者被認為個性活潑外向，百分之三十五的人被形容非常友善。約有百分之四十的人在同事間備受敬重。只有五分之一的人被形容為十分聰明，或是貨真價實的重利逐益。

有些犯案者甚至充滿同情心。二〇一五年三月，莎拉・卡爾（Sarah Carr）接到一通電話，對方自稱是國家稅務局，來電通知她名下的公司行號尚有未繳款項。她忍不住哭了出來。她向對方解釋，自己已懷胎九月，不知道此時怎麼籌錢。「冷靜一下，」對方回答，雖然語氣難掩慌張，他仍表示這只是通詐騙電話。眾所皆知這就是最近時興的詐騙手法，假扮稅務人員來電，使得人們因恐慌立刻交出現金。然而，當待宰肥羊娓娓泣訴，未曾謀面的騙子不禁起了惻隱之心，放棄原定計畫。因為她懷孕了，騙子不想向她下手，她喚醒了騙子的良心。

騙術無所不在

事實上，要逮到騙子並不容易，因為只要是人都可能會說謊。只要你有情感，就難免會說謊。不管是爬蟲類還是人類，動物世界裡滿是騙子。有些蛇為了達到邪惡目的選擇假死。以寄生織布鳥（Cuckoo Finch）來說，牠們是古老的巢寄生（Brood parasites）鳥類，會在別種鳥的鳥巢下蛋，而倒楣的鳥媽媽代替織布鳥努力孵蛋直到小鳥破殼。這聽來像是魚目混珠的小小惡作劇，但織布鳥可是高超的詐騙專家，牠會在鳥巢中留下數顆蛋，讓鳥媽媽無法辨別哪顆蛋不是自己的，只能一口氣全孵出來再說。

二〇〇九年，法蘭西絲卡．巴貝羅（Francesca Barbero）與都靈大學的科學家發現，寄居在蟻窩的毛毛蟲居然能比其他幼蟻得到更多食物，獲得更完善的照顧與保護。原來毛毛蟲會假扮蟻后：毛毛蟲知道工蟻與蟻后發出的聲音不同，牠們的幼蟲從演化中學會模仿蟻后的聲音，以混淆視聽。即使蟻群發生食物匱乏的危機，毛毛蟲也能得到特殊禮遇，只因為工蟻以為牠們是未來的蟻后！接著，科學家發現至少有十二種不同蝴蝶都運用同樣伎倆假扮蟻后，牠們毋須拍動翅膀，就能讓一群工蟻畢恭畢敬地把牠們抬回蟻穴！

動物王國裡，詐欺犯俯拾皆是。竹節蟲看起來就像不引人注目的細小枝枒；樹葉蟲（leaf insects）外表彷彿即將開花的植物。竹節蟲目有許多變裝大師，難怪希臘人會稱牠們為鬼魅。牠們在你眼前忽隱忽現，從盤古開天闢地以來就精通逃脫術。

人類社會中，同樣的騙術無所不在。心理學家羅伯．費德曼（Robert Feldman）研究人類的欺騙行為超過四十年，他認為平均而言當一般人和陌生或偶然初識的對象閒聊時，每十分鐘就會講出三個謊言。沒有人不說謊，有些人甚至表示十分鐘內就說謊十二次。比如我向人攀談時說：「真開心認識某人……」其實我一點也不開心。我可能會繼續說我在波士頓長大——貨真價實的謊言，其實我住在離波士頓約四十分鐘車程的小鎮上。我可能也會說你的工作聽起來真有趣，或稱讚他（單調無聊）的領帶或（醜得不行的）襯衫，即使心中完全不是這麼想。如果我在某家餐廳有過惡劣回憶，偏偏對方稱讚得不得了，我只會微笑點頭認同他，應聲讚許那真是家好餐廳。相信我，我們說謊不打草稿。心理學家保羅・艾克曼（Paul Ekman）廣泛研究情緒表達且專精於辨識謊言，他說：「謊言無孔不入。」

我們在任何情境下都能說謊。費德曼的研究顯示，感情關係中常見的謊言從無傷大雅的小事到最親密的事（如婚姻）都有。不管是像「你看來變瘦了」的小謊，或比較嚴重的「我從沒和那女人發生過性關係」等謊言不勝枚舉。有些謊言無關緊要，有些則嚴重多了。

不但如此，我們從小就會說謊。一系列關於三歲兒童的研究裡，發展心理學家要求每個兒童在房間裡獨處，並告訴他們房裡有個新玩具，要求他們不能轉頭偷看玩具。幾乎每個小孩都無法抗拒誘惑，三十三名兒童中只有四人沒有違反規則。一半以上的兒童偷看之後卻說謊否認。而在針對五歲兒童的追蹤研究中，每個小孩都偷看且說了謊。

我們成年後依舊習慣說謊，而且還不只是撒些像「那件洋裝真適合你！」的小謊。根據保險研究理事會的資料，四分之一的成年人認為為了彌補免除條款的扣除項目，浮報保險索賠金是合理的。這麼做也許合乎常情，卻也構成了詐欺行為——軟性詐欺（soft fraud）[4]。申報納稅時在數字上動些手腳呢？許多人宣稱自己誠實無欺，其他人更目無王法，瞧瞧那些企業如何利用法律漏洞來逃漏稅！然而，一旦你出手更動數字，即使只是一塊錢，也構成詐欺。

就連從事正當工作的專業人士也難逃誘惑，往往會想盡辦法美化現實。每年十一月，英格蘭坎布里亞郡的鄉間小鎮桑頓橋都會舉辦一項比賽：世界吹牛大賽。來自英國和世界各地的人們聚集在鎮上酒吧，口若懸河地講著虛虛實實、如假似真的故事，限時五分鐘。聽來最可信、最具說服力的人就能登上年度寶座。不過，參賽資格可是有限制的，像律師、政治人物、銷售人員、房地產仲介和記者，這些體面的專業人士禁止出賽，因為他們具備絕對優勢。他們舌粲蓮花，個個都有三寸不爛之舌，凡人實在贏不了他們。

若機運來敲門，你會不會當個稱不上大壞蛋的小騙子？不妨做個測試。舉起你的食指到額頭高度，寫下字母Q。

寫完了嗎？你的Q面向哪——Q的尾巴是向右或向左撇？心理學家及著名懷疑論者李察・韋斯曼（Richard Wiseman）設計的小測試，能檢測每個人「自我監控」（self-monitoring）的傾向。如果Q的尾巴往左撇，能讓別人看懂的話，表示你有高度自我監控傾向，也就是說你很在乎外表與別人的觀感，以及別人對你的看法。為了得到理想結果，你會在現實上動些手腳（即使只有一點點），好在別人心中留下比較正面的印象。從某個角度來說，詐欺犯只是把一般人

4 又稱「軟性保險詐欺」（Soft Insurance Fraud）。此類行為人本無實施保險詐欺的主觀故意，在投保時，也少有犯罪傾向，因現實中保險事故發生，使行為人受到誘惑，而造成客觀機會，進一步產生主觀犯罪意圖，實施保險詐欺行為。在保險詐欺案件中，軟性保險詐欺約占九〇%。另一種則是專業型犯罪，又稱「硬性保險詐欺」（Hard Insurance Fraud），在保險事故未發生前，行為人已有從事保險詐欺的「主觀故意」，從一開始就有犯罪行為，其目的在於詐騙保險人，或是由加害人故意致受害人發生保險事故而直接詐取保險金。（來源：保險金融管理學術研討會）

的善意謊言提升到另一個層次。抄襲者、寓言家、說書人和詐欺犯同是一丘之貉，他們讓欲望幻想發光閃耀，創造美好形象，並隨之飛翔。

表情、語言或動作，如何看穿騙子？

我們能否在人山人海或日常往來中揪出騙子呢？詐欺犯是否有什麼破綻，讓我們能注意到他心懷不軌，企圖占我們便宜？只要是人總免不了說謊，你我都曾說過或大或小的謊言，既然我們就是說謊專家，必然能夠一眼看穿別人的謊言，也能指認出人群中的騙子。就像當母親的總能識破孩子的謊言——我曾以為我母親有讀心術，甚至想躲在家具或書櫃後面以免她的心靈雷達讀到我的想法，但她總讓我無處遁逃！現在我們長大了，也見過各種場面，看破別人的謊言應該易如反掌。

有個盛行數年的都市傳說宣稱我們能從臉部及外表線索讀懂人心，近年來有許多相關的實證研究。二〇〇六年，自八〇年代起就從事說謊研究的德州基督教大學心理學家查爾斯·邦德（Charles Bond），號召來自七十五國、使用四十三種語言的學者組成研究團隊。他的目標是判斷欺騙是否具有放諸四海皆準的規則，比如在不同文化背景下，是否有辦法找出能判定對方說謊的手勢或肢體語言。五十八個國家同時進行其中一項研究，他們向超過二千三百人詢問同一個問題：「你怎麼知道別人是不是在說謊？」三分之二的人認為當說話者眼神飄忽就是說謊的徵兆。這個回答引人注意，眾所公認說謊的人不敢注視你的雙眼。百分之二十八的人表示說謊者神情緊張，四分之一的人認為說話內容前後矛盾，另有四分之一的人表示說謊者做出洩露自身祕密的肢體動作。超過五分之一的人認為，臉部表情與前後矛盾顯露對方在說謊。接近五分之一的人認為說謊者常用些贅字或發語詞，如「呃、啊」，並時常停頓或臉紅，這些都代表他們正在說謊。

第二項研究過程剛好相反。這次研究的範圍擴大到六十三個國家，受試者看到一連串行為列表，並被問及哪些行為會讓受試者覺得對方在說謊？接近四分之三的人指出眼神游移，三分之二的人認為姿勢改變，三分之二的人認為說謊者會抓癢或抓耳搔腮、反覆觸碰身體，還有百分之六十二的人認為說謊者會編些故事。

這些都是廣為流傳的都市傳說，然而它們幾乎都不正確。加州大學柏克萊分校的心理學家琳恩．布林克（Leanne ten Brinke）表示：「研究證明，它們全都不是事實。」布林克多年來從事洞察謊言的研究。這些謠言之所以讓人信服，是因為它們符合我們對騙子的想像。我們認為騙子「應該」心存愧疚、坐立難安、講話結巴、支吾其詞、前後矛盾、臉色泛紅。我們「覺得」騙子無法大方直視別人，他們「應該」會羞愧得想躲進洞裡。連五歲大的孩子也認為眼神游移代表對方沒說實話。事實上，如果我們預先知道某人說謊，就會認為他們不敢正眼看我們。然而，我們對騙子的想像並不是騙子的真面目。我們覺得他們很可恥，不代表他們感到羞恥，也不代表騙子在任何情況下都無法隱藏內心的羞恥感。

我們心中的騙子形象和事實大相逕庭。正如布林克所說，世上沒有小木偶的長鼻子告訴我們誰是騙子。即使我們滿懷信心，卻根本無法明辨實話與謊言。

艾克曼不只研究說謊的普遍程度，更著重於一般人分辨謊言的能力。歷經超過半世紀的調查，他讓一萬五千名以上的受試對象看別人說謊或說實話的影像，其中主題多元，包括情緒反應、觀看截肢過程、偷竊、政治傾向和未來計畫等。結果只有約莫百分之五十五的人能夠分辨謊言與實話。謊言或實話的內容性質都不會影響人的判斷結果。

長期下來，艾克曼終於發現有助判斷謊言的行為特質，也就是微表情（micro-expressions）。微表情指的是稍縱即逝的臉部表情，通常歷時二十分之一秒至十五分之一秒，非常難以靠意志力控制。微表情背後的原理很簡單。**理論上，說謊比講實話困難，要多花心力思考，此時我們的臉會露出馬腳，即使我們極力控制，也會在瞬間從表情洩露說謊意圖。**

然而，微表情一閃即逝且含意複雜，未經訓練的人非常難以察覺。在艾克曼的一萬五千名受試者中，只有五十人注意到微表情。百分之九十五的人不會發現微表情——拿網路犯罪和電話詐欺來說，我們根本沒機會看到微表情，並藉此判斷對方是不是騙子。事實上，就算我們能明辨轉瞬即逝的微表情，也不一定能揪出騙子。說不定他們的演技出神入化，已是騙子裡的佼佼者。

去年夏天，我有機會向艾克曼研究對象中五十位「謊言終結者」之一討教。化名芮娜的她目前是執法機構顧問，訓練執法人員辨認謊言的能力。連她也承認自己時不時會在交手過程中敗下陣來。她現在交手的對象可不是心理研究實驗裡事先預錄的說謊者，而是以說謊為生的人，詐騙的行家。她告訴我：「那些人無法一眼讀透。」他們可不是業餘騙子，個個都已磨成精。他們說起謊來不但不緊張也不吃力，說謊和呼吸、吃飯一樣沒什麼不同。他們習以為常並游刃有餘，多年訓練下來，說謊已成為天性。芮娜繼續說道，拿心理病態者來說，「聰明機智的心理病患可說是超級騙子。」就像美國著名連環殺人犯泰德·邦迪（Ted Bundy）一樣。「我被他嚇壞了，他讓我坐立難安。」芮娜的語氣哆嗦，「那樣的人彷彿真有魔法，任意扭轉真相、喪盡天良。超級機智的心理病態者讓我束手無策。」她又提到幾個人，包括被稱為「冰人」的連續殺人狂李察·庫克林斯基（Richard Kuklinski）。「若看到他的訪談，你會發現他骨子裡確實冷漠至極。」芮娜說，大部分時候她都相信自己的判斷，但最厲害的騙子能夠騙倒最強的真知者。

而且，明辨謊言的能力難以習得。芮娜說：「我不認為我的能力可以透過訓練傳授，不然我們早就開班授課了。我可以指點別人，但他們無法達到同樣程度。」

雪上加霜的是，艾克曼表示增加認知負荷（cognitive load）[5]的原因很多，不只是謊言而

5 認知負荷是心理學的一種構念，指個體從事特定工作時，加諸於個體認知系統的一種負荷（Sweller, van Merrienboer, & Paas, 1998）。

已。微表情雖能揭露弦外之音，但我們無法萬無一失地辨識出對方是否在說謊。我們能讀出對方可能承受極大的壓力，但無法確定壓力來源。對方也許為了別的事情而擔憂緊張或煩惱不已。正因如此，眾所皆知測謊器的失誤率很高。我們的生理和面部表情隨著些微壓力而變化，而說謊並非就是造成壓力的原因。有時那些反應代表對方在說謊，有時則指向別種認知負荷，如壓力、疲倦，或情緒處在憂傷痛苦的狀態。不管在哪種情況下，微表情的真正含意難以準確判讀。

要偵測詐欺犯的謊言更是難上加難。艾克曼說：「謊言不露聲色地引人誤入歧途。」而且，**你說的謊言愈多，就愈不容易從微表情露出馬腳。說的謊愈多，破綻反而愈少。**

就連以測謊為業的專家也難免失誤。二〇〇六年，史蒂芬諾・葛拉茲歐利（Stefano Grazioli）、卡林・哲馬（Karim Jamal）與保羅・傑克森（Paul Johnson）建構電腦模組來偵測不實財務報告，這通常是審計稽核的工作內容。他們的軟體能找出百分之八十五的造假案件。相比之下，受過專業訓練、經驗豐富又能明辨警訊的審計人員，只能找出連一半都不到（百分之四十五）的不實報告。審計員的個人情緒往往會阻礙判斷力。當他們懷疑數字有誤，往往會回憶類似案例的合理說辭，並加以套用。也許他們太過信任人性，心知大部分的人都不會詐欺，因此不願錯殺少數人。

事實上，即使你知道自己找的是什麼，仍有可能失誤。二〇一四年八月，美國康乃爾大學的學者大衛・馬克維茲（David Markowitz）和傑弗瑞・漢考克（Jeffrey Hancock）分析社會心理學家戴德里克・史塔波（Diederik Stapel）的數篇論文。馬克維茲和漢考克這麼做是有原因的。二〇一一年九月，學術界爆發史塔波實驗數據造假的醜聞。二〇一二年十一月，透過全面調查，發現五十五份論文都有明確假造數據的證據，有的只是修改一些數值，但有些數據則完全憑空胡謅而成，令人大感意外。史塔波未曾做過那麼多的研究實驗，他只是創造出支持理論的數據。不用說，他堅信自己的理論正確無誤。

馬克維茲和漢考克研究造假和未造假的論文，想找出二者在語言學上是否有所不同。結果，他們發現一致的差異：造假的論文用了更多文字形容實驗，比如測量方法和基準等，並強調實驗結果的準確性。當內容根本不存在，人往往更盡力粉飾、繁複說明，用華麗辭藻掩飾內容的空泛。（誰能忘了大學時期我們也在畢業論文用上同一招，好掩蓋自己學識不足？）然而，不管語言分析是否有用，它仍不是論斷真假的完美工具。史塔波發表的論文真假，馬克維茲和漢考克有將近三分之一判斷錯誤：百分之二十八的論文被誤判造假，而百分之二十九的假造論文並沒有被發現。真正的騙子即使白紙黑字也不留痕跡，即使我們已知道他在說謊，也能掌握其說謊方式，卻仍舊無法洞察騙子的詭計。

怎麼會這樣呢？若我們不斷進步、找出辨認騙子的方法，我們就能保護自己，不再讓他們有機可乘吧？

「相信」帶來成功也引來圈套

然而，實情是騙子並不是衝著你而來。我們不知如何找出騙子，是因為信任有益於人類生存。信任有助於演化，而發現騙子毫無用處。人們天性傾向彼此信任，是因為若要生存我們非得如此不可。嬰兒得相信在自己能自立之前，大人必會照顧他們的需求，而我們從未放下那種與生俱來的信任。史丹佛大學心理學家羅德瑞克・克瑞默（Roderick Kramer）在一項研究中邀請學生玩個信任遊戲，有些學生隨心所欲地玩，但其他學生則被暗示他們的夥伴可能不值得信任。克瑞默發現信任是人腦的原始設定，沒有收到負面指示的學生專注於遊戲本身，而被提醒的學生則花許多時間留意夥伴的可疑行為。事實上，即使夥伴做出一樣的行為，卻會引起截然不同的判讀。**當我們受到負面提示，便會懷疑他人，而沒有被提示的人，依著本性信任他人。**

天性輕信並非壞事。研究顯示，一般化信任（generalized trust）的程度愈高，身體也愈健康，心情愈快樂。信任度高的國家通常在經濟上的發展更迅速，公共組織更穩定。信任度高的人創業或當志工的比率也較高。愈聰明的人，愈信任他人：兩名牛津心理學家在二〇一四年所作的問卷調查顯示，一般化信任與智力水平、健康、快樂都有高度正相關。口語表達能力高的人，對他人的信任比一般人高出百分之三十四；對問題理解能力強的人，對他人的信任比一般人高出百分之十一。高信任感的人比一般人的健康狀況好百分之七，他們感到「非常快樂」的比率比一般人高出百分之六，而不只是感到「挺快樂」或不快樂。

過度樂觀地相信人性可敬有時是件好事，應該說大部分情況下都算是種優點。有時快樂被騙比痛苦面對現實好得多。相信自己穿每件衣服都好看，多讓人心情愉快！相信自己雖然一夜無眠仍神采飛揚，多美好！每個無法赴約的客人，一定是有突發要事無法抽身！你的文章、提案或計畫令人激賞但最終仍被拒絕，不是因為你做得不夠好，只是不太合宜。還有許多每天聽到數十次的善意謊言，我們不假思索地接受，因為它們讓日常社交互動更順暢。

忽略或無視謊言不僅讓我們更快樂，也讓我們表現得更好。一九九一年，瓊安娜・史塔瑞克（Joanna Starek）與卡洛琳・基汀（Caroline Keating）記錄紐約上州某學院游泳隊的訓練過程，這個游泳隊當時名列第一分組。史塔瑞克和基汀想知道比較擅長自我欺騙的選手和其他誠實或洞察力高的選手相比，二者有沒有進步上的差異；比較擅長自我欺騙的選手指的是他們容易忽略負面刺激，遇上模稜兩可的情況往往以正面態度解讀。每個泳者都要填自我欺瞞問卷（Self-Deception Questionnaire），這是一份在七〇年代由心理學家魯本・戈爾（Ruben Gur）和哈洛・薩克漢（Harold Sackeim）所設計的問卷。填完之後再做雙眼競爭測驗（binocular rivalry），在測驗中，受試者兩眼會看到不同的字，必須以最快速度回答他們所看到的字。最後由教練宣布哪些選手能順利入選，參加東海岸游泳潛水冠軍賽。根據研究結果，最厲害的泳者也最擅長自我欺瞞，表現遙遙領先。最明白現實狀況的人並不會有最好的表現；反之，最厲害的人能夠把眼中的世界，變成她想要的樣子。而詐欺犯最擅長的，就是讓人相信世界就是我們渴望的樣子。

這道理暗藏的諷刺顯而易見。讓你成功的祕訣，也讓你更容易踏入詐欺者的圈套。人性本

「信」，滿懷信心與信任的人能爬得更高。同時，他們即使不願意，也不得不落入騙局，他們成了完美目標，正是引人下手的待宰肥羊。

容易被騙的人都是笨蛋？

人們說誠實的人不會上當，但以騙局來講，實情完全不是如此。詐欺與受害人誠不誠實無關，畢竟誠實的人通常也最容易信任別人。而我們知道在騙局裡，信任足以致人於死地。

歷來笨蛋有各種同義詞，傻傢伙、笨木頭、蠢蛋、庸才等，不勝枚舉。人們說每分鐘都有傻子出世。每個傻子都有不同名字，但終究被歸類為同一種人：受害者。詐欺犯下手的對象並非貪婪小人，至少他們不比別人更貪得無厭。他們也不是狡猾陰險的人，正如一般人那樣，難免會懷疑自身價值，有時又期待自己是例外的幸運兒。他們和我們一樣都是普通人。

羅蘋．洛依（Robin Lloyd）沒想過變成有錢人，她只是個貧窮的大學生，誤以為幸運終於來敲門。一九八二年，洛依第一次造訪紐約市。她在郊區長大，當時在麻州西部一所名叫史密斯的小型學院讀大學。她不常幻想置身大城市隨意閒晃的感覺，但她有位同班同學是道地的紐約人——她在布朗克斯區長大——並邀請洛依到紐約度個周末。儘管洛依手頭緊，但這趟旅程實在太誘人了。洛依感到雀躍不已。

在紐約的第一天，洛依和朋友從布朗克斯走到百老滙，周圍熱鬧不已，令人興奮，雖然依稀感到危險，但不安也是種興奮劑。「別忘了，八〇年代的紐約可不像現在那麼乾淨和都市化，」當我們兩人坐在紐約街頭小館啜飲咖啡時，洛依提醒我。她定居紐約已久，也成了紐約客。當時一切都那麼新奇又充滿希望，她從沒想過在熟悉環境以外有這麼一個五彩繽紛的世界。人行道上，一位坐著的男人大聲叫嚷，面前放著紙箱。他的雙手如閃電般快速移動，把玩著三張撲克牌，一下洗牌一下輕彈，並左右翻轉，他就這樣賺到了錢。這看來像某種遊戲，如果厲害的話，好像很快就能加倍贏回賭注。只要你緊盯牌的移動位置，並下好注——正如人們說，跟著女士下就沒錯。「我記得我像個遊樂園裡的小孩，驚奇地看著他告訴我們贏得遊戲多麼容易，只要下注二十美金，就能輕而易舉加倍賺回。」洛依說道。她並未莽撞做出決定，因為她的口袋裡只有兩張珍貴的二十元鈔票。「那時，我連冬天大衣都沒有，」她回憶著，「連買可口可樂的三塊錢都拿不出來。」如果氣溫降到零度以下，她會穿高領毛衣外面加件長袖運動衫，最後套上牛仔外套。「我只能勉強糊口，生活很辛苦，但我得撐過大學。」

但不知為何，男人的絮絮叨叨聽來真誠懇切，好像他明瞭洛依的困境而想助她一臂之力。她剛看到有個幸運傢伙輕輕鬆鬆就贏走兩倍的錢，得意洋洋轉身離開。她決定放手一搏。微微顫抖的雙手透露她的緊張，她放下一張二十元鈔票。「想當然，我贏回了四十元。」洛依無法相信幸運之神果真來到。當她準備把錢收走，男人立刻阻止她，難道她不想再贏一次，讓本金再翻倍？「周圍的氣氛高昂，一群人圍著我們，你想要贏，想要相信自己會贏。」於是她默許，連最後一張鈔票也拿出來。

洛依一把錢放下就後悔了。「我想，這回恐怕不會那麼好運了。萬一輸了，我沒有任何後路。」但那瞬間她真的相信自己能把錢加倍贏回來。「下一局我就輸了。」男人萬般同情，鼓吹她再下一局，這回好運一定會再次來到，即便她已輸個精光。洛依一文不名地黯然離開。那天晚上，她們拜訪哥倫比亞大學的朋友，叫了中國菜外賣。原本該是個開心的晚上——叫中菜外賣可是道地紐約人的日常——然而，洛依只煩惱一件事，她要如何付自己的三塊錢餐費？

郎中三張是史上最常見又實用的騙術。三十年後的今天，這個伎倆仍在紐約街角吸引絡繹不絕的人潮。我們多半認為受害者都是沒見過世面的土包子：「哪有人會相信這種把戲？」連洛依也點頭同意，自認是個傻子，承認自己輕易上當實在很難堪。她說：「八成是我活該。」但這只是事後諸葛，當下事情可沒那麼簡單，洛依受過良好教育又是個聰明人（她現在是《科學人》雜誌〔*Scientific American*〕編輯）。她擅長察言觀色——畢竟她可是主修社會學。她很節省，不會心血來潮就奢侈一下。她不是所謂的蠢蛋，但她並不知道自己對抗的是什麼。

從事紙牌詐欺（Monte）的騙子和其他厲害的詐欺達人一樣，擅長判斷人性又很會製造戲劇效果，編織說辭讓一切聽來合情合理、理所當然，而且毫無破綻。他們懂得見人說人話、見鬼說鬼話，知道何時該創造「幸運」假象，怎麼讓人以為「技巧」是贏得遊戲的關鍵，而忽略它是種危險的賭博。從沒聽過「核桃殼豌豆戲法」（這是另一種相似的紙牌騙術，不用紙牌而是用核桃殼和豌豆來騙人，讓人猜豌豆在哪個核桃殼裡）或「紙牌幫」（monte gang，一群同夥合作讓騙局看來更為逼真）的人難以察覺其中巧妙。我告訴洛依，她看到的贏家其實是同夥騙子，兩人合作無間演出一場讓觀眾信以為真的好戲。洛依一臉驚訝，直到今天，她還不知道這種遊戲的真面目。「就理智而言，我知道自己被騙了，但我仍隱約認為只是運氣背了點。」

❧

多年來，學者想找出容易被騙的人（也就是理想的詐騙肥羊）和那些不為所動的人有何不同。如果我們能明確指出並揭穿上當的原因，那就天下太平了。若有抵抗各種詐騙的疫苗，人人打一針並就此免疫，豈不是好事一件？

我們對被詐欺的對象有很多定見。美國各地優質企業機構（Better Business Bureau）分部代表人被問及詐欺受害者和非受害者的相異處時，提出了幾個常見說法。他們認為受害者具有某些顯而易見的特質，如容易上當、容易信任別人、愛幻想等。而且貪婪被視為分辨受害者和非受害者的指標。有人認為受害者比較笨、教育程度不高、貧窮、易衝動、見識淺薄或欠缺邏輯。而且受害者年紀比較大，你的祖母比你更容易受騙。這種觀念是真的嗎？

事實上，厲害的詐騙專家和我們的想像截然不同。我們自以為知道受害者的常見特徵，自以為分辨得出誰是詐騙達人的待宰。事實上，我們錯得離譜。

❧

二〇一四年，美國退休者協會（AARP）以問卷調查十二州、超過一萬一千名年滿十八歲的成年人，試圖找出容易遇到網路詐騙的人所擁有的特質。他們發現特定行為和特定情況結合時，人們特別容易受騙。受害者頻繁使用網路且往往在社群網站上提供過多個人資料，其中包含無關緊要的基本資料，如生日和電話號碼，還有日常活動內容、地理定位、日程表、在特定餐廳或店家打卡和推特發文等。這些資訊都讓有心之徒瞭解潛在目標的生活細節，不但可以用來裝熟，假冒受害者的身分更是易如反掌。

學者發現一般人在網上常做的事都應避免：點擊彈出視窗（萬萬不可），打開不明寄件者的電郵（這也萬萬不可），使用線上拍賣網站（視情況而定，其中有些是正當網站），接受免費無限試用的推廣活動（絕對是餿主意），下載應用程式（除非你熟悉此軟體且來源可信），使用線上付款網站（一樣得視情況而定，有些是正當經營的網站，但若安全連線被破解，你就得小心倒大楣）。

問題是，就算你符合專家建議的安全行為準則，往往也只能避開特定詐欺手段，大部分的自保舉動只是作繭自縛，沒有太大實際幫助。實驗中十五個可能引詐騙上身的行為裡，五分之一上網的美國人（相當於三千四百十萬人）就做了至少七件。然而，網路詐欺受害者的數字卻遠低於此。如果五分之一的人口都上當了，那奈及利亞的王子們[6]絕對是世上最快樂的人！

判斷誰可能會受害時，個人特質其實並非最重要因素。相反地，情況因素是個重要指標：**會不會上當和你是誰無關，但和你的生活狀況有關。如果你常感到被人孤立或孤獨寂寞，那麼就特別容易受騙。**同樣地，若你剛丟了工作或離了婚，遭受重傷或其他重大人生轉變、經歷失意，財務狀況吃緊或擔心負債，都會讓你更容易受騙。事實上，有債務的人容易上的當，往往是像減肥產品這種和金錢無關的詐騙。

洛依向郎中三張這樣的小把戲舉手投降，是因為她需要錢，而且還身處在不熟悉的環境。少了任何一個誘因，洛依就不會繼續下注，而是帶著四十美元安然離開。當時，她的動力比平日高昂，她想著：「我需要錢，我想相信錢並非遙不可及。」她的測謊雷達比平日遲鈍，人在新環境裡往往難以準確讀取社會線索[7]，特別是周圍的一切都如此新奇。若在不同地點、不同時日，洛依只會一笑置之轉身離去，但在摩肩擦踵的曼哈頓，她上當了。

這種情況合情合理。冷靜理智的人生活起了巨大變化就會做出瘋狂的事——變得衝動、愛冒險且不穩定。衝動與渴望冒險是增加受騙機率的兩項可靠指標。在一項實驗中，愛冒險的人受騙機率比不愛冒險的人高六倍。然而，身處特定情境時，幾乎所有人心中的冒險精神都會蠢

6 此指一項常見詐騙手法。嫌犯藉由一封來自奈及利亞的郵件為開端，在信中他們通常會假冒歐洲白領，以投資美鈔、黃金、開發案詐騙，或宣稱繼承皇家貴族遺產，但須繳稅金才能取得，並答允提供部分財產，釣被害人上鉤；還藉口投資失利、進出口貨被海關阻擋，尋求周轉資金。騙徒會勸誘收件者透過信中所提供的傳真號碼將資料傳送給詐騙者，像是具備抬頭的空白信紙、銀行名稱和帳戶號碼。假設你能當人頭洗錢，用你的銀行帳戶作為該筆鉅款暫時寄存之用，將可獲得一筆可觀酬金。（來源：趨勢科技全球技術支援與研發中心）

7 社會線索包含語言和非語言的部分。語言的社會線索涵蓋說話、書寫或是代表字母和文字的手勢與身體姿勢，而非語言的社會線索則是除了語言以外的各種表達，例如臉部表情、眼睛注視、手勢及其他身體動作、姿勢、身體的接觸、空間的行為、衣著及其他方面的儀態、非語言的發聲和氣味等。

蠢欲動。當我們消沉低落，就會渴望掙脫低潮，此時平常看來愚蠢的計畫或建議突然變得有趣起來，令人心生嚮往。當我們氣憤時總忍不住豪奢一下，於是常人眼中的賭博行為誘人躍躍欲試。受害者不一定愚蠢無知或心有貪念，只是詐欺者現身時，他正處在格外脆弱的情緒狀態。冒險與衝動並不一定是我們的性格特徵，但在特定情況下，我們往往會變得如此。

一般而言，受害者或許有輕信的傾向。針對詐欺受害者的研究中，發現兩項因素對感情纖細敏感的人有重大影響，會讓他們落入邪惡陷阱：他們比較樂觀且有虔誠的宗教信仰。換句話說，他們相信一切都會變好，神祕的力量會幫助他們。然而，有誰不是多少暗中期待這種說法終會成真？

詐欺犯也難逃受害者命運

當我們愈深入研究，就愈瞭解不管有多少受害者的特徵線索，像生活發生巨變或具備特定個性傾向，我們依舊無法找出潛在受害者的明確樣貌。被騙的肥羊就和騙子種類一樣多元難以界定，甚至比騙子還多樣化。心理學家卡拉．帕克（Karla Pak）和杜格．沙德爾（Doug Shadel）在二〇一一年的一項實驗中，研究超過七百名詐欺受害者和一千五百名非受害者，他們發現不同性格的人會掉入不同詐欺騙局；依據不同目的，理想的詐欺對象種類南轅北轍。投資騙局（如馬多夫的龐氏騙局）和生意機會騙局（如新油田的暴利投資）通常會騙倒教育程度高且較年長的人，這些人的年收入往往超過五萬美金。樂透彩券詐騙（如假彩票等）比較容易讓教育程度低且年收入較低的人上當。處方藥詐騙與身分盜用的受害人常是年收入低於五萬美金的單身女性。容易騙倒年長者的則是另一種詐騙形式，通常和家庭成員及其往來親友有關。「老年投資詐欺與財務濫用計畫」（Elder Investment Fraud and Financial Exploitation Program）在二〇一二年的調查指出，最容易讓老年人上當的是家庭成員的偷竊或金錢轉移，以及看護的偷竊行為。陌生人的詐欺則名列第三。

只要詐欺手法對了，任何人都可能是受害者——連詐欺者自己也難逃被騙的命運。事實上，有些詐欺手法完全是針對詐欺者。當別的詐欺專家認為某個詐欺者太過得意、自命不凡時，就會想出計策如法炮製，讓詐欺者栽在自己的騙局裡。詐欺犯往往過度自信——這可是我的遊戲，誰能扳倒我？——目中無人的自傲正是他們的致命弱點。本書後面章節還會再詳加討論的奧斯卡・赫茲爾（Oscar Hartzell）是個大騙子，在數十年間從數千人身上騙走上百萬美金。他住在倫敦時，有天看到報紙上的水晶球算命廣告，在好奇之下前去嘗試。聖約翰・孟德格（St. John Montague）小姐坐在水晶球後為他算命，預測他會有個美好未來。很快地，赫茲爾每週找她三次，為了得到她的建言不惜花了數千美金。孟德格小姐知道自己找到絕佳目標，便雇了私家偵探跟蹤赫茲爾，發現赫茲爾原來也是個騙子。接下來的五年間，孟德格小姐利用這些資訊，從赫茲爾身上再騙走五萬美金。就連赫茲爾這樣身經百戰的詐欺犯，也會栽在別的詐欺犯手裡。

話雖如此，理想的肥羊和完美的詐欺犯，二者差異仍顯而易見。二〇〇三年，一對西班牙兄弟自以為買下一幅高雅（Goya）的美麗畫作。然而，交易結束後，兄弟倆發現手上的畫作是十九世紀的贗品，便一狀告上法院。二〇〇六年，法院判決兄弟倆可用原本付的二萬歐元訂金留下畫作。以十九世紀的作品來說，這是個好價錢。兄弟倆有了這次經驗，打算記取教訓：這回，他們要來騙人。二〇一四年十二月，他們試圖向阿拉伯酋長兜售這幅畫，宣稱這是高雅真跡。一位義大利仲介商願意從中協助這項交易，他會擔任雙方的物品擔保人，收取三十萬歐元的訂金。西班牙兄弟跑到義大利杜林（Turin），把畫作和佣金交給仲介人，並取得一百七十萬瑞士法郎的頭期款。兄弟倆開心不已，交易完成後立刻去存贓款。不用說，頭期款是假的。仲介商與酋長早已消失無蹤，畫作與佣金也不知去向。受害者搖身一變成了詐欺者，仍難逃被騙的命運。

詐欺者其實是最好的下手目標，因為他們總自以為已對詐騙免疫。這種不切實際的自信常見於各種受害者身上：當你感到安全、不相信自己會被騙時，只要詐欺者知道如何取得你的信任，你就將任人宰割。若你認為對某件事瞭解夠深，反而愈容易被相關詐騙唬住。

美國許多教育程度高的退休者選擇在科羅拉多州養老，他們對詐欺警覺性很高。科羅拉多州不像陽光燦爛的佛羅里達那麼受歡迎，但選擇科羅拉多的人自成一格。大部分退休者在日常生活中都設下防範詐欺保護手段，包括防護軟體、電郵篩檢、信用卡設有詐財警示，甚至有人絕不對外提供電郵地址或電話號碼。當退休者協會以問卷調查科羅拉多州的會員時，發現這裡的受害人百分比只有個位數：百分之七的成員曾遇到身分盜用，只有百分之六點五的成員曾遭到詐騙——聽來人數不少，但已遠低於全美平均值。然而，事情沒那麼簡單。這裡盛行的是投資詐騙，受害人往往蒙受高額財務損失，比其他詐騙多得多。受害人中，十分之一的人損失超過一萬美金，百分之二十一的人損失高於一萬、低於十萬美金。四分之一的人幸運地只有小額損失，低於一萬美金，而一半的受害者不願意表示他們被騙了多少錢。他們承認自己被騙，但不願意說出被騙金額。

大部分的受害者自認懂得理財，超過百分之六十的人投資股票、債券和各種有價證券。然而，他們卻身陷投資詐騙，正因他們自認保護周到，警覺性也就變低了。

即使像通靈者這樣明目張膽的騙子，會受騙的也並不只有常人眼中的笨蛋。鮑伯·尼加德（Bob Nygaard）原是警察，離職後改當私家偵探，專門調查靈媒詐騙案。他在電視節目《20/20》裡說：「律師、專職運動員、大學教授……找我幫忙的受害者遍及各行各業。」

尋求通靈人士幫助的民眾中，從事財務的專業人士有增加趨勢，特別是二〇〇八年金融危機後。「以前來求助的人總是問愛情、愛情、愛情，現在則是錢、錢、錢，」華爾街最受歡迎的靈媒瑪麗·布朗（Mary T. Browne）在二〇〇八年《紐約時報》的訪談中這麼說，當時金融風暴剛爆發。她可是貨真價實的通靈者。她不像那些「街邊的吉普賽人利用別人的恐懼擔憂來賺錢」。才不是呢，她絕不會這麼做。她七歲就成了靈媒，當時她看到一個過世的女人整理自己棺材旁的花飾。她聲稱在金融風暴十八個月前，成功說服兩位客戶拒絕美國投資銀行貝爾斯登

打包時薩菲德黯然神傷，每樣物品都提醒她夢想中的生活已經離她遠去。她走下樓梯，想趕走不快的思緒，散個步應該能轉換心情。

就是此刻，她看到那個招牌。第七大道南段和布雷克街交叉口上有棟時髦的三角形建築，當地人都知道這就是千里眼哲娜（Zena the Clairvoyant）之家。門外立著深藍色遮陽篷，上面飾以金色大寫英文字Z。大門旁的告示板點綴典雅的金色花邊，上面條列服務項目，包括看手相、排星盤。窗前垂著金紅兩色、鑲有金色流蘇的窗簾，邀請路人光臨另一個世界。來吧，華麗的門面似乎呼喚著來往路人，你的煩惱將煙消雲散。招牌上鮮明地寫著：「免預約！」

情緒不穩易成最佳肥羊？

薩菲德常走過街角的這家店，她的男友——更正，此刻他已是前男友——提醒過她離這地方遠點。他說這不是什麼好店。現在她卻止步不前，試試看又不會怎樣，對吧？

八成基於某種反抗心態——前男友憑什麼替她決定什麼事該不該做！——她推開大門。裡面的裝潢比她想像得更富麗堂皇：珠簾，吊在牆上的盆栽，裝飾華麗的燈籠從天花板垂下。宣傳板上寫著哲娜坎城分店的資訊。薩菲德詢問道，哲娜有時間嗎？她能和哲娜面談嗎？

西薇亞・米歇爾（Sylvia Mitchell）在樓上靜坐，等著下一位客人。她住在康乃狄克州的神祕鎮（Mystic）——這地名對她來說真是一語雙關——她從事通靈超過十年。不過就各方面而言，「哲娜」這家店才是她的家。門打開了，薩菲德走進來，她身材高瘦、舉止從容優雅，披肩的柔順金色長髮隱約帶點草莓紅。她的步履款款——看來或許是個舞者？米歇爾揣摩著，這女子似乎比她年紀大一點——千里眼米歇爾剛過三十六歲——而且，女子看來失神落寞。

相反地，薩菲德看到一位迷人女子，約莫三十幾歲，一臉歡迎。「魅力十足，令人心情安穩，她非常漂亮，打扮稱頭。」後來薩菲德這麼描述對米歇爾的第一印象。薩菲德告訴米歇爾，她想做個基本的通靈算命，這是「哲娜」的基本服務，只要七十五美金。

米歇爾小心握起薩菲德的手，緩緩開口，某種強大力量彷彿附上了米歇爾，她臉上露出苦痛神色。米歇爾發現某種東西，她告訴薩菲德，她有「非常重要的訊息，這訊息足以改變薩菲德的人生、改善她的生活，但那得花上一千美金才行。」根據警探的說法，米歇爾當時是這麼說的。

一千美元可是筆大數目。但米歇爾一臉真誠，而且要得到她的諮詢可不容易。也許這就是薩菲德得付出的，好改變她失業又失戀的慘況。「我的心跳加快，幾乎要跳出來了！」薩菲德回憶道，她交給米歇爾一張支票。

米歇爾所看到的靈視立刻清晰鮮明起來。她說道，薩菲德的前世是埃及公主，身為皇族使她變得太過重視物質。「她說我住在首都，做了很多善事，可惜我有個缺點，」後來薩菲德在陪審員面前描述當時對話。米歇爾說物欲為薩菲德的人生帶來負面影響，並連帶影響她的愛情生活與事業生涯。不過，米歇爾接著說，有個解決方法。「我得採取行動讓生活重上軌道。」

薩菲德說。米歇爾告訴她，為了不再執著於金錢，她可以交出二萬七千美金，讓米歇爾代為保管。她會把錢放在玻璃罐裡，薩菲德隨時都能拿回去。

薩菲德剛離婚不久，她知道帶著三個孩子，總得準備些備用金，因此她用房子貸款，以防「不時之需」。此刻，她決定挪用這筆錢；對她來說，這的確算得上緊急事件。她說：「我的情緒不穩，覺得當時正值存亡之秋。」不管如何，米歇爾保證薩菲德可以把錢拿回去。薩菲德遞給米歇爾一張支票，上面寫著二萬七千美金。

「我需要指示和引導，而米歇爾說她絕對能助我一臂之力。我不知道自己是不是完全信任她，但我想聽到安慰的話語。」薩菲德告訴陪審團：「我情緒崩潰，人生一蹶不振，我失去理智，無法保持冷靜。」

然而第二天早上，薩菲德就後悔不已。她說自己「當時判斷失準」。她得趕緊行動，立刻動身去銀行。她可以取消支票嗎？能阻止銀行付款嗎？然而，行員告訴她，太遲了，支票已經兌現。薩菲德打給「哲娜」。她問米歇爾能否退錢，她照著米歇爾的指示把錢留下，現在她想拿回來。「我立刻打電話給她，告訴她我錯了，我得把錢拿回來。」薩菲德說道。然而，米歇爾回答她，不可能，太遺憾了，她現在不可能把錢還給她。

薩菲德心意已決。這時她已回到佛羅里達，但這損失太大，她負擔不起，她的三個孩子都需要這筆錢，她決定飛回紐約處理。回到紐約，她一心想拿回二萬七千美金，然而「哲娜」的電話無人接聽。於是，薩菲德親自前往；有一天，她在門口等了大半天，按了十五次左右的門鈴。始終無人回應。

薩菲德前去報警，請了律師也雇了私家偵探。如果她沒辦法靠自己把錢拿回來，也許比她經驗老道的專家能讓米歇爾把錢吐出來。

識人精準：詐欺犯的拿手本領

「大部分的人在日常生活中都是直覺型的心理學家——想著別人為何這麼想和為何那麼做。」芝加哥大學心理學家尼可拉斯．艾普利（Nicholas Epley）說道。他專門研究人們如何看待他人，什麼原因會讓某些人特別懂得察言觀色。我們一見到別人，立刻建立各種印象，包括他們的身分工作、個性，猜測雙方處不處得來等。這個思考過程瞬間發生——研究顯示，人類在零點幾秒間就會下某些判斷，如評斷對方值不值得信任和掌握的權力程度。不管雙方對話多久，這些判斷往往會無意識地存在腦中。除非我們把這當作殺時間的嗜好，刻意地觀察人，並試著推斷陌生人的背景、生活和欲望，不然我們這麼做，通常只是出於直覺。我們滿懷好奇。再者，說不定我們蒐集的這些資訊將成為有用情報。不管有意無意，我們都是直覺型心理學家。

對詐欺犯來說，這種衡量來者為何、解讀對方背景與欲望的直覺反射思考過程，並不只是演化帶來的附加好處，也不是光用來消磨時間。這可是詐欺犯的生存本領！他們最厲害的技能之一就是在受害者未察覺的情況下，藉由觀察細節來瞭解受害者的生活。接著，詐欺犯即可利用觀察所得，讓受害者佩服得五體投地。**詐欺第一步仰賴的就是這種能力：選定下手目標，此時詐欺犯審慎觀察評估並選擇適宜獵物。**從各方面來說，這都是詐欺過程中最重要的一步。若你能正確判斷對方的來歷喜好，不管你說什麼，他們都會照單全收。不管是具有魔法的水晶或是埃及咒語，甚至艾菲爾鐵塔。若你無法識人，空有完善、無懈可擊的詐欺計畫，也只是對牛彈琴。

艾普利自九〇年代晚期就著手探索直覺判斷的潛藏結構。看到別人的外表打扮、行為言論，人自然且直覺地加以解讀，但我們究竟是如何判斷的？艾普利好奇不已。而且，我們的直覺準確嗎？他假定這個心理過程有兩個面向：一方面是人的觀察力——觀察對方的身分等能力，心理學家丹尼爾．吉伯特（Daniel Gilbert）稱之為普通人格學（ordinary personology）。我們看到基本的肢體外觀特徵，如性別、年齡、身高，也觀察對方的五官、膚色、肢體語言（對方站得筆挺或駝背？行止從容或神色匆忙？），當然還有對方的穿著打扮。另一方面，艾普利借用丹尼爾．魏格納（Daniel Wegner）的用語「心理認知」（mind perception），也就是判讀別人感受、渴望、動機、誘因的能力。我們聽著別人說話內容、聲音高低，判讀他們的手勢和抑揚頓挫，在語句間讀出弦外之音，瞥見他們的內心世界。

當別人作出手勢，我們立刻明白她要表達的是「我不在乎」還是「我很不爽」，又或者是

「我太開心了」。大顴肌（zygomatic major muscle）是口部兩旁的肌肉，難以用意志控制。當對方的大顴肌移動，我們知道她真的心情愉悅。當對方決絕地快速移動，且肢體動作大時，我們會依情境判斷她不是生氣就是開心得不得了。如果大顴肌放鬆或收起，那麼也許對方正感到無聊。根據艾克曼的研究，我們的臉能做出三千種表情。我們能準確判讀至少七種基本表情輪廓（和相關的各種細節變化）。從握一杯水的手勢、穿衣選擇、頭髮造型到開門的方式，我們隨時都在提供各種線索，告訴別人我們的身分、想法與感受。我們踏出的每一步、每一個眼神轉換、說出的每個用字，都洩露出個人資訊與心理狀態。

然而，你得如騙子細心尋找下手獵物時，才能夠接收到這些訊息。普通人雖能夠掌握大方向，卻無法讀出細微的表情變化。我們懂得明顯的肢體語言，卻無法察覺隱藏在對方心中的想法。我們往往因某句話就作出一連串的推論，想像對方的個性和成長背景，卻忽略自己欠缺事實證明，只是憑表象下結論。該謹慎行事時我們粗心大意，該詳加思索時卻敷衍了事。我們時常唐突決斷——丹尼爾．康納曼（Daniel Kahneman）稱為「捷思法」（heuristics）——我們往往在一開始時，就為對方建立一個膚淺又老套的形象。拿薩菲德對米歇爾的印象來說，她形容米歇爾很迷人、有魅力，且讓人感到安心。的確，米歇爾很高雅，髮型完美，指尖也做過美甲處理，臉上掛著真誠迷人的笑容。米歇爾的確仰賴這些表面訊號吸引前來向她求助的算命者，好讓他人對她言聽計從。

我們心中明白，照理說自己得更小心謹慎，參考別人的意見，設身處地從對方的角度思考。然而，我們往往對自己的判斷深信不移。哲學家羅素（Bertrand Russell）在著作《人類知識：廣闊與侷限》（*Human Knowledge: Its Scope and Its Limits*）裡提出觀察：「別人的行為和我們所差無幾，因此我們推測別人的動機也和我們相去不遠。」然而，我們是自身存在的原型，有獨一無二的動機與行為，雖然都是人類，並不代表彼此思考行為相似。**我們以自己為出發點，無可避免地從自身角度觀察別人，因此經常誤判，甚至鑄下大錯**。艾普利與同事在一系列的研究中，發現人往往花很多時間才能體會到別人的角度與思想模式和自己不同，在時間壓力之下，人通常無法及時注意到這種差異。艾普利稱此現象為「自我中心錨定」（egocentric anchoring），指的是我們以自身為出發點來思考。我們預設別人瞭解我們所知道的、相信我們所相信的，也喜歡我們喜歡的事物。

一般人並不會時時將欺騙這回事放在心上，儘管常識人不清、判斷有誤，並不代表我們愚昧無知。其實這顯示了人的適應性。一眼看穿人際間散布善意謊言，對自我認知與身心健康毫無益處，因此何必特意分辨別人內心惡魔的絮絮叨叨？同樣地，認為別人的想法和我們南轅北轍也沒什麼好處，因為比起和自己截然不同的人，我們更喜歡和想法類似的人相處。想像一下，隨處是朋友的世界，豈不是比人人冷漠的世界美好多了？

在一項針對已婚夫妻的實驗中，心理學家傑佛瑞・辛普森（Jeffry Simpson）、威廉・伊克斯（William Ickes）和明達・奧瑞納（Minda Oriña）請夫妻討論婚姻問題，並在旁側錄。接著，他們讓雙方觀看彼此互動的影片，並記下個人想法，剖析對方對談話中每個問題的想法與態度。實驗結果指出，判讀別人想法的準確性其實沒那麼重要。在實驗結束時，能夠精確接收恐嚇暗示的人對另一半的好感會大幅下降，也對婚姻感到失望。而判讀力沒那麼準確的人，不管是對伴侶或婚姻關係的滿意度都比較高。**我們之所以無法準確識人，是因為這麼做可能反而大大有害**。如果識人不清讓我們的生活快樂愜意，那還需要精準的判斷能力嗎？

對詐欺犯來說，識人精準遠比自我價值重要得多。他們的自我價值建立在比別人擅長辨別社會上的種種細微小事和每個人的奇思異想。有個重要因素能讓一般人戰勝缺陷，使我們準確觀察別人的身分與渴望——動機。不管一個人的動機是和錢或個人相關，有動機目的就能讓詐欺犯精準判讀對方的臉部表情、肢體語言和心中所想。在一項系列研究中發現，位高權重者往往識人不清。但當研究者珍妮佛・奧維貝克（Jennifer Overbeck）和班納戴特・帕克（Bernadette Park）為他們提供明確動機時，這些受試者突然變得比之前更能準確識人。以「讓你的下屬有參與感」為目標的受試者，和以「注重效能與產能」為目標的受試者，比較起來，前者更能準確判斷受雇者的個性與能力。

詐欺犯隨時野心勃勃、動機強烈。他們和一般人沒什麼差別，只是他們隨時保持由多年經驗訓練出來的高度警覺與觀察力。他們一眼就能看出下手目標：他們讀出我們的背景、信念與情緒，甚至我們自以為沒人知道的欲望。薩菲德走進「哲娜」時，米歇爾不用等她開口，就察覺到她處於感情脆弱的心理狀態。不管是薩菲德走路的姿勢或握手的方式，任何細微動作都逃不過米歇爾的法眼。米歇爾根本不用向薩菲德提到愛情不順或工作遇上瓶頸，對感知敏銳的人來說，薩菲德的一切全寫在臉上。

冷讀術的威力：選對下手目標並對症下藥

一個冬日傍晚，我出門前去體驗讀心術，這次是塔羅牌算命占卜。我熟知冷讀術（cold reading），知道哪些特徵或線索會讓算命師讀出我的未來。我苦心思索該透露哪些細節又該抹去哪些線索。我該把婚戒拿下嗎？或者別帶皮夾？我該穿什麼？最後，我決定以真實形象上場（但不用真名），讓這個實驗更加逼真。占卜師開口問道，你想問什麼問題？我選擇事業。很快地，這個男人忙不迭地告訴我出版業的麻煩困擾、事業生涯充滿各種不確定，數位化更讓出版業雪上加霜。占卜師提到我可能工作不保，但不時加上樂觀說辭，據他所說，儘管一切難以掌握，但總會雨過天晴。他甚至知道當我最徬徨無措的時刻，曾想過要放棄一切。如果這一行逐漸沒落，我能順利轉行嗎？

當然，塔羅牌先生並不是真的在講出版業，他根本不知道我是個作家。他只是說些通用於不同行業的評論，以及大部分年輕女性在事業初期會遇到的困境與瓶頸，那些我們會捫心自問的問題。誰不擔憂他們的事業會如何發展？誰不認為他們的行業面臨轉折點，正在載浮載沉？誰不曾想過放棄一切，轉身離開？塔羅牌先生所說的每句話都適用於各行各業，但對我來說，他似乎真有過人的洞察力，知道我的生活和工作。他對我下了一個振奮人心的結語：終會雨過天晴，我不用擔心失業或失去賺錢能力——只要我別懷疑自己，壞了好事。我是自己最大的敵人，我可能會阻礙自己成功。我得停止那些侵蝕人心的思考模式，從更正面、更有建設性的角度去思考。如果我做得到，就能站上世界峰巔。這建議還真不賴，我心懷感激地點頭同意，接著離開走回街上。也許，塔羅占卜真有兩把刷子。

通靈人士（包括詐欺犯）不只是厲害的冷讀大師和心理學家。他練習過無數次好讓技巧臻於純熟，熱切地避免犯下任何錯誤。若在判讀下手目標、對症下藥的過程中出了差錯，那可是得不償失，足以毀掉整個詐騙大計。事實上，即使是一般人，只要你熟知冷讀術，就能講中不少別人的事，甚至讓人大為吃驚。一九八八年，心理學家琳達·阿貝萊特（Linda Albright）和康乃狄克大學的研究團隊做了三項研究，試圖理解當雙方在完全不認識的情況下——阿貝萊特稱為「零相識」（zero acquaintance）條件——人若有明確動機，是否能夠精準判讀對方。她發現受試者在個性外向和嚴謹自律兩項的判讀都很準確，觀察者注意到這些特質，而被觀察者也認同自己帶給人這種印象。在另一系列的調查研究中，動機強的人比較擅於分辨陌生人的臉部情緒表達和聲音抑揚頓挫。同時，有動機的人也會比較精準判斷陌生人的內在情緒。

二〇一〇年，艾普利和本古里昂大學的塔爾·艾亞（Tal Eyal）公布一連串增進人際與心理認知技巧的實驗研究結果。他們的論文標題定為〈如何像是有心電感應？〉（How to Seem Telepathic）。學者們發現常人所犯的錯誤，都歸因於我們把自我分析與分析他人混淆在一塊。**我們在分析自己時會鉅細靡遺、注意每個旁枝末節與當下情境。然而，在分析他人時，容易概**

略化、抽象化，而不會深入探究。舉例來說，當我們回答與自身或他人相關的問題時，我們的思考模式截然不同。比如面對像「你多有魅力？」的問題，我們馬上想到自己的外表，回想今天早上的髮型如何，是否睡飽、精神抖擻，身上穿的襯衫是否能讓氣色看起來更好。當問的是別人多有魅力時，我們會依整體印象構成表面判斷。因此，我們混淆了兩件重要事情：第一，我們不知道別人對我們的印象；第二，我們搞不懂別人對他們自己的印象。

然而，若我們調整分析他人與自己的方式，馬上就會變得直覺敏銳且精準。有一項研究發現，受試者若以為別人不會在當下評價自己的照片，而是幾個月後才評價時，他們突然能精確指出別人眼中的自己是什麼模樣。而在另一項實驗中，受試者錄下一段形容自己的話，研究人員告訴他們這段錄音將在幾個月後播放。突然間，就像前面的試驗一樣，受試者的觀察角度改變了。**藉由增加時間距離，受試者換成旁觀者的視角，用比較抽象的角度看待自己的行為，因此，他們意識到實際生活中別人眼中的自己，不再陷於自己的想法中**。

對事業心強的讀心者來說（也就是正在物色下手目標的騙子）這技巧非常重要，你得懂得別人用什麼線索來評斷你，而哪些線索毫無用處。如果你覺得自己看來精神不濟，那麼自信心就會隨之降低，因而欠缺說服力。但若你明白根本沒人會注意到你氣色不佳，你的整體風度舉止才有決定性的影響，你就會著重於加強整體印象，而不因旁支末節影響自信。

艾普利和艾亞在第二次的系列研究中觀察到兩個相斥的效果：我們和旁人處在如同我們與自我一樣親密的解釋水平（level of construal）[1]時，我們是否能夠精準地判讀別人？這次，艾普利和艾亞把其他學生的照片交給受試者，分別告訴他們這些照片是在當天或幾個月前拍攝。顯而易見地，比起幾個月前的照片，受試者在判斷時比較注重當天拍攝的照片的瑣碎細節——他們觀看當天的照片和觀看自己的水平相同，因此特別注意微小細節。想法上的簡單變化，卻能帶來可觀的利益。詐欺犯觀察每個人都一樣縝密周詳。若要選定下手目標，精確性舉足輕重。**詐欺者想知道的不只是別人如何看待他們，他們想要毫釐不差地展現自己希望在別人心中留下的印象與影響力。**

共通點與熟悉感讓人被騙更慘

不僅如此，詐欺犯會在與目標相處的過程中得到新資訊並善加利用，讓我們損失更多。人

1 解釋水平理論的概念為：「人們解釋對於心理距離較遠的事情時，會用高水平（High-Level）、抽象（Abstract）、穩定（Stable）的方式進行評估；而相對於心理距離較近的事件，則會改由用低水平（Low-Level）、細節（Detailed）、結構式（Contextualized）的方式解釋事情。心理距離可以分為以下四個面向：時間距離（Temporal Distance）、空間距離（Spatial Distance）、社交距離（Social Distance），以及可能性距離（Hypotheticality Distance）。這些不一樣的心理距離確實會影響人們對於同一事件的解釋，進而產生不同的預測、評估及行為反應。」（來源：台灣大學第十七屆資訊管理暨實務研討會論文，論文作者：林佳燕、徐斌碩、林韋廷）

們傾向信任感到熟悉、和自己有共通點的人，在我們心中他們和一般陌生人不同，我們會向他們敞開心房：那些和我們類似、彼此認識或認知相近的人，比較不會傷害我們。而且，他們比較瞭解我們。如果你初識某人，發現對方和你一樣都喜歡看同一種喜劇表演，還喜歡同一種休閒洋裝，那說不定你們在其他領域也有相同喜好，能相處愉快。而我們難以理解那些和我們差異很大的人的動機想法，而且那些人說不定心存惡意。

剛開始進行塔羅占卜時，我的靈媒抛出一個聽來無關緊要的問題：「你不是土生土長的紐約人吧？」我回答，不，我不是。他語帶認同地回答，他也不是，但他絕不會搬去別的地方生活。我同意地點點頭。占卜過程中，他不斷提出這些「共通點」——他對自己的事業也猶疑不安，他想做些改變，他其實喜歡藝術創作，而且有時覺得自己似乎在出賣靈魂，但他還有帳單要付。占卜結束時，我認為他根本是我的知音（我相信他大部分的客戶也都有這種感受，就像米歇爾的客人視她為知交，認為兩人有很多共通點，都和他們一樣在煩惱和抱負中掙扎）。

心理學家麗莎・德布伊恩博士（Lisa DeBruine）請受試者玩一個連貫的信任遊戲。在遊戲中受試者臆測夥伴會怎麼做，據此做出反應（其中最著名的就是「囚徒困境」測驗〔prisoner's dilemma〕，每個人都保持沉默就沒事，但若有人開口而你沒有，那就倒大楣了）。然而，受試者的夥伴其實並不存在。受試者以為的同伴只是出現在照片中的人物，照片用兩種方式動過手腳：經過電腦處理，一張看來是毫不相關的陌生人，而另一張看起來像受試者本人。研究發現，若照片處理得愈像受試者，受試者對假想夥伴的信任度也愈高。看看那張臉，有誰能懷疑它、不尊重它？甚至其他表面共通點，比如生日是同一天（或在同一個月）、名字相似，都會促使受試者對假想夥伴產生更強烈的好感——同時也更願意彼此幫助、互相合作。

由於詐欺犯能輕鬆識破你的喜好，因此他能裝出與你有共通點，讓你感到熟悉——詐欺犯愈擅於偽裝，愈能得到真實資訊。偽裝共通點很簡單，當我們喜歡對方或彼此相處愉快，我們會無意識地模仿他們的行為、表情、手勢，這現象叫做「變色龍效應」（chameleon effect）。把這效應反過來利用，也能達到效果。若我們模仿別人，他們就會親近我們、在我們身上找到相似感。偽裝這種自然的吸引過程並不困難。我們每天常不自覺地運用一些無關緊要的詐騙技巧，有時甚至對自己擅長偽裝的能力心知肚明。我們會重複別人說的話或嗜好興趣，假裝支持同一個球隊，或討厭同一個品牌。這些我們愛用的小手段往往很快就能帶來好處，也是詐欺犯必備的法寶。

美國人際關係學大師戴爾．卡內基（Dale Carnegie）建議：「試著真誠地從別人的角度看待事情。」他致力寫就贏得朋友與影響別人的專論，無意間成為詐欺者的培訓寶典。若你身陷麻煩之中？「談論對方能獲得的好處。」某人不經心地提到某件事？記起來，從各種面向再次提及。你是否正確地掌握線索——也許從不符節氣的黝黑皮膚獲悉一個佛羅里達州地址？抓住它，機不可失。只要你能掌握這些訣竅，將處處受人歡迎，你在別人眼中將比實際上更有吸引力。我們的心防消失，你突然間贏得眾人信任，足以影響種種利害關係，物色下手目標並對症下藥只是探囊取物。

熟悉感當然也能偽裝，而且你還能藉此賺取對方的信任與情感——這是詐欺者施展騙局的起點。二〇〇五年四月，印第安納州立大學的湯姆．傑卡提克（Tom Jagatic）和同事做了一項實驗，想瞭解哪些人比較容易成為網路釣魚（phishing）的受害者，或當有人冒充合法的第三方機構，如銀行或電話公司，哪些人會輕易交出敏感的個人資料。他們的目標對象是同校校友，湯姆和研究團隊想瞭解怎麼做能得到別人的信任，讓他們坦誠相告。

第一步，他們先在社群網路上尋找公開資訊，從臉書、LinkedIn專業人脈網站、MySpace社交網站、Friendster交友網站（別忘了，當時可是二〇〇五年），還有LiveJournal網站的「你朋友就是我朋友」計畫。隔天，他們假扮成受害者的大學友人，向這些人發送電郵。若收信人點擊電郵裡附的網址，就會通往和印第安納大學毫無關聯的網站，網站上會要求對方輸入印第安納大學網站需要的登入資訊。

只要收信人點擊電郵裡的網址，並在網站上輸入他們校園的使用者名稱與密碼，釣魚攻擊即告成功。結果顯示，超過百分之七十的學生輸入他們的登入資訊，畢竟，電郵是朋友寄來的嘛。換句話說，受害者覺得一切都很合理。

容易上當的不只是一般大學生。在一項針對西點軍校生的調查中，每五個學生中有四人會點擊來自假「上校」提供的網路連結，誤信那是閱覽成績報告的網站。

戴瑪哈數次在冒用他人身分時，運用一個他稱為「鋪陳包裝」（Papering）的技巧。當戴瑪哈準備冒用目標對象的身分、取得其學經歷相關證明前，會藉用信件、電話等管道，假扮成和目標對象有關的不同人士，接著向目標機構的業務承辦人提及目標對象，比如詢問他的相關資訊或看似不經意地褒獎目標對象，戴瑪哈藉此「鋪陳包裝」他的身分，讓承辦人員心中對目標對象留下印象。戴瑪哈假扮目標對象，現身要求索取學經歷證明時，承辦人員立刻感到熟悉，他的出現呼應了對方的期待，他似乎是個可靠的人。因此，戴瑪哈輕而易舉地取得他需要的文件證書。他的「朋友」樂於提供一己之力。

若時間充裕，戴瑪哈還會找些「臨時演員」讓工作更簡單——臨演指的是那些多年來認識他、瞭解他並仍願意為他擔保的人；他們老相信戴瑪哈這回定會改頭換面、重新做人。他就是這樣讓克萊頓相信他已金盆洗手——每次都說這次絕對是最後一次——讓克萊頓無意間成了戴瑪哈「鋪陳包裝」的助手。「我真的想找個工作！」戴瑪哈在一九六〇年十一月寫給克萊頓的信裡這麼說。憑藉兩人多年來的友誼，他肯定會用克萊頓的名字當擔保人。克萊頓會出手相救嗎？「如果他們寫信聯絡你，麻煩你幫我說些好話，信尾隨便編個你喜歡的名字簽名……別忘了要用有質感的信紙！」

重複曝光效應

不管是身在校園或社會、虛擬網路或實際生活，創造熟悉假象最有效的方法就是個別接觸。這能讓待宰肥羊卸下心防、透露各種私人訊息，也讓騙子更懂得如何對症下藥。摩恩・瑟夫（Moran Cerf）現在是神經科學家，他上一份工作和駭客相差無幾：他的團隊專為公司法人找安全漏洞。他告訴我，這工作最重要的部分是在一開始時蒐集個人情報（HumInt）——這並非什麼專門技巧，只是判讀別人並記住他們與人分享的資訊，不管他們是否出於自願。得到的情報愈詳細，真實度與可信度也愈高。

儘管公司面臨的常是技術上的攻擊，但安全漏洞由人開始，因此瑟夫的團隊一開始也以人為下手目標。團隊裡有名女性成員完全不懂技術面的知識，卻在蒐集個人情報上扮演了重要角色。她會和目標對象稱兄道弟，確認他們的日常行程，瞭解他們的行蹤，獲得對方信任。接著團隊就能開始進行駭客任務。瑟夫說，他們需要的是適當的切入點。

找出切入點並不難，但你得知道自己在做什麼。比方說，和路人擦肩而過開口閒聊，不管聽到多微不足道的內容（即使對方只回了聲哈囉），也能在贏得信任這一步上小兵立大功。打過招呼的人，你就會對他們產生親切感，因此比較友善——同理，你也會比較信任對方。在一項研究中發現，只要和一個人打過照面，不管歷時多麼短暫、甚至沒有任何互動，也會讓受試者在他人提起此人時，比較容易有所認同——這正是瑟夫的團隊的目標。你不再只是擦肩而過的陌生人。公司附近街口有家我最喜歡的咖啡館，而我看過你在那裡喝咖啡。多巧啊，世界真小！沒問題，我會幫你忙！

瑟夫的同事會將調查結果回報客戶，讓公司瞭解組織的安全漏洞為何，但並不會利用這些資訊圖謀己利。但她的工作內容和詐欺犯選定目標的過程如出一轍；他們掌握目標對象的資訊，並假扮成對方身邊的人，讓對方產生好感，最後做出要求。她往往不費吹灰之力就能達成目的，連我們也驚訝不已。

連一起喝杯咖啡閒聊都不用，就能賺取別人的信任。一九六七年冬天，史丹佛大學社會心理學家羅伯特．札杭茲（Robert Zajonc）從奧勒岡州科瓦利斯市的報紙上看到一則有趣故事。文章裡寫道，有個神祕人物在奧勒岡州立大學上了兩個月的課，課程名稱是「演講一一三：基本說服話術」。神祕客打扮奇特，全身以黑色袋子罩住，分不清是男是女，只能看到袋子下方露出的雙腳。每次上課，神祕客總是一言不發地坐在教室後方。只有這門課的教授查爾斯．葛辛格（Charles Goetzinger）知道神祕客的真實身分，而學生則稱呼神祕客為「黑袋人」。

即使這聽來像是鄉野奇聞，但吸引札杭茲的並不是故事本身，而是葛辛格如何形容學生對黑袋人的態度。教授描述學生的態度有顯著改變，「一開始學生對黑袋人嫌惡不已，後來充滿好奇，最後變得友善。」黑袋人沒做任何事，也從未開口說過一句話，更別提和任何學生互動了。黑袋人不變，但學生的態度卻不斷變化。札杭茲不禁想道，是不是學生習慣了黑袋人的存在（最後發現這名神祕人物是位男子），並因此產生好感？

這並非新鮮事。一九〇三年，馬克斯．梅耶（Max Meyer）向學生反覆播放東方音樂，每首曲子播放十二到十五次。學生聽的次數愈多，就愈喜歡那首歌。把曲子換成古典音樂、配色出人意料的藝術畫作或教室裡的座位，也都產生同樣效果。你是否好奇過，為何沒有指定座位的時候，人也常常選擇坐在同一位置？因為你會對事物產生習慣性，但這一切都是有意識的選

騙子登上一艘汽輪，假冒不同人士向特定乘客攀談。一旦他從某人身上聽到其他人的相關資訊，或者藉由觀察得知某些習慣，騙子就會靈活運用於下次對談中，假裝是某人過往的生意夥伴或舊識。像這樣假扮不同身分，到處跟人套交情，實在太好用了。

一九六〇年二月，來自麻州比茲菲爾德市的艾倫．詹姆斯．布洛夫妻（Alan James Blau），在《紐約時報》上刊登一則正式聲明。他們的兒子安德魯和來自加州的凱莉．史密斯．海恩斯（Kelly Smith Hines）訂婚了，雙方訂於六月舉辦婚禮。一家人喜氣洋洋，收到四面八方的恭賀祝福，多麼幸福的時刻啊！幾天之後，布洛太太接到一通電話，對方自稱是凱莉的南西阿姨，她最近會到比茲菲爾德，希望有機會見見安德魯的父母。布洛太太聽了有點惱怒，怎麼沒人事先跟她說一聲呢？但她還是樂意和這位不速之客見個面。布洛太太和南西阿姨在巴士站碰面，然後兩人共進午餐，相談甚歡。南西阿姨在加州卡梅爾有棟房子，她邀請布洛太太婚禮時去那邊待個幾天。兩人聊到婚禮禮品，南西阿姨推薦斯波德瓷器（Spode china），布洛太太心想這真是個好建議。黃昏將至，布洛太太得送南西阿姨回巴士站了，可是南西阿姨有點心神不定，她身上只有旅行支票。布洛太太能不能好心借她五十美金買車票呢？當然沒問題啦，她們可算是一家人耶！

當天傍晚，布洛太太打電話給人在紐約的兒子安德魯。安德魯怎麼沒事先提過南西阿姨的事？她不悅地問道，而安德魯一臉意外。什麼阿姨？他問凱莉，凱莉也一問三不知。凱莉打電話給母親，她母親也同樣困惑不已。海恩斯太太又打電話給她母親，也就是凱莉的外婆。一家人始終解不開謎團。最後真相大白，南西阿姨其實是專業婚禮騙子。她在報紙上細讀每則婚禮公告，拜訪家人，接受免費招待，甚至獲得免費住宿，外加一點「小額貸款」。靠這一行，生活算不上大富大貴但也過得去。（現在，凱莉已經不計前嫌，她認為「這不過是個可憐的單身女人，生活無趣，渴望在別人的生命中軋上一角」。）

南西阿姨的故事可稱作假意營造熟悉感的完美例子：只要用心準備，你的目標立刻束手就擒。你不需要花太多心神研究細節、製造真正的熟悉感，只要假裝兩人有共同朋友或親戚關係，就能利用同樣的心理效應享用成功果實。

找對切入點，得到信任輕而易舉

幫公司行號蒐集個人情報，對瑟夫來說已是十年前的往事。他說最近他和老同事聯絡敘舊，他好奇地想，這些日子裡，公司與個人都對科技愈來愈嫻熟，做起這一行來是不是困難重重？事實與他猜的剛好相反。老同事說他們的工作比以前容易多了。現在蒐集個人情報，不再需要往來跑腿、耗時費力；只要在臉書上和某人成為朋友，或在社群網站上往來互動，就能讓別人對你留下良好印象，願意點擊你提供的連結或下載你附上的文件，因此輕易就能入侵整套系統。正如以往，你只需要一個切入點。

對詐欺犯來說，不管過程多麼麻煩迂迴，跑跑腿總是有些好處。慎重選定下手目標可是他賴以維生的工具。一九七五年七月十四日，桑第普．馬丹（Sandip Madan）的弟弟加尼許（Gunish）過世了。家人暱稱加尼許為啾啾，他只有十三歲，他的死訊震驚全家人。想當然爾，他們的母親傷心欲絕。桑第普告訴我：「數十年來她都深陷悲傷之中，她得尋求心靈慰藉。」在一九七八年的春天，仍然悲痛不已的母親得到一線希望。有位親密的家族好友向他們提到，據說有一名具有神力的印度教苦行聖人剛好來到新德里，聖人名叫布特拿斯（Bhootnath）。朋友自告奮勇，願意帶他們全家人向這位苦行聖者尋求協助。

馬丹一家人來到布特拿斯的暫時住處。在會面室外的前廳裡，擠滿了信徒與祈福者，氣氛熱烈。人們交換他們的信念，滿懷希望地期待與聖人面談，有人說起布特拿斯過往的成就，聽來他的確是位聖人。

短暫等候之後，他們見到了布特拿斯本人，桑第普解釋：「我們對他來說只是陌生人，他完全不認識我們。」但不知為何，布特拿斯立刻透過靈視講出他根本無從得知的許多私事。「他居然知道我媽剛失去兒子，深受悲痛折磨。」布特拿斯宣稱他看到死去男孩的靈魂，男孩在死後世界很快樂，並希望母親也能快樂起來，他已獲得安息。母親一聽驚訝不已——誰不會呢？她連提都沒提，而布特拿斯知道一切。同時母親也感到欣慰，也許馬丹一家人真的找到一位活佛。

布特拿斯突然轉移目光，利眼望向桑第普，說他剛瞥見未來。布特拿斯說桑第普有天會加入印度公職。桑第普驚訝不已，這正是他的夢想，布特拿斯怎會知道？

會面到此結束。布特拿斯輕揮手，他們面前突然出現印度教的聖餐（prasad）：一些堅果和葡萄乾。布特拿斯賜福馬丹家族，並向他們告別。

馬丹家族是否見證了一場神蹟？其中似乎有些蹊蹺。桑第普的新婚妻子安妮塔和她的朗芝阿姨，在最後一刻決定會見布特拿斯。然而，布特拿斯似乎對這兩名女性一無所知，完全看不見她們的過去與未來。為什麼布特拿斯對馬丹一家人瞭若指掌，對其他人卻束手無策呢？

其實，一切和神靈毫無關係。那個從中牽線、自告奮勇安排會面的家族友人也向布特拿斯提供情報，讓布特拿斯有備而來。雖然他拿不到某些情報，但他另有方法；在前廳等待的並非全是真的信眾，其中安插不少樁腳，假裝一臉真誠，其實在竊聽旁人談話，不放過任何有用情報。

桑第普回憶，布特拿斯在新德里當了好幾個月的大人物，每個人都興奮不已，雜誌報紙對他大作文章，富豪爭相向他捐獻。但布特拿斯很快就露出馬腳，他的殞落和崛起一樣迅速，過沒多久就被下一個神奇術士取代。

就算沒有臉書也沒有朋友充當眼線，詐欺者仍有別的錦囊妙計。要選定下手目標，任何微小資訊都不可輕忽，任何計策都不嫌複雜困難。一八九八年，身為教師和打字員的莫莉・布朗斯（Mollie Burns）正在曼哈頓上城搭電車時突然感到不適，幸好現場有位好心人及時伸出援手。伊莉莎白・費茲傑羅（Elizabeth Fitzgerald）對病弱女子心懷同情，散步送她回飯店。費茲傑羅陪伴布朗斯走過人行道並問道，你是外地人嗎？布朗斯坦白告知她其實住在附近，只是和母親大吵一架後便憤而離家，因此暫住在飯店裡。費茲傑羅能夠體諒布朗斯的處境——母親們有時很難搞——她確認布朗斯沒有其他需求後就離開了，繼續她的一天日常。

有趣的是，從此刻起這位偶遇的女子就成了費茲傑羅的生活重心。費茲傑羅住在哈林區，在那裡她是著名的通靈者辛格拉夫人。費茲傑羅可不會錯過這大好機會。她是經驗豐富的老手，要找出布朗斯的母親易如反掌。下一步，兩個女人共飲一壺茶，互相吐吐苦水彼此安慰，費茲傑羅馬上就知道內情：布朗斯正與有婦之夫談著不倫之戀，那個男人名叫哈洛。

辛格拉夫人立刻和布朗斯聯絡，說她透過靈視看到一段影像，其中內容和布朗斯的私生活關係密切。只要布朗斯願意付點小錢，辛格拉夫人可以守口如瓶。急於保護自己名譽的布朗斯，立刻付了數百美金，幾乎是她的畢生積蓄。

一週後，辛格拉夫人又來電了。辛格拉夫人這次宣稱她知道一項離婚訴訟，恐怕與布朗斯有關，不過只要布朗斯願意付點小錢，她就不會洩露風聲。布朗斯言聽計從，立刻交出她僅剩的一點錢。她可不是唯一的受害者，這位靈媒手段高明。事實上，她用了同樣手法說服布朗斯全家人，有場離婚官司可能會讓他們一家就此蒙羞。但他們蒙受幸運之神眷顧，只要交出一千美金，她就能阻止惡運降臨。

可惜的是，辛格拉夫人沒有見好就收，還更進一步找出哈洛先生。她告訴哈洛，她有靈視。她知道哈洛和布朗斯搞外遇，而且他「惡靈」纏身，惡靈會攻擊他。驅魔要價五百美金（已特別打了折扣）。不像布朗斯一家人乖乖從命，哈洛旋即報警，辛格拉夫人因此鋃鐺入獄。

不過她沒蹲幾天苦牢。她的客戶亨利・史特勞斯（Henry Straus）被她說服，相信她有能力幫他找到金礦，因此付了錢保釋她。辛格拉夫人立刻逃到了芝加哥。一八九九年冬天，她再度被捕又逃脫，最終在一九〇〇年被抓並被判詐欺罪，入獄定讞。

詐欺藝術家不停玩著讀心術遊戲，一環扣著一環。你愈覺得他親切、覺得彼此相似，你就愈喜歡他，也愈喜歡與他分享私事，如此一來，他手上的籌碼就愈多，也愈懂得如何討你歡心，讓你心悅誠服。同樣的循環不斷發生。

壓力與權力讓人降低警戒

萬一待宰肥羊發現上述伎倆，看透騙子和詐騙計謀，那騙子們就倒大楣啦！為了避免這種情況，詐欺者演化為精通障眼法的專家：當他選定目標，他也知道如何讓我們降低警覺，變得比平常遲鈍，辨別不了社會線索（social cues）。這叫做「反鎖定」，指的是鎖定目標同時避免事跡敗露，反被將一軍。

艾普利發現讓我們降低警戒的原因包括來自時間、感情或情況的各種壓力，以及權力。**當我們感到有壓力就難以有邏輯地思考、無法深思熟慮。當我們握有權力，很容易自以為不需要別人，讀心與注意線索的能力也會變弱。**在一項自我監測測驗中（也就是前面提過在額前寫字母

Q的實驗），亞當·格林斯基（Adam Galinsky）和同事們請受試者在額前寫字母E。當受試者想像自己是位高權重的人時，寫下的E常是面對自己（開口在右方），但當受試者花時間想像自己的權力多麼微不足道時，就會寫下面向別人的E（開口朝左）。受試者寫出的字母面向別人，代表比較願意也能夠採納別人意見，比較會注意到社會線索。因此，騙子樂於讓我們感覺自己掌握主導權，相信自己是發號施令、做下決定、思考判斷的人，誤以為騙子聽我們的命令行事。接著，我們就會透露更多線索讓騙子利用，自己卻愈來愈看不出別人身上的社會線索。

拿戴瑪哈騙過加拿大皇家海軍這回事來說，他成功的原因——也就是他沒有馬上被識破，而且他的醫學知識居然唬得眾人一愣一愣——就是因為他深知如何利用權力的流動變化，他喜歡讓身邊的人誤以為自己是握有主控權的專家。有項編寫「現場工作指南」的工作，內容需明列當士兵無法得到完備醫療照顧時該如何處理，戴瑪哈輕輕鬆鬆就把這項任務轉給另一位醫生。他稱讚該醫生醫術高明宛若華陀再世，相比之下自己只是初出茅廬的新手。這種手段屢屢奏效，戴瑪哈免費得到各種醫療建議。後來，他在船上也對船長和資深官兵使出同一招，他總是仰賴他們的權力與資深經驗——雖然他自己的位階也不低。這樣一來，旁人任他予取予求，而他們對戴瑪哈毫不設防，也不會發現他的破綻。

另一個大幅降低我們讀心能力的是：金錢。正確地說是一想到金錢，就會讓我們降低警覺。心理學家凱瑟琳·沃斯（Kathleen Vohs）擔任明尼蘇達大學卡森管理學院行銷所所長，她進行一系列九項實驗，發現若提醒受試者關於錢的事，即使只是漫不經心地提起，受試者也會因此降低對他人的注意，並且想在他人和自己之間增加距離感。詐欺騙子很瞭解這一點；因此他們選定目標後，就會製造些財務困境（或意外之財），正如靈媒米歇爾下手的方式：立刻對受害者提到金錢相關的話題，比如太愛錢，或者因為物欲太重才會陷入感情困境等。當受害者忙著思量其中喻意，米歇爾則忙著讀他們的心。

自投羅網，騙子立即手到擒來

鍾黎（Lee Choong）是來自新加坡的職業婦女，她搬到紐約並在紐約大學取得碩士學歷。然而，她的人生並非一帆風順、按部就班，似乎陷入了事業瓶頸。當時是二〇〇七年，她在著名的投資銀行上班，每週工作八十到一百小時。這是份好工作，薪水優渥；想想多少人面臨失業，她應該心滿意足了。然而超時工作讓她倍感空虛，她想念家人，而且她的母親生病了，需要人照料。鍾黎的感情生活也不太順遂，她喜歡上一位同事；明知辦公室戀情不是件好事，但她情不自禁。可嘆的是，同事對鍾黎的愛慕毫無所知，這種情況很常見。她還另有煩惱：她是女性。鍾黎慢慢瞭解若回到新加坡，在家鄉的職場文化裡，女性必須面對不少性別困境。她感到孤獨、迷失、脆弱，以及無處可逃。

於是，鍾黎來到「哲娜」。吊掛燈籠裡溫暖的光暈籠罩室內。她和薩菲德一樣穿過同一道珠簾；和薩菲德一樣，令人安心的微笑誠懇地迎接鍾黎來到。米歇爾告訴鍾黎別擔心，隨時可以來找她，在這裡，鍾黎可以放輕鬆，她很安全。

米歇爾馬上發現鍾黎的能量場紊亂。她告訴鍾黎，她身邊充斥太多負面能量。不過有個解決辦法，米歇爾能幫助鍾黎告別負面能量——只要鍾黎把一萬八千美金放到米歇爾的玻璃罐裡。這只是個練習。這是展現正念的方式，會幫助清除鍾黎身邊的黑暗力量。

不只如此，米歇爾告訴鍾黎，她的家人在前世冤枉過她的暗戀對象，因此鍾黎這一世才會遇上他，被這無望的愛情纏身。不過呢，美好的未來並不是無法實現，米歇爾向鍾黎保證，幸福的未來就在不遠處，但要實現美好未來得耗上一番努力。她得真心誠意地努力付出，她得多來幾趟才能達成願望。

接下來過了兩年，兩位女子經常一起靜坐冥想，好讓能量轉向充滿愛的幸福未來。米歇爾告訴鍾黎，她獨處時還要做各種儀式才能進步。米歇爾警告她，這得花上不少時間，要改變前世種下的因太難了。鍾黎付出時間——和十二萬八千美金，一點一滴地交給了她的新知交。

雖然兩人關係愈來愈深厚，但可想而知，麻煩並沒有遠離鍾黎，反而每況愈下。她暗戀的同事提出性騷擾投訴，很快地，鍾黎被開除了。

鍾黎的母親沒有康復，而她自己失去愛情、工作，財務陷入困境。米歇爾幾乎奪走她所有的一切。

薩菲德和鍾黎不是愚昧無知的人，她們事業成功、聰明，在自己的專業領域一展長才。她們事後都公開表示，心中一直懷疑米歐爾的能力真假。然而，當時她們處在感情脆弱的時刻，米歐爾的出現恰如其分、時機絕佳。米歐爾的詐騙工夫到家。「我自認是個聰明、受過良好教育的人，這是我人生中最可恥丟臉的事。」薩菲德事後承認。

某方面看來，通靈人士比詐欺犯更容易掌握下手目標：這些待宰肥羊其實是自投羅網、自願上鉤。只要走入算命攤，就代表你願意相信、想要得到建議，而且很明顯地，你在尋找一個解釋目前麻煩困境的簡單答案。其他騙人手段使用的手法也大同小異。在網路時代，鎖定目標實在太容易了，那些回覆假廣告、電郵或各種釣魚騙術的人就是絕佳人選。騙子不再需要在一開始就玩心理戰，只要有個誘人店面或傳送訊息，就能引誘潛在獵物上鉤（若你注意到騙局文宣裡有文法錯誤或不合情理的資訊，並不是因為騙子太笨，其實這都是深思熟慮過的手段。詐欺犯深知若一切看來太像真的，會有太多人上鉤，這樣一來他們反而得花更多心力篩選適合的下手對象。故意犯些文法錯誤才能確保上當的都是真正的笨蛋）。

不過，從另一方面來說，騙子仍然需要透過敏銳的觀察力與瞭解人心來鎖定對象，同時要懂得識人術和讀心術。縱使陷阱設置完美，騙子仍得是個冷讀大師，才能釣上一尾大魚。就像薩菲德，許多人是因賭氣而走入靈媒的巢穴。若米歐爾能力不足，薩菲德只會掏出七十五美金就離開。雖然不能說是小錢，但也不是驚天動地的大事。但憑著高超技藝，便引誘薩菲德付出更多——不只是現金而已，而是並不屬於她的貸款。

當局者迷

謹慎鎖定目標並對症下藥，對詐欺者來說再重要不過，你得小心選定受害者。拿辛格拉夫人來說，一個小失誤就足以讓一輩子的成就轉眼灰飛煙滅。戴瑪哈並未立刻答應讓克萊頓寫他的傳記，他可是先對克萊頓偵察了一番：回覆克萊頓的來信前，先對他做身家調查；之後又在紐約對克萊頓失約數次。克萊頓等待戴瑪哈出現期間，大詐騙家故意藏身暗處觀察克萊頓的行動。戴瑪哈得確認克萊頓並非平凡作家，他要的是一個能夠寫出自己心中故事的作家。戴瑪哈不只要個傳記作家，也要一個任他宰割的受害目標。

而戴瑪哈也如願得到他所要的。克萊頓為這本傳記擬了兩次草稿，第一版比較有紀實味道，述說一個傷害許多人的男人生平，其中細節比詐騙還要闇黑駭人：畢竟，有許多針對戴瑪哈的控訴指出，他有暴力傾向且對年輕男孩有違反道德的性侵意圖。編輯否決這個草稿，表示故事太黑暗也太悲哀了。詐騙故事得更輕鬆有趣，多一點刺激的亡命天涯和搞笑鬧劇，少一點傷心情節。克萊頓審慎思量，他是個嚴肅的作家，想說個嚴肅的故事，他並不想用糖衣包裝真相。

他回想與戴瑪哈共處的時光。黑暗故事也許比較寫實、能夠考證，但以個人經驗來說，他認為戴瑪哈的故事版本可能大不相同。克萊頓後來寫給別人的信件裡提到，他認為戴瑪哈已經「告別罪孽，重新作人」。戴瑪哈內心仍舊煩憂，但他一定能靠著意志力戰勝邪惡並成就善事。戴瑪哈的闇黑行為可歸因於酒精——他長久以來都有酗酒問題。但戴瑪哈已「藉著強大的意志力」克服酗酒，他現在已經不是克萊頓印象中的瘋狂酒鬼。「他絕不會任由自己沉淪，忘記榮耀與尊嚴；不像那些酒鬼放縱自己。」這是克萊頓的觀察心得。「這令我驚奇萬分，連貝爾菲醫院的醫生也驚訝不已。」（戴瑪哈曾入院接受治療，只有克萊頓能拜訪他。我們不禁聯想，這說不定是事先策畫的計謀，用以堆砌深刻的同情心。）「不管他曾多麼喪盡天良，但他做過各種努力，既悲哀又可憐地想維持尊嚴、榮耀與自尊。你可以說他其實是個受害者，屈服於酒精，泯滅了本性。」

即使戴瑪哈的劣行罄竹難書，克萊頓卻認為他的本性為善。「認識他沒多久，我就明白自己不用擔心會被他利用，」他說道，「他是個好人，講求正義，為人大方又仁慈……有時人們說他『演技很爛』，我的結論是，我相信他的為人與言詞，我對他的信任遠超過其他人。」戴瑪哈只是厄運困境的不幸受害者，他的良善本質被掩蓋了，連他的天賦才能也遭到忽略。「我覺得他真的很虔誠；他感受到天父的感召，但不知該如何回應。我很確定，人們願意跟隨戴瑪哈，他能成為一個為民服務的政治人物，雖然大部分美國人覺得政治很骯髒，但我不這麼認為。我覺得他也會是個稱職的牧師，因為他真的愛著世人，喜歡和人相處、瞭解他們、樂於傾聽他們的心聲。」克萊頓做下結論：「他實在是個了不起的人，而且當人們信任他時，他能達成許多豐功偉業，只要人們願意支持他，他就會以真誠熱情加以回報。」

克萊頓決定，黑暗的故事版本並非事實全貌。他眼前的這個人已經洗心革面、決心向善。

他讓別人傷心不已，但他自己也是遍體鱗傷。於是克萊頓為戴瑪哈執筆一份新的傳記草稿，而這份草稿最終登上暢銷榜。戴瑪哈成為英雄，而戴瑪哈似乎早已預知會有這樣的結果。畢竟他的讀心術無人能出其右，他太擅長挑選下手目標，和他交手過的人都是他手中的玩物。他深知自己精心選定的這位作家，將認同這個贖罪故事——克萊頓是個樂觀的人，他已準備好探索可憐的戴瑪哈良善的一面。

克萊頓對戴瑪哈滿懷希望，就這樣過了好幾年。在著作《大詐騙家》出版問世後，戴瑪哈開始敲詐克萊頓，一次又一次，每次總有合情合理的藉口。一九六一年五月二十九日，他寫給克萊頓的信件提到：「我身無分文，連衣服都沒得換。如果我的自傳賣得不錯，你知道如何找到我。」一九六一年二月二十三日，他寫道：「可以的話，能否借我點錢，讓我回加州。我預支薪水付了旅費才到這裡。」有些信件沒有標上明確日期，但他不斷找克萊頓幫忙：「不知道你相不相信我，但我真的不願意跟你開口。你提過願意給我點錢，我想接受你的好意。我已經窮途末路。」另一封日期不明的信裡，他說：「我身上沒錢，而我的衣服財物仍在密蘇里州（希望已經在寄送途中）。你有什麼建議嗎？」每次，他總用贖罪的「最後機會」當藉口。每次，他都只是需要點錢。

克萊頓終究為戴瑪哈買輛新車，甚至幫他付了學費，讓他能上牧師訓練學校。在一九六〇年代晚期，克萊頓甚至為戴瑪哈牽線、幫他打造正面形象，好讓他在卡瓦里牧場（Calvary Ranch）謀得一職。剛成立的卡瓦里牧場是為誤入歧途的男孩所成立，戴瑪哈發誓這是他最後一個棄暗投明的機會，他絕不再做他想（結果沒過多久戴瑪哈就捲款潛逃，拋棄那些需要幫助的少年。接著他被控性侵，不過他的律師成功替他解決了這個麻煩）。即使到了這個地步，克萊頓仍相信戴瑪哈已改過自新。「戴瑪哈又遭受悲劇命運襲擊，」克萊頓寫下戴瑪哈為牧場少年們所作的貢獻：「戴瑪哈做得很棒，只是他沒有合格證書，他所做的一切都被人否定、犧牲掉了，因為他不符合法律規範和官僚行政手續。」

克萊頓並不是個蠢蛋，只是戴瑪哈對人的影響力深不可測：他的直覺判斷能力無人能及，一眼看穿目標，深知如何搬演各種劇情，讓每一次演出看來都像是洗心革面的贖罪故事。一位底特律女子聽說戴瑪哈的韓戰冒險之行後，寫信對他說：「我和外子都認為你是上帝派來的使者。」她希望女兒的肺部手術能由戴瑪哈執刀。甚至在一九七四年二月，長島作家協會（Long Island Writers）會長茉瑞兒・馮・魏斯（Muriel von Weiss）曾以文字表明：戴瑪哈再度消失蹤影，他假裝棄暗投明，但一切都只是騙局而已。儘管如此，魏斯仍祝福他萬事順利，她還說她「認為……戴瑪哈做了不少好事。」魏斯說：「戴瑪哈並不是個貪得無厭的人，也不渴望得權奪利，他只是欠缺正式的學經歷，不得不這麼做。他在各行各業的表現往往比那些真正的專業人士還要突出。」人們完全忘記他真的做了不少罪大惡極之事。

有天傍晚，當克萊頓偶然向一名記者提到戴瑪哈的行蹤時，才發現自己又被騙了。「當天稍晚，記者又打電話給我，說漢生牧師否認認識戴瑪哈，問我要怎麼解釋這回事。」克萊頓和羅伯特・漢生（Robert Hanson）通過信。「從我本身漫長又苦痛的經驗，我完全知道他在耍什麼花樣。第一個可能性是戴瑪哈真的不在那裡，甚至從未去過那裡。第二個可能性是戴瑪哈的上司或同事幫他掩飾（這麼說不太厚道，應該說他們想保護他）。第三個可能性是接電話的根本是戴瑪哈本人，但他隨口編個名字，偽裝自己人不在那裡，甚至從未去過那裡。」克萊頓深知戴瑪哈是怎麼樣的人，但依然對戴瑪哈堅信不移。

面對愈來愈多的證據，克萊頓的好心與耐性總算被磨光了。戴瑪哈曾二度控告克萊頓，還多次向克萊頓尋求協助，把他當作笨蛋。克萊頓讓戴瑪哈成為英雄，但戴瑪哈完全不值得克萊頓信賴與付出。克萊頓寫給戴瑪哈的信裡提到：「你自己應該知道，你實際的作為根本配不上你的好名聲。」接著他寫道：「雖然你為非作歹，但我把你塑造成英雄。別不知好歹，如果有必要，我會摧毀我一手創造出來的英雄形象。」

克萊頓在《大詐騙家》的註解中，曾用戴瑪哈說過的話為其技巧與成功下結語，畢竟用騙子自己說的話解釋挑選目標的精髓最為可靠。「美國人寧願被人喜歡，而不在乎正不正確（因此，即使有人懷疑騙子，騙子還是能神不知鬼不覺地繼續騙人）。美國人願意寬恕迷途羔羊犯下的錯誤（不管騙子身在何處，總有人對他伸出援手）。美國人是世上最容易相信別人的人，他們會無條件相信你說的話，除非有證據證明你在說謊（他們不會站在一旁觀察騙子的作為，只會聽信騙子的說辭）。這對詐欺犯來說，可是值得善加利用的弱點）。美國以自由立國。除了美國，還有哪裡能讓我這樣的騙子大展身手？至於騙子到處行騙如入無人之地的能力：如果他們對你無所圖，那你在他們眼中根本不存在。」

克萊頓當時並不明瞭戴瑪哈說的這些技巧，都應證在兩人多年的關係裡。戴瑪哈早就研究過克萊頓這個人，正如他對所有受害者都下過一番苦心鑽研。戴瑪哈按部就班演出克萊頓心中渴望、幻想的劇本——克萊頓是最佳的下手對象，根本是為戴瑪哈量身訂做的完美詐騙目標！雖然克萊頓早聽聞戴瑪哈如何向別人下手，但當他身處騙局，就無法像旁觀者一樣看清自己被騙得多慘。

神祕力量只是人們渴望相信造就的結果

選定下手目標並對症下藥的過程，需要高強的讀心術。騙子必須懂得如何不透露自己的刺探意圖來獲知對方的個人訊息。騙子必須讓下手目標心甘情願地開誠布公，同時沒發現自己說得太多。可想而知，以讀心術為業的人往往是騙子中最危險的人。他們的技巧高明，完美而不露聲色，沒人逃得了他們的魔掌。然而，這種能力太過危險，甚至遭到法令明文禁止，成為詐欺界的特例。在紐約州，算命、行使超自然神祕力量、假裝能「驅魔、支配、影響惡靈或詛咒」都算不法行為，除非他們有醒目地標出「僅供娛樂消遣用」的警語。（一位靈媒打趣說道：「這根本是此地無銀三百兩。」）這項法規自一九六七年起就明列於刑法一六五條三五例中，規定「算命」可被判九十天監禁和五百美元罰鍰，卻很少人動用這條法規控告他人。根據《紐約時報》，自二〇〇〇年以來，因這條法令而被定罪者只有十人。有些地方更為嚴格。底特律附近的華倫市要求靈媒得通過背景資料調查並留下指紋登記在案，才能開始營業。

這一切都是為了保護大眾，避免裝了識人雷達的詐欺犯向無辜民眾下手。對騙子來說，看穿我們的所思所想如同翻書般輕而易舉，他們讓民眾相信，他們瞭解面具下的「真我」。但不管我們如何立下法條、禁止靈異幻術，仍無法抗衡騙子的厲害手段、抗拒騙局的誘惑。他們選定下手目標時，便已為受害者量身訂做一套請君入甕的辦法。人們也許能大略明白戲法背後運作的道理，但騙子知道如何對症下藥，他們總有辦法出其不意，讓你防不勝防。

正因如此，靈異人士非常危險；要說服人們靈異人士只是騙子所扮並非易事。有位通靈師後來改行當魔術師，她和別的魔術師不同，不玩障眼法，專門表演讀心術。她說不管她列出多少警告標語，告訴民眾她所做的一切全是取巧伎倆，愈用心解釋，民眾反而愈相信她的通靈能力。最後她無法承擔良心譴責，決定改行當魔術師。

胡迪尼把後半生花在揭穿靈媒與神祕主義者的伎倆，因為連他也深感他們比一般罪犯還危險。胡迪尼的事業剛起步時，也曾親身體驗過神祕主義。「我本身做過一些神祕秀，也接觸過一些通靈者，甚至提出申請加入組織，或自行舉行通靈大會，我深知其中奧妙。」他在一九二四年的個人著作《神靈圍繞的魔術師》（*A Magician Among the Spirits*）中，列出自己做過的各種行業。「一開始，我很得意自己總能讓客人們驚奇不已，但內心明白其實我在欺騙他們。當時我認為這沒什麼大不了，也不覺得自己正在玩弄神聖的人類感情，當然也不知道後果會有多嚴重。」胡迪尼繼續寫道，「對我來說，那只是無傷大雅的遊戲。我以混淆觀眾視聽為業，我的願望是客戶滿意開心，藉此也滿足了我的虛榮心。」當他目睹自己造成的轟動，不禁認真思索，明白自己的所作所為不只是場遊戲。「當我經驗老道、手法更加嫻熟，終於明白這遊戲影響深遠。當人群散去，觀眾往往對我心懷崇拜敬畏，但這一切全是假的。同時我也經歷了類似行為造成的傷害，令我痛苦不已。我明白自己不能再這樣輕率行事、玩弄人心，我初次體悟到，這根本是種犯罪行為。」接下來的二十五年間，他不再從事所謂純娛樂的超能力表演，而是努力不懈地揭穿幻象。

胡迪尼認為神祕主義是個威力強大的遊戲，因此它很危險。「連我也可能被新發明的幻象騙上一、兩次。」他寫道，「我有經過多年訓練的敏銳腦袋，創造幻象對我來說是小事一樁。但如果像我這樣的人也會被騙，那觀察力普通的一般人更容易上當。」

一九二三年，胡迪尼加入一個組織，這組織和被譽為「全能藍迪」的舞台魔術師詹姆斯．蘭迪（James Randi）的任務相同：只要有人能證明靈異力量真實存在，就能奪得大獎。胡迪尼則提供第二個獎項：只要有人能示範靈異現象，而胡迪尼無法如法炮製的話，就能贏得一萬美金。每次胡迪尼登台表演都歡迎大家來挑戰，然而從未有人成功。

雖然胡迪尼用盡全力揭穿靈異騙局，但執迷不悟的人依然很多；觀眾根本不明白胡迪尼反對超能力。胡迪尼有回在波士頓演出時，邀請同時也在當地巡演的莎拉．伯恩哈特（Sarah Bernhardt）到場觀賞。伯恩哈特是位享譽國際的女演員，但她的右腿被截肢了。有次湊巧兩人共乘一車，伯恩哈特對胡迪尼說道：「胡迪尼，你做過那麼多神蹟，能不能幫我把腿變回來？」

胡迪尼大吃一驚：「你是開玩笑的吧？你明知我只是個普通人，不可能做出神蹟！」

「但你做過那麼多神蹟！」伯恩哈特回答。

通靈人士、超能力者、千里眼及靈媒，其實和騙子沒有兩樣。二者都以看穿人心、選定目標並對症下藥，建立成功的基石。他們玩弄的不是人的想法，而是心中最堅定不移的信仰。

面對這些人，就連普羅大眾之中最聰明的人也得甘拜下風。心理學家達爾・班姆（Daryl Bem）在二〇一一年聲稱預知能力真實不虛，引起一陣廣泛討論，不過他可不是第一個被靈異現象騙倒的科學家。一九七〇年代，約翰・麥克（John Mack）深信幽浮真的存在。他可是哈佛醫學院精神病學部門主任，又是得過普立茲獎的著名作家。但他堅持外星人入侵千真萬確，相信此刻有外星人藏身人群之中。他和幽浮生還者博德・霍普金斯（Budd Hopkins）在一九八九年會面，這是麥克第一次和幽浮生還者面談。麥克後來向《今日心理學》雜誌（*Psychology Today*）表示：「我當了四十年的精神病理專家，但我對他所說的話毫無心理準備。他的真誠、淵博知識，以及他對幽浮綁架受害者的懇切關懷都令我感動。」他繼續說道：「但更撼動我的，是這些受害者形容綁架經過時，完全前後一致、條理分明，雖然他們之間互不認識，陳述的內容卻互相呼應。」

其實，我們在日常生活中也常做些不符常理的事。舉例來說，就算你不是虔誠教徒，也容易被迷信影響。在二〇一四年的國家美式足球聯盟（ＮＦＬ）季後賽，公共宗教研究協會

（Public Religion Research Institute）進行調查，想瞭解多少人相信左右賽事的不只是球員，而是一隻看不見的手。結果顯示，將近半數美國民眾，也就是約五千萬人，相信神祕力量能影響比賽結果。四分之一的民眾認為，他們所支持的球隊多少曾受過詛咒，另外四分之一曾為了自己的球隊向上帝禱告祈求協助，五分之一的人認為他們自身的行為可能會影響球隊的比賽結果。

還有不少人實際進行宗教儀式。百分之二十一的球迷在每次比賽前會做一些祈福儀式，包括圍成圈跳舞、選擇坐一樣的座位，或在電視機前對球員喃喃自語鼓勵打氣。萬一你沒做，那結果說不定……你可能正是球隊輸球的禍害！

胡迪尼做下結論：「若世上真有名副其實的特異功能，不是有心人玩的把戲，也非凡人所能複製，那它一定有所依據。但直到現在，根據我的調查，所謂的超能力都只是大腦被騙了，或是人們太渴望相信而自我說服的結果。」但這不是人腦的錯，而是騙子挑選受害者、對症下藥的力量。如果你能正確看穿他人，並潛心瞭解對方深處欲望、希望、恐懼和夢想，你就能讓對方相信任何事。

鋃鐺入獄的詐欺騙子

二○一一年，黛博拉．薩菲德與鍾黎聯手控告西薇亞．米歐爾。同年七月，米歐爾因重大竊盜罪被捕。

薩菲德走進法庭時，身著黑色襯衫和高雅的條紋裙，外搭一件棕色外套，頸上掛著珍珠項鍊。她出庭控告，確保不會再有下一個受害者。

隨著審訊進行，更多的案子浮出檯面。羅伯特．米勒（Robert Millet）向父親借了七千美金，自己又拿出三千美金，都給了米歐爾。米歐爾只給了他一條紅色絲線，上面打了結，她解釋每個結都代表他生命裡的因果劫數。米歐爾要米勒回家緊緊握住紅線，並祈禱上面的結消失。米勒對法官說，他攤開手掌後，感覺紅線上面的結似乎真的漸漸消失了。

另一位匿名受害者表示，她走入「哲娜」想做水晶球算命（要價六十美金），而她人生中也有不少「劫數」。但米歐爾告訴她，只要連續七天每晚都穿著白衣上床睡覺，並把特製玻璃罐放在枕頭下，就可以化解劫數。玻璃罐裡裝的是各種目標清單——米歐爾稱為「祈禱單」——並用九百美金的鈔票包起來，加了一點水，以及一團沾了口水的棉紙。一週後，這名女子身穿黑衣，拿著玻璃罐回到米歐爾店裡。

米歐爾請這名女子把玻璃罐交給她，並在等候室裡稍待。當米歐爾請她回到房裡時，玻璃罐裡的水變成紅色，米歐爾說紅水代表人生的「不潔事物」。

米歐爾的把戲漸漸被眾人識破。控告米歐爾的律師之一亞當．布朗（Adam Brown）認為這是「有計畫的靈異犯罪」。一位不願具名的陪審團員後來告訴《紐約時報》：「顯然米歐爾是惡意敲詐這些人。」助理檢查官詹姆斯．貝格莫（James Bergamo）表示：「與其說她淨化靈魂，不如說她淨空別人的銀行帳戶。她找出別人的弱點，把他們生吞活剝大撈一筆。」換句話說，米歇爾是挑選對象、對症下藥的箇中好手；只要你讀出人心弱點，就能輕易贏得信賴。鮑伯・尼加德（Bob Nygaard）對美聯社（Associated Press）說：「這是如假包換的詐騙案，靈媒根本寫好騙人劇本。」

結案時，法官聽讀兩份書面聲明，一份是鍾黎寫的，另一份則是薩菲德所寫。

「我一向相信只要是人皆有惻隱之心，但米歇爾利用這點偷走我的一切，」鍾黎在聲明書中寫道：「每思及此，我就感到悔恨哀傷不已。我好希望自己有機會多照顧母親。」而薩菲德的聲明書則寫著：「米歇爾摧毀了一部分的我，我再也不完整了。她奪走我的自尊，影響我的健康、家庭關係，還有我的尊嚴。」

米歇爾仍辯白說自己一心只想助人。誰知道呢？說不定若她沒有出手相助，一切還會變得更慘呢。

❧

審判已近尾聲，陪審團花了兩天又六個小時反覆討論。二〇一三年十月十一日星期五，西薇亞・米歇爾被判有罪，她犯了十項重大竊盜罪、一項串謀詐騙罪。法庭讀出判決時，米歇爾怒氣沖沖。

不過到了十一月，她臉上的怒意消失無蹤。她已坐了一個月的牢，乾枯不整的金髮上露出深色髮根。十一月十四日星期四，她得知自己的刑期：她必須吃五到十年的牢飯，並且必須還給鍾黎和薩菲德近十一萬美金。法官葛雷戈里・卡羅（Gregory Carro）心意已決，米歇爾讓受害人經歷「深切的苦痛」，並奪走他們擁有的一切。她可說是世上最可惡卑劣的詐欺騙子。

有別於其他遭逢不幸的受害者，薩菲德的故事以喜劇告終。在她被米歇爾騙走二萬七千美金後兩年，也就是她控告米歇爾的前一年，她入選參加俄亥俄明星舞會（Ohio Star Ball）辦的美式國際標準舞競賽，現場眾星雲集，專業與業餘舞蹈界的重要人物都到齊了。薩菲德的舞台藝名是黛博拉．羅昆（Debra Rolquin），她和搭檔七年的湯瑪斯．米爾尼基（Tomasz Mielnicki）翩翩起舞，迷倒眾人。當晚，她打敗同年齡組三十二組舞者，勇奪新星獎。而在二〇一一年九月，就在米歇爾落入法網兩個月後，薩菲德結婚了。

3 詐騙前戲

當個耐心十足的傾聽者（口沫橫飛沒有用，傾聽才是騙子成功的關鍵）。

——騙子第一誡，出自詐欺犯維克多．勒斯蒂格（Victor Lustig）

當時正值二〇一三年早秋時分，正確來說，那天是十月十日。天氣出乎意料地冷，約攝氏四度，秋季第一陣寒流來襲，讓空氣帶著寒意。都柏林市中心街旁的店家內外擠滿觀光客，人人都想和都柏林尖塔合照。當地人有的提早下班，有的趕著喝杯熱飲。在人群之中，有一位年輕女性特別顯眼。她漫步在歐康納街上，似乎失神落魄且一臉煩惱。她不安地望向周圍，眼中帶著無助恐懼的神色。那時是下午四點十五分。她在著名的郵政總局[1]前停下，門前醒目的大柱子至少得有三人伸長手臂才能環抱，高度超過十人高。在雄偉的郵政總局前，女孩看來更加孤獨孱弱。她的灰色羊毛衣底下是紫色連帽運動衫，深色緊身牛仔褲和黑色平底鞋。她面如槁木，身軀顫抖不已，雙唇緊閉不發一語。

路人被她無助的樣子嚇到，問她需不需要幫助。她只是沉默不語地回望路人，好像不太確定對方說了什麼。有人叫來警察。最靠近女孩的史多街警察局派來一位警察，警員看著這名瘦小孱弱的女性，她不像個青春少女，倒像個孩子。他束手無策，只能送她就醫。

引發全國關注的神祕少女

她是十多歲的少女，頂多十四或十五歲。身高約一百六十七公分，體重僅三十九公斤。金色長髮下，瘦骨嶙峋的背上血管突出。幾天後，她終於開口說話，但只能說幾個不連貫的單詞。她無法表達自己是誰，也說不出有過什麼遭遇。

但女孩會畫畫，而她的畫令人們倒吸一口氣。照顧她的人得強忍驚呼，還有人忍不住潸然淚下。在女孩的畫裡，她只是個潦草幾筆畫下的小人，搭了飛機來到愛爾蘭，接著她躺在床上，被一群男人包圍。看來她是被人口販子抓了。很幸運地，她想辦法逃了出來。

過了三週，少女仍不太說話，無法表達。愛爾蘭傾盡全力幫助這位無名少女。她是誰？她從哪裡來？到了十一月上旬，愛爾蘭的負責單位已投入二千工時搜索一百一十五條可能線索。他們挨家挨戶調查詢問，察看監視器錄下的影像，檢查失蹤人口名單，機場、港口、鐵路車站的旅客紀錄，以及旅社訂房紀錄等。是否有人無法赴約，或者忘記返回？這項尋人任務耗費不少公帑（約二十五萬歐元），但若能找出少女家人或幫助少女重獲健康，一切都值得了。這項任務名稱為「牧人計畫」（Operation Shepherd）。最終，經過地毯式搜索，警察整理出超過十五個可能身分，少女卻不是其中任何一人。十一月五日，愛爾蘭警局被授權執行下一步突破性搜查行動，也就是散布少女的照片（取得少女照片引發不小風波，少女拒絕拍照，而且一遇上任何穿著類似制服的人，少女就噤若寒蟬、害怕躲避）。少女不僅年紀尚輕且情緒不穩；警方迫不得已破例做下決定，他們實在沒有其他辦法。

少女的照片刊登在電視與報章雜誌上，愛爾蘭警方也向各國宣布目前握有的資訊。「少女只會一些英文，我們目前無法確認她的國籍。」警官在鏡頭前表示任何訊息情報都非常歡迎。警官懇求民眾協助：「任何資訊都將有助調查，並且能為少女找回幸福，我們會小心處理民眾提供的任何資訊，並且絕對保密。」歐拉・萊恩（Orla Ryan）是少女的臨時監護人，她同意警方的行動：「我非常擔心這名少女的身心健康，目前我們對她所知有限。考量到她的狀況，我們得想辦法找出她的身分，才能幫助她。我完全支持警方的搜索行動。」

這個離奇事件立刻引發媒體熱議，每個人都自有一套理論。少女被稱作「郵政總局之女」，因為她在那裡被人發現。

1 一九一六年愛爾蘭的復活節起義時期，郵局曾是起義軍的司令部，建築本身在戰爭中嚴重受損。現在這裡也是愛爾蘭獨立自由的象徵。

十小時後警方收到一條新線索，而且來源出乎意料：是國際刑警組織（Interpol）傳來的情報。他們問，澳洲說不定有人能助他們一臂之力？

怎麼會是澳洲呢？這名聽不懂英文的少女難道不是東歐人嗎？媒體記者們一陣狐疑。這條線索引起愛爾蘭警方注意。雖然沒人解釋，但愛爾蘭警方終於取得第一個有用的可靠情報。

當情緒凌駕思考，騙子等著你上鉤

選定目標指的是騙子必須審慎決定受害者：學會瞭解他人的成長背景，他所珍視的事物、能激勵他的動力，以及會讓他傷心的原由。選好目標之後，就得開始使出詐騙手段：也就是前情鋪陳（the play），這時騙子和受害者初次接觸，並使出渾身解數，取得受害者信任。而要達成這目標，最重要也最根本的方法就是動之以情。一旦騙子掌握我們的情感，他就能洞穿我們的情緒，瞭解我們當下的渴望、感受，以及什麼讓我們無法維持理智。所有厲害的詐騙高手都認為，被感情沖昏頭的人非常容易上當。因此，騙子在詐騙大戲開演、開口使出他的三寸不爛之舌，而目標受害者渾然不知有人虎視眈眈伺機而動之前，最重要的是建一座感情之橋。正如當我們一見鍾情時，毫不猶豫地放棄理智，跟著感覺走。

我們的真實世界由兩個系統管理，一個是情感，另一個是理智，而兩者依循的規則各異。如同現代心理學之父威廉・詹姆斯（William James）在著作《動物與人類智慧》（*Brute and*

Human Intellect）裡語帶詩意地寫道：「人類思考基本上分為兩類：一是邏輯推理，另一則是強調記事描敘的冥思——而讀者的閱聽經驗裡，這兩者交相融合。」

心理學家賽摩・艾普斯坦（Seymour Epstein）表示，理智在乎「正確」選擇，比如留下良好印象、做出正確行為，而感情則讓我們從「絕對的、自我的、全面的、魯莽草率並以行動為主」的角度思考。感性讓人直覺反應而不經邏輯考量，不計後果；感性思考讓別人能占盡我們的便宜。

札杭茲耗費五十年的職涯專注研究「情緒」，試圖瞭解情感如何影響人們，如何改變人們的想法與行動，並促使我們朝某方向前進。他剛開始接觸心理學時，行為主義正大行其道。如斯金納（B. F. Skinner）和約翰・華生（John B. Watson）等偉大學者，正深入探索環境對人類行為的影響力。他們認為，決定人類行為的主要原因來自對離散、可辨認的環境刺激作出的認知反應。而札杭茲獨排眾議，是情緒研究的先驅。環境的影響力不容小覷，但是環境給我們帶來的「感受」有強大影響力。人類的行動難以完整預測，也常不合邏輯；人類常常不依認知思考來行動。就像老鼠發現壓下手桿就會有食物，接下來只要肚子餓，牠就會跑去壓手桿——但其實老鼠並沒有一定的行為模式。當老鼠受到驚嚇，或牠期待的食物沒有出現，牠可能會啃咬甚至破壞東西——這並非認知反應，而是感性反應。畢竟，攻擊提供食物的對象，並不能為老鼠帶來食物。

一九七九年九月二日，札杭茲在美國心理學會（American Psychological Association）於紐約舉行的年會上發表演說。札杭茲在會上榮獲傑出科學貢獻獎，而他的演講涵蓋多年來針對人類情感所做的研究與省思。一年後，這篇演說以論文形式發表，標題為〈感覺與思考：堅持己見的偏好〉（Feeling and Thinking: Preferences Need No Inferences）。他的論文內容正是詐騙前戲的成功要素。詐騙前戲要成功影響受害者，騙子就必須瞭解基本的情感運作方式並加以回應，體會我們的欲求、恐懼、孤寂，以及生理不適如何影響行動。如此一來，騙子才能一箭射中紅心。

札杭茲在演說中告訴聽眾，心理學界的傳統主張思考先於感受，但他認為這是錯的，人的情緒才是第一反應。情緒來自本性與直覺，比根據事實所做出的思考判斷早一步發生。早期的心理學家瞭解這一點。引領十九世紀完形心理學（Gestalt）運動的威廉·馮特（Wilhelm Wundt）寫道：「當任何肢體過程跨越意識門檻，立刻被察覺的是達到一定強度的情感元素。情感強力表現直到進入意識的凝視點（fixation point），接著才會出現所謂的概念元素。」換句話說，就本質而言，任何經驗一開始必為感情經驗，之後人才會經歷想法與認知歷程。馮特下了結論：「人總是會先生出感覺，接著才會透過認知與辨識的過程清楚生出看法。」

札杭茲認同馮特的看法，並試圖透過實驗證明；而且，他發現誘發人的情感很容易。比方說，重複曝光效應讓人對彼此留下好印象，這是詐騙步驟中「選定目標」成功與否的關鍵。不但如此，情感也會增進人的信任感，而且情感所引發的信任感比透過認知思考引發的信任感要深切得多——產生信任感的過程可說毫無邏輯可言。札杭茲的研究顯示，重複曝光效應往往不會造成客觀感知上的熟悉感或再識感。剛發生過的事，或剛看過、剛聽過的事物，或前一刻的感覺，人往往忘得很快。然而，重複曝光效應會激起主觀喜好。你不懂為何，但你就是比較喜歡某樣東西。「你喜歡哪一個？」對回答者來說，這問題是「我比較喜歡哪一個？」札杭茲發現，我們總是很快對人事物產生好惡，往往和意識記憶與認知過程扯不上關係。

以低等動物來說，情緒反應通常是牠們的唯一反應。如果你是一隻老鼠，在你意識到蛇是什麼之前，就已經對蛇滿懷恐懼。不然的話，你早就成了一隻死老鼠。基本上，「朋友或敵人？」是世上最攸關生存的問題。如果你同意這些即刻判斷對物種生存至關重要，那麼你多少認同感情先於思考。

「人類在消化事實、數據、邏輯推論前，會先消化社會訊息。」俄亥俄州立大學心理學家麥克·史萊特（Michael Slater）如此寫道，他研究媒體如何影響人的信念與行為。「每個父母很快便發覺，即使是牙牙學語的嬰兒，也能瞭解情感訊息，並懂得左右人際關係。」即使沒有邏輯思考與說服的健全認知能力，不管是嬰兒還是惡棍，只要懂得操控人的情緒，就能達到所有目的。

因此，情緒比語言還迅速地影響人們並不意外。情緒在聲音、姿勢、眼神、音調、撫觸中流露。即使人們聽見一句話但不明其義，也能理解說話者的情緒狀態。在一項實驗中，研究者要求受試者看一段影片並解釋內容，結果發現受試者憑藉說話者的音調來預測判斷，比依據實際言詞內容預測，前者準確率多了二十二倍。而在評估收視率上，根據非語言線索判斷的準確率，比根據語言線索的準確率高四倍。即使研究人員使用電子濾波器或遮蔽器讓對話內容模糊難辨——這回研究人員用的是舞台劇的一段錄音——受試者仍能準確指出每句話背後的情緒。就算只是依據別人要求不帶任何情緒地說一句話，我們所說的言詞內容也常會影響他人當下的感受。比方說，我們做出微笑或皺眉的動作，就會改變血液流到腦部的模式。生理上的改變足以影響心理情緒，因此假戲真做是有道理的。

我們不只在理性邏輯思考前就先做了情緒反應，而且這些情緒印象往往「無法改變」。札杭茲在那個九月午後告訴聽眾：「我們能坦然接受自己是錯的，但一講到喜不喜歡某件事，我們絕對堅持己見。」就詐欺犯的理解而言，如果受害者已經對騙子留下好印象，那麼即使旁人大聲疾呼、嚴加警告，受害者也不會改變想法。他們「感覺」自己是對的。**我們相信自己的「感覺」勝過任何人的言論。我們的喜好輪不到別人干涉—因此，詐騙前戲的重點就是如何讓人對騙子產生好感。**

一見鍾情是危機的溫床？

瓊和葛瑞格在二〇一一年相識，當時瓊對葛瑞格一見鍾情。「他真的太棒了，人聰明又有才華，不僅幽默風趣，也善良大方。」我和瓊在紐約西村的小咖啡館共飲咖啡時，她回憶道。她的語氣表情不帶怒氣或恨意，只是非常哀傷，也許有點茫然無措。「他會把你迷得團團轉，像我就栽在他手上。」他們開始約會。沒多久，瓊的奶奶生病了，而葛瑞格的表現令人激賞，他耐心十足地徹夜安慰瓊，陪著她直到天亮。當瓊在工作上遇到麻煩或提案出了問題，葛瑞格也會熬夜幫她解決問題。若瓊對某件事情特別有興趣，葛瑞格總是完全支持她。「他真的十全十美。不管我提到什麼，比如深海潛水，他馬上說：『喔，深海潛水可以這麼做。』原來他已試過深海潛水，或者幫人訂做過潛水服……」瓊說道。「連接骨也難不倒他——葛瑞格當過急救人員。他幫我安裝廚具——他會做木工。他有醫學知識，也會照料病人。」這一切聽來都像童話故事，但又如此真實。瓊和葛瑞格一同旅遊，討論未來。很快地，他們打算同居。

瓊深陷入情網，對葛瑞格行為上細微的前後矛盾視而不見。葛瑞格是一項特殊科學計畫的研究生，但瓊從沒見過他的同學或實驗室同事，也從未看過他的學歷證明或實驗研究內容。瓊的朋友都喜歡葛瑞格，但葛瑞格介紹她認識的朋友，全都剛認識他幾個月而已。葛瑞格陪伴瓊參加派對宴會，見了她的家人，也會陪她出差；相反地，這些事葛瑞格從沒主動邀請瓊參與。感覺上葛瑞格好像完全以瓊為生活重心，但對瓊來說，這並不奇怪。「我總是想著，老天爺啊，我真是好運當頭！」

有天，瓊提出建議，邀請葛瑞格和一位相同領域的學者見面，這位學者可是諾貝爾獎得主史坦利博士（Dr. Stanley）呢。瓊認識史坦利多年，她想著，若介紹兩人認識一定對葛瑞格有幫助，而且葛瑞格曾提過他一向傾慕史坦利的研究成果。沒想到，葛瑞格回絕了。一開始瓊驚訝極了，有誰會拒絕這樣一個大好機會？但葛瑞格態度堅決，他希望靠一己之力闖出天下，證明自己的能力資質，而不是仰仗女友的人脈。瓊立刻理解他的心情，對他的說法深信不移。

瓊和葛瑞格同居了。一切都如想像般美好，然而葛瑞格搬進來時有點奇怪。一般人搬家會帶的東西，葛瑞格都沒帶在身上。他沒有任何個人歷史、紀錄，沒有任何能證明他身分的物品，連半封寄給他的郵件都沒有。葛瑞格解釋他有個郵政信箱，但瓊從沒看過有他名字的信封。有天下午，瓊看到葛瑞格的學生證，然而那張學生證看起來很假。瓊質問葛瑞格，他承認學生證是偽造的，因為他的學生證掉了，換新證得花上五十美金，所以他自己做了一張。瓊接受了他的說辭。

不過為了以防萬一，瓊開始注意細節。他們剛成為情侶不久，瓊做了現代女性都會做的事：在谷歌上搜尋葛瑞格的名字。但他的名字太常見了，瓊找不出任何符合他的資訊。現在瓊決定多花些心力，在學校資料庫搜尋葛瑞格。她找不到任何資料。不過，葛瑞格對此也有一套解釋：他被當了幾堂課，太丟臉了，他不敢告訴瓊，現在他在另一個實驗室工作。

葛瑞格的個性也起了變化，瓊發現其實葛瑞格的脾氣挺大的。「因為一些無關緊要、不合邏輯的小事，他在十秒內就能從平心靜氣變得憤怒暴躁。」葛瑞格不但善妒還是個控制狂。即使沒人挑釁，他也會突然失去理智、怒不可遏。他會對瓊情感勒索，比如反對瓊參加她嚮往已久的歐洲單車行，威脅瓊如果她執意前往，他會離開她。回想起來，葛瑞格行止怪異，但在當下，瓊總想得出說法來解釋他的乖張行為——瓊實在太愛他了。「我們總是盡量順他的意，」瓊說，但她一直合理化一切：「他的想法有道理。他很聰明，他總是為了我好，也為我們的關係著想。大體而言，他做的選擇讓人皆大歡喜。雖然他時不時會失控，但我知道這只是小事，沒啥大不了的。這段關係太美好了，我不該計較那些無關緊要的不愉快。」

導火線起於某天下午，葛瑞格要回鄉拜訪家人，瓊內心醞釀已久的懷疑終於爆發。在葛瑞格出門前不久，他又因為瓊想拜訪他的實驗室而大發雷霆。葛瑞格大聲斥責瓊既固執又不明事理，接著就甩門去機場。這只是小小的請求，怎會讓葛瑞格發這麼大的火？她感到莫名其妙。她打電話給認識已久的教授朋友，也就是之前想介紹葛瑞格認識的科學家史坦利博士。瓊提出她的疑惑。沒錯，說不定是她太歇斯底里了，但史坦利博士接著說道，他認識葛瑞格實驗室的老闆。若瓊同意，史坦利博士可以和那位學者通個電話。她同意了。

葛瑞格根本不曾待過這個實驗室，他不是這項研究的成員。葛瑞格說過的話全是謊言。一切終於水落石出，不管是葛瑞格的職業、大學學歷，還是他人生的所有細節，全都是虛構的。他創造一個不存在的人，他的身分、經歷、成長背景和家庭關係全都是編出來的故事。幸好她沒見過他的家人。長久以來，她和一個心機深重的人同床共枕，一個徹頭徹尾的騙子占據了她的生活，入侵她最私密的領域。

瓊現在明白當時有許多警訊，只是她視而不見。葛瑞格有辦法讓人一見就愛，而她的朋友都支持葛瑞格。瓊活在童話故事裡，整個社會都能體諒她的處境：愛情讓你飄飄然，愛情戰勝一切。她實在太愛葛瑞格了，愛使她盲目，沒看出任何蹊蹺——沒人告訴她這只是場夢。人的喜好不容別人置喙。

一九九六年，卡內基美隆大學的心理學家喬治．羅文斯坦（George Loewenstein）提到「感官影響」（visceral influences）如何左右我們的選擇。他寫道：「許多行業的成功都仰賴精準操縱感官面的影響力。汽車銷售員、房地產仲介和其他運用『高壓』銷售技巧的行業，都是善於操縱情緒的專家。騙子也懂得這些竅門，他們知道如何引發貪婪、同情和各種情緒，讓受害者失去沉著思考的能力，做出不符常理的行動。宗教狂熱或異教團體如埃哈德課程（Erhard Seminar Training），利用剝奪飲食、強迫失禁，以及各種社會壓力來引進新成員，」他繼續寫道，「這些組織往往強調立刻行動的重要——因為經過一段時間後，感官影響的效用會隨之遞減。他們告訴你，如果不馬上出錢買下，車子和房子立刻會搶購一空，而現在的優惠特價就沒用了。若受害者不將信用卡交給騙子，那這一生只有一次的機會就會消失。埃哈德課程的試聽會裡，他們會施加壓力鼓勵民眾立刻入會，不希望民眾回家考慮後再下決定。」這就是前戲的精髓：利用一時激情，讓人們遠離冷靜理智的思考過程與推理判斷。

札杭茲即將辭世時曾說過，感覺決定一切。**情緒比邏輯思考更能強勢左右我們的行為與判斷**。如果拿人身力量來比喻，感情就像能舉起萬噸的肌肉男，而冷靜的認知能力則是身材精瘦結實卻無法創下世界紀錄的人。正因如此，遭逢人口販賣悲劇的少女能讓一國投入無數資源，只為查出她的身分。有誰敢質疑一名情感脆弱的少女？

說故事：最厲害的欺騙途徑

一九八八年，珊曼莎．琳黛爾．亞索帕迪（Samantha Lyndell Azzopardi）出生於一個中產階級家庭。她的父親是布魯斯．亞索帕迪（Bruce Azzopardi），母親名叫瓊．瑪麗．坎伯爾（Joan Marie Campbell）。珊曼莎的朋友暱稱她珊米。她和母親及兄弟格雷戈里（Gregory）同住在澳洲新南威爾斯州的坎伯爾鎮，離雪梨不遠。她在安南山高中念書，後來在當地享譽盛名的「岩上煎餅」餐廳當服務生。這家餐廳鋪著原木地板，有著寬敞的座位和鮮亮的橘牆，珊曼莎在這兒工作了四、五個月。從學生時代到出社會工作，人們總形容珊曼莎是個「好女孩，但有不少私人問題」。

二〇一三年夏末，珊曼莎決定拜訪母親的前男友喬．布萊恩（Joe Brennan）。他住在都柏林西南方一百七十五公里外的小鎮。小鎮位在舒爾河（River Suir）河畔，地域雖小，卻是蒂柏雷里郡最大的市鎮。珊曼莎在這裡待了三週，整天悠閒度日，享受遠離塵囂的夏日時光。有天她不告而別。布萊恩想不出自己做過任何讓珊曼莎負氣離開的事，不過，珊曼莎一向個性衝動，不按牌理出牌，所以布萊恩不太擔心。

因此，當布萊恩在十一月午後看到報紙上的照片時，他有點意外但不太驚訝，反而認為自己早該警覺事情會如此發展。他看著那張照片、讀著報導，人們說她是可憐的迷途少女，講著可怕的人口販賣故事。她是珊曼莎沒錯。布萊恩拿起電話打給警局。

有了布萊恩的幫助與國際刑警的配合，「郵政總局之女」的故事很快就被揭穿了。珊曼莎．亞索帕迪已經二十五歲了——她根本不是眾人臆測的十五歲，差太多了——而且假扮過超過四十種不同身分。她曾是愛蜜莉．皮特、琳西．克復林、黛珂塔．強生、喬吉娜．麥克利福、愛蜜莉—艾倫．席漢和愛蜜莉．席柏拉。她在青少年時期就已留下犯罪紀錄。

她是珊曼莎．亞索帕迪嗎？警員質問她，她依然不肯說話。當警方手上的證據愈來愈多，珊曼莎總算開始回答問題，但她只用英文寫下簡短訊息。她堅決否認自己說謊欺騙，因此警方決定進行第二次的精神鑑定。少女也許是說了不少謊的騙子，但她的精神狀態似乎不太穩定。

然而，精神測驗顯示她很正常。她心智正常，可以旅行，因此她被遣送回澳洲，從此不得入境愛爾蘭。法官喬治．伯明翰（George Birmingham）在判決確定後，說珊曼莎的謊言「出乎所有人意料，每個人都嘖嘖稱奇」。

珊曼莎．亞索帕迪是怎麼辦到的？她直覺敏銳，知道如何利用人的情感、增強人的情緒，讓一切變得不再重要。珊曼莎是詐騙前戲中的佼佼者，她的圖畫訴說出撼人故事。多麼厲害！這是一個可怕駭人的故事，一個正常人絕不會任意虛構的故事。誰會編造人口販賣、淪為娼妓的故事？你必須有多冷血，才能面不改色編出這種故事？

說故事是歷史上最古老的娛樂方式。不管是圍繞營火說故事或是石穴壁畫——拉斯科（Lascaux）洞穴壁畫可追溯至西元前一千七百年——或部落歌曲和史詩民謠，這些故事代代相傳、吟唱過大街小巷。這是人類理解世界的基本方法，也是享受生活之道。不管說故事的方法怎麼改變，故事本身歷久彌新。

故事讓人們聚在一起；我們談天說地，感情隨之凝聚（一起討厭或享受故事情節）。故事是人類共享的知識，共有的傳奇神話和歷史，同時也融合了我們共同的未來。故事寓教於樂，經得起歲月考驗並記錄過去。它們的存在如此天經地義，我們甚至忽略它們無所不在的影響。聽到或讀到另一個故事，我們渾然不覺它只是個故事。畢竟，故事與人類共存相依。不管怎麼它的形式為何，講述故事是最古老的人類娛樂。

正因如此，故事是最厲害的欺騙途徑，它在詐騙前戲裡的角色舉足輕重。當我們沉浸於故事之中，警戒心便被拋到腦後，我們成為洗耳恭聽的聽眾。相反地，突然的一句話、一張圖像或一個短暫邂逅，無法造成相同的影響。在全神傾聽之時，我們可能會毫無保留地接收一些訊息，而在正常的情況之下，這些訊息通常無法通過我們的雷達，或會讓我們心生警覺。事後，我們甚至會覺得有些想法或觀念是出自我們聰明且想像力豐富的腦袋，完全忘了它們其實隱藏在之前聽過或讀過的故事。

情感的影響力深不可測，而引起強烈感受的方法很簡單：說個震撼人心的故事。詐騙前戲以故事為始，透過人類最古老的娛樂方式，利用新的情節細細鋪陳。故事能迅速誘發情緒。「他有祕密」這句話聽來比「他有輛單車」更引人入勝，讓人心生遐想。

杰羅姆．布魯納（Jerome Bruner）是二十世紀後半心理學認知革命的重要人物。他在著作

《真實的思想，可能的世界》（*Actual Minds, Possible Worlds*）中建議讀者從兩種面向來定義經驗：一個是命題性思維（propositional），另一是敘事性思維（narrative）。前者是審慎且具邏輯的思考，後者則將經驗故事化。敘事性思維非常真實且富有畫面，充滿說服力且情感充沛。

事實上，布魯納認為，敘事性思維比講求邏輯、系統思考的命題性思維更具影響力。它可說是神話與歷史、儀式與人際關係的基石。「批判理性主義的創始人波普爾（Popper）認為可證偽性（falsifiability）是科學法則的基石。」一九八四年，布魯納在美國心理協會多倫多年會上告訴聽眾，「而可信度（believability）則是敘事架構良好的證明。」就連科學也不時在編織故事。所有科學方法都建構在敘事上，少了敘事性，科學章法便毀於一旦。

故事聽來比較可信、具說服力，也比較有真實感。扣人心弦的故事讓任何提議聽來更引人入勝。不管提議是對是錯，光用數字是無法說服人的。經濟學家羅伯特・海爾布魯諾（Robert Heilbroner）曾對布魯納說道：「當經濟理論並未受到驗證，我們就開始說些日本進口或遲鈍的蘇黎世之蛇[2]的故事。」**即便事實有憑有據，我們仍會想驗證它的真實性。而當故事聽來言之有理，人往往全然接受它的真實性**。

蓋瑞・萊恩（Gary Lyon）到處跟人說女兒生病的事。他的女兒得了白血病，正住院治療中。命運似乎處處和他作對，當他開車前往醫院時，汽油偏偏用完了。他拜託路人幫忙，十塊或二十塊英鎊現金都行，他只是想見女兒一面。當然他會還錢給這些好心人，而且必定回報。

有時，萊恩會說住院的是他兒子，正等著開刀，而他身為人父卻付不出油錢。他隨著心情變換細節，但故事內容總是如此悲情，沒人質問過他說的是真是假。他講述的細節栩栩如生，這名絕望的父親只是想見他困在醫院的孩子，卻在中途不幸遇上麻煩，有誰能狠心拒絕呢？二〇一五年二月，萊恩因為多項偷竊、詐騙案遭到判刑。原來那些錢不是用來付油錢，而是拿去付藥錢——萊恩有毒癮，他每天都得花上五十英鎊買快克古柯鹼（crack cocaine）。但讓法官怒不可遏的不只如此；事實上，萊恩真的有個女兒，而女兒也真的得過白血病。她已經順利康復，但身為父親的萊恩卻利用這段往事招搖撞騙。

沒人會懷疑罹癌患者是否真的生了病，就像沒人會懷疑逃離人口販子的少女是否說謊。當路邊男子宣稱汽車拋錨，我可能會拒絕出手相救；我會質疑他說的是真是假，想確認一旁是否真有車子拋錨，也許我只願意載車主到附近加油站。但我無法拒絕一位心懸病兒的父親。事實只會引人辯證，故事則厲害多了。故事讓我們情緒激昂、投入感情與同理心，讓我們淪為詐騙前戲的獵物。高深莫測的詐欺犯不會讓受害者發現自己被占了便宜，而是讓受害者沉浸在助人的喜悅裡。

2Snake in the tunnel指的是一九七〇年代，歐洲經濟共同體（EEC）第一次推行共同貨幣政策時，限定歐洲各國間的匯率波動範圍。當時的政策將參與國貨幣的雙邊匯率波動幅度壓縮到一個狹窄的區間，就如同一條「蛇」在隧道中滑行。（參考：全球政治評論）

一流的故事與話術：催人淚下、感同身受

密西根大學心理學家桑雅・達辛（Sonya Dal Cin）耗費七年時間，研究故事如何在無意識間影響我們的思考與行為。故事的種類涵蓋我們所聽到、讀到，以及我們告訴自己的故事。達辛發現故事內容、意涵、如何講述故事和誰是說故事者等因素，都能在無意識間對我們的思想、行為和看法造成長久深遠的影響。故事足以推翻我們原本的信念和態度；敘事的影響力無遠弗屆，它是少數能夠動搖人們對重大議題的想法態度的一股力量。實際上，史萊特認為撼動人心的故事，比邏輯訴求或直接說理更加有力；在一些案例中，唯有說故事能讓別人認同你的觀點或改變他們的看法。若以較為直截了當的講理方式溝通，對方會立刻斷然反駁。想想看，詐欺犯無需開口就能獲得想要的東西，因為受害者會自願出手協助。故事愈吸引人，效果就愈明顯。這就是「詐騙前戲」的精髓——找出對目標最有用的接近方法並達到最佳效果。正如人們說的，第一印象只有一次，不會重來。

莎士比亞名劇《安東尼與埃及豔后》（*Antony and Cleopatra*）中，主角馬克・安東尼的詭計可說是詐欺犯最愛的橋段。「我來此是為了埋葬凱撒而非讚頌他。」安東尼以此作為對羅馬人的第一次演說的開場白。他的聽眾痛恨凱撒，而安東尼在一開始就表明他瞭解羅馬人的心情，藉此抓住聽眾的注意力——和聽眾的忠誠，因為聽眾一旦認同他所說的第一句話，就會傾向同意他接下來說的話；一開始建立的認同感往往會持續下去。當然，安東尼接著讚揚凱撒，而群

眾居然並未因此發火。

「我不是要賣東西給你！」「你想要就買，不然就放下！」「你不用同情我！」許多故事開頭的台詞都用安東尼式的話術讓人卸下心防。懂得自重的詐欺犯不會直接對你下手，他們和受害者的關係建立於彼此信任，以及創造一個不受時間影響的故事上。二〇一四年六月，認真的記者珍・班百瑞（Jen Banbury）發表一篇文章，揭發一名看來正當的商人吸引許多阿米胥人（Amish）投資位在佛羅里達州的土地開發案，整件案子引人疑竇。提姆・莫菲特（Tim Moffitt）花了五年在蘭開斯特郡阿米胥人聚居地，和當地人建立感情、進行交易，並且雇用阿米胥人，雙方變得愈來愈熟悉。現在莫菲特打算進行下一個計畫：這是絕佳機會，佛羅里達州有個布希奈爾露營區，只要投資就能得到百分之九的獲利！這是個完美的安東尼詭計：一開始聲明你無意賣他們東西、賺任何一毛錢，先讓聽眾信任你，接著引他們上鉤、海撈一筆。數以萬計的美金不停湧入——最後沒人拿回半毛錢。

換句話說，即使你對詐欺犯（或羅馬征服者）的話心存懷疑，他們述說動聽故事仍會改變你的行為。也許你對騙子特別警戒——若你是個警員，更會如此——但你可會拒絕幫助身受創傷、看來歷經苦難的女孩？她沒開口要求任何人幫忙，不是嗎？然而，善心助人竟是我們被騙的關鍵。

克萊蒙研究大學神經經濟學家及神經經濟研究中心主任保羅・札克（Paul Zak），研究故事如何影響我們的日常互動，其中包括和朋友、陌生人甚至物體（如書本、電視等無機體）的互動。他一再發現，沒有任何事比簡潔有序又動人的故事敘述，更能影響我們對感情與行為的接受能力。

札克和同事在一次實驗中，請受試者看一段父親談及子女的影片。「班快死了，」一名父親對著鏡頭說，背景裡有個兩歲大、一臉無憂無慮的男孩。父親解釋班有腦瘤，只剩幾個月的壽命。父親繼續說道，他已下定決心，為了他的家庭，他得堅強起來，不管未來幾週會多麼痛苦。此時畫面漸漸消失。

這部影片讓半數以上的受試者捐款給癌症慈善協會。為什麼他們願意掏出錢來？而那些沒捐錢的人又是怎麼想的呢？

札克不只要求受試者觀看他取名為「班的故事」的影片，還讓所有受試者一起看影片，觀測他們的神經活動，特別注意腦部散發特定激素到血液裡的程度。大部分觀看影片的受試者，腦中的催產素（oxytocin）濃度會升高，這是與同理心、親密關係及增加社會線索敏感度有關的激素。催產素增加的人都會樂於捐款，即便沒有人迫使他們這麼做。

接著，札克改變故事情節。班和父親在動物園裡，而班的頭上沒有頭髮，他的父親叫他「魔力小子」。這段影片沒有明確的敘事情節，也沒有提及癌症或生活困境。看了這段影片的受試者心不在焉，沒有喚起情緒反應。受試者不是沒捐錢，就是只捐一點點錢。看過第一個版本且捐了錢的受試者，在事後心情愉快且充滿同理心。在另一項研究中，札克和同事測試不同捐款廣告帶來的捐款效果。他們在部分受試者的鼻子上噴灑催產素。這些受試者願意捐助的比例，比沒被噴灑催產素的受試者多了百分之五十七，就連捐款數目也多了百分之五十。

札克的研究結果解釋了為什麼像奈爾·史托克（Neil Stokes）這樣的惡棍，也能利用外甥艾許利·塔伯（Ashley Talbot）的名義募得大筆現金，好償還自己的海洛英債務。史托克挨家挨戶地講述少年塔伯遭學校公車撞倒（這部分是真的），每次都要求住戶小額捐款，以便付喪葬費用，或幫助可憐的一家人度過聖誕節。史托克會拿出手機，給別人看塔伯笑容洋溢的照片。人人都感動捐錢，要不是史托克的母親意外向警方舉發，恐怕他還能賺到更多錢。史托克的母親偶然聽聞有人為她家募款，她心生懷疑便報警。史托克立刻遭到逮捕。

約翰·霍普金斯大學行銷學教授凱斯·奎森貝利（Keith Quesenberry），在兩年的系統化研究中也得出類似結論，他研究的是炙手可熱的科學話題：超級盃的廣告。他的研究可不是異想天開，奎森貝利在轉做教職和研究員之前，曾有十七年的廣告業經驗。他寫過廣告文案，也當過創意總監——他可是一手催生出廣告的人。不過，現在他轉行了，打算有系統地研究廣告。他仔細檢視每則廣告、分析內容，試圖找出決定一則廣告成敗的要素。他發現超過一百個可能指標。

他發現廣告吸引人的核心要點是：有沒有戲劇化的情節。「人們認為廣告成功和性、幽默、動物有關，」奎森貝利接受《約翰·霍普金斯雜誌》（*Johns Hopkins Magazine*）訪談時表示，「但我們發現，成功廣告的關鍵在於裡頭是否有故事。」故事說得愈完整生動，廣告效果愈明顯。記者請奎森貝利根據他的研究結果，預測哪一則二〇一三年超級盃的廣告將奪得大獎。奎森貝利選擇百威啤酒（Budweiser）廣告，其中講述了小狗和馬的友情。「百威啤酒愛說故事，」他說，「他們在三十秒中講了足以拍成兩小時電影的故事，而人們就愛這種故事。」奎森貝利說得沒錯，這支廣告在《今日美國》（*USA Today*）的廣告指標與影音串流平台HULU的廣告區都拿下最高得分。

想想看「班的故事」、百威廣告和騙局的情節多麼相似？比如說「祖父母詐騙法」：孫子遇到可怕事故，你得立刻匯錢給他；而他現在沒辦法說話，他在開刀房裡。或者是「甜心詐騙案」：社群網路上的帥哥、正妹恨不得立刻與你相見，然而他們突然遇上麻煩亟需用錢，要你立刻匯錢過去。更別提那些擅長操弄人心的騙子，不只是珊曼莎・亞索帕迪懂得利用人們的同情心，戴瑪哈每次加入新的修道院就扮成是迷途羔羊，佯裝剛加入基督教，一心尋求宗教的慰藉。戴瑪哈扮演這種弱勢角色可不只一、兩次，而是好多次。他假扮世故老練的成功人士，感到自己隨波逐流、找不到目標，於是來修道院尋求人生意義。他總是得到熱誠款待，接著就輪到他攻入人心。想想看，有多少人企圖改寫歷史，自稱是安娜塔西亞公主（Countess Anastasia），引起全球注目。然而，真正的俄國公主其實下落不明，直到羅曼諾夫王朝終結，仍然沒人知道公主的下落。這個故事多麼感人肺腑、賺人熱淚，而這正是成功詐騙前戲的經典之作。

電視節目《費城總是豔陽天》（*It's Always Sunny in Philadelphia*）的一集節目裡，查理的母親得了癌症。不過這全是謊言，她騙倒了所有人。我們覺得這樣的故事難以置信，但其實天天都在上演，大部分的民眾都無法分辨是真是假。不過，真實世界裡還有人比查理的母親更擅長假扮病人。南威爾斯有名四十歲的男子艾倫・奈特（Alan Knight），他佯裝四肢癱瘓且意識不清長達三年。假扮長臥病榻讓他免於牢獄之災（他「生病」前騙了鄰居四萬英鎊未還），還讓他得以領取大筆社會福利金。

這些詐騙成功的要素在於這些人講的故事賺人熱淚，讓人感同身受，而你的情緒一旦被激起，行為想法就不受理智控制。情緒會讓人產生移情作用，喚起情緒就會讓人能夠同感並體諒別人的困境。若民眾始終冷靜理智，騙子就無法達到目的。

札克告訴心理學家傑若米・丁恩（Jeremy Dean）：「我們的實驗結果解釋了為什麼衛生紙的廣告裡盡是嬰兒和小狗。這個研究證明廣告人選擇會讓觀眾腦部增加催產素的圖像，好建立消費者對產品和品牌的信心，藉此增加銷量。」**催產素增加會讓人更慷慨大方，讓我們付出金錢、時間、信任，甚至我們自己。故事愈是動人，詐騙前戲就愈成功，民眾也愈願意付出。而愈厲害的詐欺犯，愈懂得說出動聽的故事。**

揭開現代貝多芬的撼人騙局

成功故事有兩個強項。故事成功與否仰賴的是情節敘事本身，不需要任何外在理由或邏輯原因，而且聽眾能夠在角色中看到自己的影子。我們並不希望被人說服或要求做某件事。我們期待的是心生喜悅的經驗，也就是聽個感人肺腑的故事。即使故事和我們沒什麼直接關係，光是凝神傾聽的過程就能讓說故事者與聽眾建立起親密關係，而說故事者正好藉此占人便宜。

賺人熱淚或生動有趣的故事，情節往往令人難以質疑。我可以不認同你的想法觀念，但無法否認你的感受。告訴我一連串的道理，我可以個別反駁擊破；但如果你給我一個好故事，我的警報系統會自動消音，使我不知如何反擊。畢竟，警示訊號往往暗藏在字裡行間。

心理學家梅蘭妮．格林（Melanie Green）和提摩西．布洛克（Timothy Brock）決定測試故事的說服力，他們發現愈能讓人情不自禁的故事，愈能讓人信以為真。即使故事的部分細節聽來不太對勁，聽眾照樣全部買單。人們對故事往往有比較大的包容力，不會像面對理性說辭一樣斤斤計較。即使故事出乎意料、令人激動——「實在太棒了！／真的太慘了！真不敢相信她遇上這種事！」——往往只會讓聽眾更加投入、更相信故事。換句話說，故事講得愈天花亂墜，就愈能達到效果。

佐村河內守曾是音樂界的傳奇人物。他是日本最受歡迎且最多產的作曲家，作品不只登上音樂廳舞台，也曾是許多電動遊戲配樂。佐村河內著名歌曲〈廣島〉的靈感源自父母，他們有幸在廣島原爆中生還。這首歌創下十八萬張的銷售佳績。不只如此，佐村河內還有個非常震撼人心的故事，這個故事讓他的成就更為不凡——他聽不見。他大約三十五歲時生了重病，從此失去聽力。即便遭逢不幸，他依然創作出無數悅耳動聽的作品。一九九〇年代，他剛以作曲家身分在音樂界初露鋒芒，媒體就將他譽為「現代貝多芬」。佐村河內與貝多芬的身世相近，令人難忘。除此之外，他和貝多芬一樣留著恣意飄散的長髮，穿的西裝也和貝多芬風格類似，也總是戴著一副太陽眼鏡。二〇〇一年，佐村河內接受《時代》雜誌（*Time*）專訪，他表示耳聾是「上天賜予的禮物」。

佐村河內仍難以忘懷失去聽力的那一天。他在自傳《第一號交響曲》（*Symphony No. 1*）裡寫到他做了個夢，夢裡他被拉進水裡，水壓讓他聽不見任何聲音。佐村河內一醒來，立刻走向鋼琴，卻聽不見任何琴音，他心急如焚、傷心狂亂。對他來說，作曲是生命的意義。那時他打算做個小實驗，試試自己腦中是否還聽得見貝多芬的《月光奏鳴曲》並重新彈出來？此刻，貝多芬對他別具意義。試驗之後，他仍能憑著腦中樂音絲毫不差地彈出這首曲子。

佐村河內是在耳聾之後才嘗到飛黃騰達的滋味。二〇〇一年，他經歷失聰，並於同年譜下第一首交響曲。二〇〇八年，他的出生地廣島以他的作品作為原爆紀念典禮配樂。二〇一一年，他的作品被《錄音藝術雜誌》（*Recording Arts magazine*）選為「最受歡迎古典樂雷射唱片」之一，他是唯一在有生之年上榜的作曲家。

二〇一四年二月五日，佐村河內公開自白，內容跌破眾人眼鏡。他坦承自一九九六年起便雇用一名槍手代他作曲，這位影子作曲家名叫新垣隆，現年四十三歲，在日本音樂學院擔任講師。他在將近二十年間以佐村河內的名義寫下超過二十首作品，而佐村河內付給他約七萬美金。新垣告訴媒體他早就想收手不幹，佐村河內卻全力阻止，甚至威脅如果醜聞爆發，他就會自盡。前所未見的媒體曝光與水漲船高的名聲，讓新垣承受不了良心譴責：一名日本滑冰選手將在奧運中使用新垣捉刀代寫的作品。「我無法想像高橋選手被世人視為共犯。」

佐村河內的騙局不只如此。新垣繼續說道，佐村河內不只沒寫過這些曲子，而且他根本就不是聾子！所謂的生病失聰全是虛構，只為聽來更賺人熱淚。如果沒有令人同情的故事，這些曲子只能說是不錯的作品。然而，動人故事配上迷人樂章，二者融合令人陶醉痴迷，即使破綻百出世人仍盲目不覺，直到佐村河內開口自白。某次訪談時，記者注意到在手譯員解釋記者提問之前，佐村河內對問題已經有所反應；另一次訪談中，有人發現佐村河內對門鈴產生反應，但沒人提出質疑。媒體眾口一致指稱佐村河內是前所未見的高明騙子。但日本最多人閱讀的《朝日新聞》認為媒體也有責任：「我們身為媒體得更加小心，我們實在太容易被這些撼人心弦的故事所騙。」好的故事創造名留千古的作曲家。

佐村河內的故事聽來難以置信，但當人們受動人故事吸引時，就會將理智拋到一旁。這就是詐騙前戲的重點：藉由令人動容的情節讓人們失去理智。在一項研究中，研究人員請受試者閱讀一篇故事，接著觀察讀者面對不同敘事方式時的投入程度。其中一個故事〈商場謀殺案〉（Murder at the Mall）講的是發生在康乃狄克州的真實殺人案，摘自許爾文・努蘭（Sherwin Nuland）所著《死亡的臉》（*How We Die*）一書。故事中，商場中的一名小女孩凱蒂，在家人與路人的眼前被殘忍殺害，而冷血的殺人凶手後來確認是一名獲准外出的精神病患。

受試者讀完故事後要回答一連串的問題，包括主要情節、相關角色、精神病患的照護問題等。接著研究人員詢問受試者實驗的關鍵重點：「故事中是否有哪些線索或說辭看來是虛構、不符常理或相互矛盾的？」這項實驗的主導者格林和布洛克將此稱為「小木偶環圈」（Pinocchio circling）：是否有任何虛構情節，像小木偶的鼻子一樣能證明這故事是假的？實驗發現，當讀者愈沉浸於故事情節，就愈難發現故事中不符常理的破綻，證明**流暢動聽的故事能戰勝理智邏輯**。

不只如此，**對故事愈投入的人，也愈會認同故事隱含的喻義**（比如讀者多半會同意通過政策來限制心理病患的行動）。不管他們在閱讀故事前是否對相關議題有所理解或意見，故事會在受試者心中建立起一連串強力的觀點。詐騙前戲若演得好，不只能在當下激發受害者的情感，還會改變對現實的看法。你將看見詐欺犯要你看的世界，而他就能進一步利用你的弱點。

慎思可能性模式（elaboration likelihood model）是一門說服理論，主張人們理解訊息的方式會隨我們的動機意願強弱而改變。如果意願高、動機明確，我們會集中注意力，並被言辭中的道理說服。如果意願低、欠缺動機，外在的社會線索比較容易影響我們的看法，比如說話者的外表、打扮、談話方式等都比內容更容易影響我們。不過，感人肺腑的故事帶來的基本情緒，也就是「內在線索」（visceral cues），比動機意願更具影響力，足以左右我們的理解。我們不再依邏輯判讀訊息，而像那些意願低落的聽眾一樣，專注於錯誤的線索。這就是詐騙前戲的力量。如果騙子懂得如何演出一場高潮迭起的詐騙前戲，即便我們小心翼翼避免被騙，我們終會舉手投降；故事的力量著實難以對抗。

撒謊成性的人是潛在騙子？

詐欺犯有很多辦法讓受害者掉入他鋪陳好的敘事陷阱。比如在商場裡被冷酷殘殺的小女孩凱蒂——多麼令人悲痛揪心的慘案啊！我們不禁心生同情。都柏林郵政總局前的珊曼莎・亞索帕迪讓全世界都為她緊張擔憂。詐欺犯握有「嚮往型認同」（wishful identification）利器，指的是我們並非替故事主角難過，而是想成為那個角色。他實現我們所渴望的事，我們難道不值得當上主角嗎？現在正是發光發熱的時機。不管是外表或社會地位，故事中的角色和我們的相同點愈多，我們對他們就愈有親近感。我們愈喜歡這個騙子，就愈覺得他親切熟悉。

理查・哈雷（Richard Harley）月領社會安全福利金五百美元，同時謊稱自己在德州有個「石油計畫」，藉此從投資者身上騙走三十二萬三千美金。他的騙局很簡單：假裝自己是大富豪，手上握有價值千萬以上的銀行票據。他向潛在客戶自稱擁有許多藝術收藏品，在德州有價值十億美金以上的油礦。他把嚮往型認同運用得淋漓盡致：和我一起投資，你就會像我一樣擁有數不清的財富。你難道不想讓世人見證你獨一無二的品味？根據起訴報告，哈雷從一九九九年起就用這種方式到處騙人而且屢屢成功。

哈雷在二〇一四年遭到起訴，然而這可不是他第一次被告。實際上，他可是詐欺前戲的箇中好手，任何離譜情節都難不到他。自一九八九年一月起，哈雷和妻子賈桂琳・柯貝（Jacqueline Kube）合力演出最佳戲劇，這場膾炙人口的經典大戲名叫：愛滋解藥。他們宣稱多年來致力研究能夠戰勝這可怕疾病的辦法，最近，他們的研究有突破性的發展。他們的藥廠拉札爾集團（Lazare Industries）開發了新療法，幾乎達到「前所未見」的效果。不只如此，這項療程完全自然——不像那些副作用繁多的雞尾酒療法，根本是往身體灌一堆來路不明的毒藥；這項療法利用臭氧與氧氣，二者都是我們賴以維生的無害自然物質。每天只要使用「臭氧製造加壓馬達」灌腸三十至四十五秒，就能治好愛滋病。哈雷和柯貝臉不紅氣不喘地繼續瞎掰，這項療法在新澤西醫院通過密集的臨床試驗，是少數獲得專利的愛滋療法。每次療程要價二百五十美金，包月的話是七千美金，這對治療愛滋來說實在太划算啦！

超過六年，哈雷夫妻憑著三寸不爛之舌、講得天花亂墜，並參考熱門同性戀雜誌的訂閱客戶名單，針對這些人發送郵件和廣告，量身設計引人注意的說辭。哈雷夫妻在一九九六年被控告時，獲利已超過一百四十萬美金，許多人訂購他們的服務。這個療法當然是一派胡言，然而這個故事多麼動人——多少人願意相信世上真有愛滋靈藥啊——數十人成為虛幻期望下的受害者。哈雷終於坐了五年牢，但他重獲自由後，立刻搖身一變成為呼風喚雨的石油大亨。

像哈雷這樣的詐欺慣犯非常懂得如何演出詐騙前戲，大部分的人都不是他們的對手。心理學家楊雅鈴（Yaling Yang）主要研究慣性撒謊，她到短期工作仲介公司尋找實驗的受試者，好瞭解暫時失業或常態失業狀態與撒謊成性的習慣是否有關。楊雅鈴臆測短期工作者中，也許有些人因曾不誠實而遭到開除。

楊雅鈴踏入洛杉磯的短期工作仲介公司，並與超過一百位求職者訪談，詢問他們的工作經歷、家庭狀況和一般個人背景。接著她將訪談結果與法院紀錄比對，並諮詢受訪者的親友。求職者的說辭和其他人的說法是否有出入？受訪者中有十二人引起她的注意，他們頻繁說謊，即使沒有必要也會毫不遲疑地撒謊。楊雅鈴接著請所有受訪者作腦部掃描，結果顯示，撒謊成性的人的腦部的白質（white matter）[3]比一般人多了百分之二十五。

大量白質讓思考更為迅速靈敏，在臨場說故事或自然編造動人情節上功不可沒。事實上，一般人成長過程中，白質會於六歲到十歲之間大量增生，大多數孩童也會在此時有意識地撒謊。楊雅鈴的研究結果可解讀為：經驗豐富的說謊者比一般人更擅長詐騙的基本招數，懂得如何講個好故事。

套句艾普斯坦說過的話：「西方世界最重要的一本書就是《聖經》，而《聖經》不講哲學道理，只透過寓言和故事來教化人心有其道理。」艾普斯坦認為，故事敘述對人們有難以抗拒的吸引力，其他事物根本無法與之相提並論。

有時故事的魔力太引人入勝，連說故事的人也信以為真，無意間成了騙子。想想二〇一四年冬天，《滾石》雜誌（*Rolling Stone*）一篇專題報導讓社會一片譁然。一名記者在報導中描述一起發生在維吉尼亞大學的集體強暴案，這故事完美無缺，駭人情節讓成千上萬的讀者為之動容：年輕又單純的新生潔姬沒有飲酒習慣、沒有毒癮，穿著也得體，卻在參加生平第一場兄弟會派對之後，八成因為某些變態起鬨，而慘遭七名男子輪姦。記者莎賓娜．魯賓．爾得利

（Sabrina Rubin Erdely）實在不簡單，她替重大社會議題找到了最佳代言人。幾乎所有媒體新聞都爭相訪問她，讚揚她勇敢直言又敘述動人，讓民眾正視這個問題。

當這則報導引起廣大迴響時，有些人發現它和實情有所出入。有沒有人對那些惡徒採取行動？潔姬的朋友是否也證實了這件慘案？過了幾週，《華盛頓郵報》（*Washington Post*）的數名記者鉅細靡遺地重新採訪，他們聯絡了潔姬的朋友和兄弟會，甚至找出其中兩名嫌犯的真實身分。然而，記者們愈深入採證，愈發現爾得利的報導有許多漏洞，不管是尋常無奇的事實（與潔姬的說法不同，兄弟會在事發當晚並沒有任何活動，而且他們的迎新會是在春天舉辦，並非秋天），或是明顯讓人不快的細節（潔姬的朋友並未冷酷地袖手旁觀；潔姬情緒不穩時，他們曾敦促她尋求協助）。事發當晚，潔姬沒有向任何人提及輪姦的事，只提到她為數名男性口交。潔姬說她和一名男性約會過，但事實證明她偽造簡訊、照片，還捏造一連串的故事背景。到了三月，警方調查作出結論：沒有證據顯示潔姬曾遭任何人攻擊，更別提輪姦了。當然，警察局長連忙解釋這並不代表什麼事都沒發生，但從法律的角度而言，沒有任何可信證據能證明

---

3 白質是中樞神經系統中主要的組成元素之一，由數百萬條溝通管線構成，每條都包含一根長長的軸突，管線外包覆著白色脂質「髓磷脂」，會將不同腦區的神經元連接起來。其成長情況與成熟度會影響學習、自我控制和精神疾病。

潔姬遇到攻擊。調查就此暫停。

我們得明辨事實，《滾石》事件並不只是潔姬的錯，眾所皆知人對創傷事件的記憶很不牢靠，細節往往模糊不清，說辭反覆失序。這事件顯示身為記者的爾得利刻意無視新聞業的基本倫理：相信，並不忘質疑。不要自行腦補故事情節。永遠保持警覺與懷疑態度，不管故事內容多麼震天動地。《滾石》沒有進行確認，只是一廂情願接受單方說辭，反而是《華盛頓郵報》提出懷疑，著手確認消息真偽。

我們還要澄清另一件事：我們明白爾得利並非有意欺騙。至少我們清楚她並不是無中生有或有意剽竊，存心造謠生事。回想一下，新聞業的詐欺犯多得是：史蒂芬・葛拉斯（Stephen Glass）任職於《新共和》雜誌（*New Republic*）三年間，曾虛構多篇新聞報導；《華盛頓郵報》記者珍娜・庫克（Janet Cooke）杜撰的新聞專題報導拿下普立茲獎，醜聞爆發後獎項已被撤銷；《紐約時報》記者傑森・布萊爾（Jayson Blair）捏造新聞還剽竊他人著作；短暫任職《紐約客》雜誌（*The New Yorker*）的寫手約拿・萊勒（Jonah Lehrer）剽竊文章又虛構故事，而他原本和出版社簽定的三本書約中，兩家出版社終止合約不願繼續與他合作；茹絲・薩利（Ruth Shalit）原也是《新共和》雜誌記者，除了抄襲他人文章外，和爾得利一樣並未重複確認資料來源的真實性。這些記者也許剛開始只是不經世事的初生之犢，著迷於敘事的力量，他們的故事和爾得利的故事一樣震撼社會、動搖人心。也許故事本身的魅力騙倒爾得利和其他前輩，讓他們忽略身為記者的基本操守，忘記檢視真實性。故事本身成就最棒的詐騙前戲，連《滾石》雜誌編輯群都成為手下敗將，愛上這則驚天動地的故事。他們不需要詐欺犯出手，就被自己給狠狠騙了。

我們願意，所以我們相信。詐欺犯只是在旁伺機配合、編織故事。當人們以為他們已黔驢技窮，他們總是有辦法再次粉墨登場。

愈悲慘的戲碼，讓詐騙愈容易成功

二〇一〇年，黛珂塔·強生（Dakota Johnson）現身布里斯本。她告訴警察自己現年十四歲，剛逃離一個有性侵惡習的親戚，需要警方幫助。她和她的歐洲叔叔來到澳洲，但雙方在豪勳爵島分道揚鑣——無法確定到底是叔叔拋棄了她，或她自行逃跑。不管如何，她經歷過一段慘無人道的日子。布里斯本社福機構立刻安置她，讓她有棲身之處、衣食無缺。強生告訴照顧她的社工，她只想回學校讀書，像普通青少年一樣完成學業。

強生匆忙離開因此身無長物，情急之下只帶了幾樣東西：幾件衣物、一台筆記型電腦；一封瑞士貴族私校勒若西（Le Rosey）的介紹信，勒若西位在日內瓦湖畔，校園占地遼闊；還有一張豪勳爵島的銀行收據，以及一本日記，粉紅色的書頁上，近親性侵的描述生動鮮明。

一切證據確鑿，社福當局只希望讓少女有機會重回正常人生。她或許無法回到勒若西，但當地一家高中同意讓她從下學期開始就讀。

不過警方認為不能就此了事。重回校園是好事——它可是當地著名的高中。但他們認為，該給身經創傷的孩子更多協助。考量到少女的身心健康，警方趁強生外出時搜索她的電腦。

電腦裡，笑容洋溢的女孩和家人們站在雪梨港灣大橋上；這張照片上的日期正好能夠作為線索。當地警方聯絡負責導覽港灣大橋的旅遊公司，試圖取得參觀遊客的紀錄。警方很快就找到符合對象：女孩是二十二歲的珊曼莎．亞索帕迪，根本不是十四歲。那她的化名呢？靈感來自《格雷的五十道陰影》（*Fifty Shades of Grey*）女演員黛珂塔．強生。至於勒若西的介紹信，是她自己在電腦中揑造出來的，連銀行收據也是偽造的。警方深入挖掘內情，終於明白黛珂塔．強生並非亞索帕迪第一個揑造的分身。當她出現在布里斯本街道上，昆士蘭的警局正以詐騙罪嫌追捕她。原來，我們的老朋友亞索帕迪在海灣小鎮洛克漢普敦冒用他人健保卡。

九月十四日，布里斯本地方法院裁定亞索帕迪犯了兩項以上的虛假陳述罪、一項偽造文書罪和一項違反標準條例罪。她雖被判有罪，但刑罰很輕，只需支付罰鍰五百美金。過了一個月，亞索帕迪又被判處四項虛假陳述罪：她又利用新分身博取眾人同情。這次她又挨罰五百美金。接下來，她銷聲匿跡了好幾個月。

但也就只短短幾個月。二〇一一年，亞索帕迪搖身一變成了體操選手愛蜜莉．亞索帕迪，靈感來自她曾盜用過身分的愛蜜莉．席柏拉。她搬到柏斯，向新朋友自稱是名聞遐邇的運動員。她愈來愈常在朋友家過夜，連對朋友的父母也滿口謊言。她說她想搬去俄國接受訓練，自稱是澳洲十六歲以下的首席體操選手。

一個月後，愛蜜莉在臉書上發布一則傷心欲絕的消息。原來她的家人全在法國悲慘喪生。文後並附上一則新聞報導，這是場殺人後自殺的事件。新聞中指出，一名男子先後殺了妻子和十五歲的女兒後再舉槍自盡，但有一對雙胞胎幸運生還，愛蜜莉就是那對雙胞胎之一。她朋友的父母對愛蜜莉深感同情，決定領養她。愛蜜莉樂意接受，她剛和一位熟知領養手續的專家到了美國，這位專家懂得一切法定程序。

接下來，亞索帕迪冒用一名佛羅里達州法官的身分——當然，這位法官可是領養事宜的專家。亞索帕迪以法官名義寄電郵給朋友家人，拿到各種領養手續必備的文書證明。為了搞定一切事情，她和朋友的家人約好在雪梨見面，宣稱她曾在柏斯遭到強暴，因此不願重回傷心地。朋友的家人替她註冊學校時，一切水落石出。可想而知，「愛蜜莉」的出生證明是偽造的。

二〇一二年，亞索帕迪又被法院判刑，因為她試圖非法獲取社會福利；這次她被判六個月的刑期，但有一年緩刑，就像每次她犯法被捕，人們對她總是網開一面，因為她是個本性善良的女孩。同年六月，她因三度使用假名在銀行開戶而被柏斯地方法院判決有罪，除此之外，她還因教唆同謀行騙、意圖詐欺而被判有罪。十月二日，法院判她六個月徒刑，並再次給她一年緩刑。

有些人認為亞索帕迪是病態說謊者（pathological liar），也就是說她的精神狀態迫使她不停說謊。亞索帕迪其實非常痛苦，她並非心懷不軌只想逃避責任的壞蛋。就某個角度而言，這種說法也沒錯。顯然她無法當個面對現實的老實人。不過，像她這樣的騙子並不是得了心理疾病；別忘了，珊曼莎通過心智測驗，事實證明她心理正常，沒有精神錯亂。病態說謊者撒謊毫無理由，對他們來說，說謊是種強迫症，可能是深層心理病態的徵兆（病態性說謊是檢測心理病態的症狀之一）。相反地，騙子說謊的原因明確：他們想謀取利益，不管是財務或其他層面的利益。騙子說謊是為了替詐騙鋪梗，他們藉由謊言取得受害者信任，讓人們走入他們設下的陷阱。他們說的謊足以以假亂真，而病態說謊者往往撒些誇張的漫天大謊，一下子就被識破。

亞索帕迪精心設計騙局，視社會禁忌為無物。她所杜撰的故事總是引起眾怒、讓人對她無限憐惜，想像有人撒這樣的謊來博取同情實在有違人性。可悲的是，正因為這些故事感天動地，許多騙子都常用這一招來矇騙世人，演出慘絕人寰的戲碼，就不會有人膽敢質疑真假。事實上，索馬里．馬姆（Somaly Mam）就用過同樣的招術。馬姆是位全球知名的慈善家，但後來遭人揭穿她的性侵經歷全是虛構。不只如此，她的慈善組織原該致力幫助女童，但馬姆卻教這些女孩說謊、向潛在捐款人編撰虛假故事。每個女孩都得經過慈善組織的「試鏡」。《新聞週刊》（*Newsweek*）做了一篇專題報導，提到一位女孩「承認她的成長經歷全是假的；她和一群女孩得先通過『試鏡』，被選中之後，必須在馬姆的指示下，面對鏡頭反覆演練說謊。」人們告訴她，這是幫助性交易受害婦女的唯一方法。

這是經典的馬基維利難題。若目的正當，手段正不正當重要嗎？事實證明，馬姆的慈善機構奠基於她的謊言（不曾發生的個人經歷），而且不擇手段募得善款（教導女孩扮演受害者，以博取眾人同情），然而許多人仍願意支持她。畢竟，她的用意良善，讓社會關注重大議題並募得許多善款，這些款項也的確花在真正的受害者與婦女身上。馬姆是騙子嗎？或者她只是過度擇善固執？

新聞事件是絕佳的詐騙前戲

災難過後，騙子總會伺機竄起。自然災害、疾病、經濟危機、國家危難、個人困境……詐欺犯擅長利用人心最脆弱的時機點。詐騙前戲可說一開始就和大災小禍脫不了關係，此時人心惶惶，各種情緒一觸即發。災禍時刻正好為詐騙前戲暖身。此時我們可說是無力反抗的獵物，輕易掉入騙子設下的陷阱，騙子不費吹灰之力便能挑起我們的情緒反應，也無需費神思量一個好劇情，我們就會束手就擒。二〇一四年伊波拉病毒（Ebola crisis）在秋天爆發時，BuzzFeed網站派了一組記者調查一位在紐約負責隔離清理的男子薩爾．潘（Sal Pane）[4]，發現他不但是個騙子還是個重罪犯。他沒有任何處理生物性危害物的資格，對潘來說，一切都只是場兒戲：民眾需要專人處理，此時哪個有良心的人會說謊、利用天災人禍來牟利？

4 白薩爾．潘冒用一名死者身分，使用該名人士的駕照並侵占他的公司。

伊拉克戰爭之後，兩名有商業頭腦的英國商人吉姆・麥克密克（Jim McCormick）和蓋瑞・博爾頓（Gary Bolton），決定利用民眾對炸彈的恐懼。他們對外宣傳一種萬能炸彈探測器，並捏造測試結果報告；很快地，他們劃時代的頂尖科技——一個製作成本一點八二英鎊的高爾夫球探測器，竟以一萬五千英鎊的價格售出。這再次證明了詐騙達人視天災人禍為兒戲：現成的災難故事加上心急如焚、情緒脆弱的客戶群——有誰能如此冷酷無情，玩弄別人的恐懼與生命？民眾蜂擁搶購，客戶遍及伊拉克、泰國、墨西哥、中國、尼日、沙烏地阿拉伯、新加坡、巴基斯坦、菲律賓、埃及和突尼西亞。這對雙人搭擋每年賺進上百萬財富，而那些無辜的客戶使用探測器確認沒有炸彈危險後，卻可能因此喪命。亨恩法官（Justice Hone）宣判博爾頓的罪刑時當庭說道：「你們的行為造成極可怕的傷害與危險，因為你們的商品GT200沒有探測炸彈的能力。就我看來，當人們誤用它們來判讀炸彈所在時，就會增加人身傷害和死亡的風險。」

雖然炸彈探測儀雙人組遭到判刑，但其他騙子並沒有因而記取教訓，依然野心勃勃等待兜售虛假裝置的機會。二〇一四年十月，山謬爾和瓊恩・崔爾（Samuel Tree, Joan Tree）被捕，罪名其一就是謊稱有種探測器能找出失蹤多時的女童瑪德琳・麥卡恩（Madeleine McCann）[5]。只要把麥卡恩的照片放上去，探測器就能鎖定她的位置。像這種利用當下新聞製造的詐騙案層出不窮，進行中的新聞事件是絕佳的詐騙前戲，梗都已經鋪好了，民眾早已情緒激昂，只待騙子現身。他一按下詐騙遊戲的開始鍵，我們就被唬得暈頭轉向。

騙子最愛勾起強烈情緒，讓人衝動行事

為何情緒訴求對詐騙前戲那麼重要？簡單來說，情緒比任何刺激都更能強勢左右人的行為；騙子希望我們衝動行事，這就是詐騙目的。當我們感情豐沛，就會順著情感做下決策，把其他考量拋諸腦後。一九七〇與八〇年代，心理學家諾伯特・史瓦茲（Norbert Schwarz）和傑哈德・克洛爾（Gerald Clore）著手一連串的實驗，研究人的情緒是否會影響人們處理訊息的方式與決定。他們一再發現，人們做決定時常會自問：「我有什麼感受？」內心有負面感受時，我們認為這就代表事有蹊蹺；你會告訴自己，這地方讓我覺得不太舒服，事情不妙。內心是正面感受時，我們就開心滿意。我們稱讚一支手機功能繁多，並不代表我們細心比較過各家手機，只是因為我們對這支手機感覺特別好而有了定見。心中憤怒不滿時，我們會認為未來事情將因人為失誤產生差錯；反之，我們難過時則認為一切失誤都是外在情境造成。心理學家稱此為「情緒訊息處理」（Mood-as-information）現象，也就是我們認為自己應該依循感受來行動——

5 英國女童瑪德琳・麥卡恩於二〇〇七年五月與家人在葡萄牙度假時失蹤，至今仍下落不明。這件失蹤案引起英國社會廣泛關注。

即使我們的決定完全出自直覺；我們處理訊息的方式隨時受感情控制。

這也稱作情感捷思法（affect heuristic）：**我們依據自己感覺「好」或「壞」來下決定，而不是有意識地分析情勢**。我們遇見的每個人、聽見的每句話、經歷的每種感覺或體驗，都會因為自身的情緒而改變。多年積累的經驗與記憶會影響後來遇到類似事件時的心理狀態，當我們聽了動人心弦的故事或經歷感人事件，內心會立刻憶起過去的類似情緒。奧勒岡大學心理學家保羅．斯洛維克（Paul Slovic）稱此為「情感池」（affect pool）。影響我們行動的不是當下情境；當下情境令我們憶起過去類似的時刻，讓我們記起當時正面或負面的心情反應，並依此行動。

從某個角度而言，我們感受到什麼情緒不是那麼重要，因為只要有情緒，多少就會影響判斷。情緒讓我們喪失思考能力，讓我們容易受人擺布。因此喜歡利用情緒的人不只騙子，許多警方訊問專家和律師也愛利用刺激情緒反應來達到質問目的。人們情緒激動時往往會做出違背長期利益的行為——情緒不穩時，人們就容易忽略潛藏的利害關係，不假思索地做出傻事；我們腦中最基本原始的聲音戰勝理智思緒。在一項研究中發現，情緒激動促使人們不在乎別人請求的內容為何、是否能力所及，立刻答應出手相救。

內在狀態（visceral states）足以產生強烈注意力。我們眼中再也容不下其他事情，只在乎當下的情緒線索。它的影響力相當於難以忍受的飢餓感或口乾舌燥，或內急的感受——一時之間，你無法思考任何事情，只求趕快解放。在這些情況下，你無法深思，只能在未經思考的狀況下隨口呼應，因為其他事情已占據你當下的注意力，於是你在不經心的狀態下犯下錯誤（一項研究證明，尿急讓人們變得衝動行事。他們太專注於控制身體的特定區域，因此無法注意其他事物）。

不管是短線操作的詐騙或是放長線釣大魚的騙局，引起受害者強烈情緒都是成功之鑰。情緒激動讓我們來不及懊悔。厲害的詐騙前戲深知如何運用這項人性弱點，騙子們想方設法激起我們的情感反應，這是他們賴以維生的養分。有人這麼形容：「你必得迅速行動，打鐵要趁熱，趁他的雙眼被貪婪矇蔽時趕快將他了結。」

當下情緒的影響力無窮，但未來情緒卻無法預測——就像我們無法預測衝動行事後的萬分悔恨。喬治．羅文斯坦（George Loewenstein）寫道：「今日的苦痛、飢渴、憤怒多麼具體強烈、清晰可辨，然而未來的強烈情緒卻是遙不可及。」

❧

二〇〇一年，梅瑞迪斯學院的行為經濟學家傑夫．拉根德費（Jeff Langenderfer）和南卡羅萊納大學榮譽退休教授泰倫斯．慎普（Terence Shrimp）合作，想要找出哪些因素會讓人比較容易受騙子影響。當年度，美國蒙受的詐騙損失金額高達一千億美金，其中電話詐騙造成四百億美金的損失。損失金額不斷上升，但拉根德費認為目前還沒找到斬草除根的解決辦法。我們得瞭解哪些人容易淪為詐騙受害者，以及他們被騙的原因和過程。

拉根德費同意有些人對詐騙警訊一無所覺，但真正的原因應該不僅止於此。如果答案如此簡單，那麼受害人數與個人特質不會如此多元。拉根德費的結論是，我們內在的強烈感受，如貪婪、飢渴、欲望等，影響了被騙的可能性。「他們亟欲獲得騙子謊稱的利益，失去基本判斷能力，忽略各種轉帳匯款警示，不顧別人眼中顯而易見的詐騙線索。他們心中欲望熾烈，無法看清。」拉根德費寫道。情緒占據他們所有注意力，理智崩塌瓦解。詐騙前戲就是想造成這種效果。

雖然任何情緒都足以讓我們衝動行事，但每種情緒各有不同功能與不同效果。**特定情緒會影響我們做出特定行為、用特定方式解讀訊息**——熟知這種情況的騙子正好對症下藥，在我們心中製造對他有利的情緒與行動。我們憤怒、緊張時下的決定，和我們開心愉快時的決定截然不同。騙子依據計畫精心鋪梗，引起我們特定的情緒。光讓我們激動還不夠，騙子得預先設想每種情緒和行動的關聯，謹記他所要的最終目的，並依此量身訂做一套有效戰略。

心情與恐懼，削弱判讀訊息能力

有時詐騙前戲會誘發情緒一致性（mood congruity）的效果：心情狀態影響我們解讀訊息的方式。比方說，我們生氣時，就會把眼前的小障礙看得非常嚴重；此時，我們的行為和心情愉悅時的行為會背道而馳。一項研究發現，心情不好的人會想和擅長人際交誼的人當夥伴，他們寧願和「好相處」的人在一起，而忽略其他更好的選擇——他們不會選擇「能力強或成績好」的人當搭檔。

不只如此，傷感情緒讓人們更勇於冒險並依直覺行事。這對騙子而言，正是執行特定騙局的絕佳時機。若騙子希望受害人大膽下注，比如投資聽來完美無缺的計畫，或掉入郎中三張的伎倆，最佳前戲策略就是針對心情難過憂傷的受害者。面臨人生危機的人是這些騙子的目標，他們可不會找滿足開心的人下手。

我們正值低潮時，最容易被詐騙。因此，騙子喜歡葬禮也愛讀訃聞，離婚、醜聞、公司裁員都是騙子最愛出場的時機，除此之外，寂寞的人也是他們的上好獵物。騙子熱心關注私人新聞——當地小報是騙子的寶山，大受歡迎的臉書更有取之不盡、用之不竭的潛在目標資訊。我的一位朋友——就稱呼她為愛麗西斯吧——就差點被騙。當時她在臉書上發了幾篇文章，明眼人都看得出來她正遭受分手之痛，於是騙子找上她（愛麗西斯沒注意到有個騙子在她的朋友名單裡，正如大部分的人毫無疑心接受成為臉友的邀請）。騙子隨時都在觀察每個人，找出神情落寞的路人並非難事。

不過，騙子不會光找失意的人下手。有些騙局需要正面的高昂心情才能成功，專業騙子清楚哪種詐騙前戲需要哪種情緒才能一拍即合。當我們快樂愉悅時，會失去條理分析資訊的能力，因此我們很容易被人說服。有項研究發現，不管是強力的說辭還是雜亂無章的說法，都能輕易說服快樂的人。相比之下，難過哀傷的人只會被強力的說辭說服。另一項研究發現快樂的人更依賴捷思法，容易根據說話者的地位或說話者宣稱的專業背景來決定可信度；相反地，情緒低落的人則比較在乎說話者的言詞內容，會比較專心聽說話者的說辭。

有些讓我們情緒更容易失去理智思考的能力。如果你想騙人，想辦法影響對方的心情很重要，但若你能夠讓他們心生恐懼呢？就像伊波拉危機或戰事爆發，只要恐懼夠強烈，我們就不再在乎其他事情。恐懼讓我們寧願開幾百英里的車也不願搭飛機，即使車禍的機率明明比飛機失事要高得多。我們因為怕孩子得自閉症不願讓孩子接種麻疹疫苗，即使得麻疹的機率更高，而且接種疫苗實際上並不會造成發展遲緩。一九九一年秋天，一架飛機在飛行途中緊急迫降，原因是：機上有隻老鼠。乘客到處竄逃尖叫，造成飛行危險。不理智的恐懼把理智踩在腳下。

騙子演出詐騙前戲時，恐懼是他的最佳助手。一群心理學家決定研究不同種類的恐懼如何影響人接受要求的意願。研究者一開始先在波蘭奧普萊市找到路邊違停的車子，接著他們耍了些小伎倆，在一些車子的擋風玻璃夾上假罰單，另外一些車子則夾上看起來像罰單的小廣告；此外，他們也在控制組的車門夾上一般廣告，因為循規蹈矩的交警一般不會把罰單夾在車門上。車主回來取車時遠遠就看見車上夾了紙條，此時研究員趨前請求車主幫忙。車主是否會答應呢？

這項實驗的前提簡單明瞭：以為自己收到罰單的車主會慌亂緊張。在確認放在車窗上的不是罰單前，車主誤以為自己被警察逮個正著。若車主收到類似罰單的小廣告，他們一開始會心慌意亂，但很快就平靜下來，明白自己僥倖逃過一劫。而那些車門夾了廣告的車主，心情不受影響，頂多對亂塞廣告有點不耐煩。研究者想瞭解這些不同程度的情緒，是否會影響他們接受路人的請求。結果顯示，他們的決策果真受到影響。心慌意亂後立刻放下心中大石的車主，最容易被路人說服；第二名則是一直感到緊張的車主；情緒不受影響的車主最難被說服。研究者下了結論：經歷慌張無措後又馬上放鬆安心，能創造出粗心大意的心理狀態。這就是警察質問嫌疑犯時，會上演黑白臉戲碼的原因。

進行追蹤調查時，研究者有其他發現：若受試者在橫越馬路時，以為自己被警察吹哨制止，此時向他們請求捐款，他們常常會掏錢樂捐。受試者過了馬路後，一名學生上前要錢，有時學生不會解釋理由（「不好意思，你可以給我們一些錢嗎？」），有時學生假造理由（「不好意思，我們在募款，你願意捐些錢嗎？我們得多募點錢才行。」），有時學生說出具體原因（「不好意思，我們是身心障礙組織的學生，可不可以請你支持我們的慈善活動？我們為身心障礙兒童舉辦夏令營，需要努力募款才能讓夏令營順利開辦。」）。如果受試者穿越馬路時沒有警察在旁吹哨，人們只會在學生提供明確理由的情況下捐款——他們是為了貨真價實的理由，真心慷慨樂捐。如果受試者聽到假警察的吹哨音，接著明白不用受罰而安心下來，就會變得粗心大意。此時不管學生說什麼，理由正不正當，受試者都會毫不猶豫掏錢出來。想想這種弱點對詐騙前戲多麼有用！騙子先製造恐懼情緒，接著讓受害人鬆一口氣（別擔心！總有個解決辦法！），此時受害人已完全踩進騙子的圈套。

長久以來，兜售假貨的關鍵就是利用我們對自身健康的擔憂，促使我們衝動買下任何聽來像天方夜譚的神奇產品。這種詐騙手法在全球各地都十分盛行，先鋪陳引起恐慌的詐騙前戲，跟民眾說他們的健康出了點問題，可能是真也可能是假，再對他們說有解藥，別擔心，他們還有救。十九世紀下半，有個蛇油商人名叫克拉克．史坦利（Clark Stanley），他喜歡用響尾蛇來做驚人的現場示範，宣稱他的產品能夠治好風溼、頭痛，甚至中風癱瘓（他所謂的「蛇油」裡，百分之九十九的成分是礦物油）。約翰．賓克利（John Brinkley）在一九一〇年代，利用男性對陽萎的恐懼，一手策畫絕佳騙局：將公羊睪丸移植到身上。還有威廉．貝利（William Bailey）在二十世紀初向無知的民眾宣稱，當身體能量低落時，鐳能激活人體、帶來活力（既然鐳會發光，它當然也會讓你容光煥發），還能醫治咳嗽、感冒及各種病痛。讓我們看看現在的世界，到處都有排毒餐、排毒藥與健康補給品，保證能治好癌症，讓你輕鬆瘦身，還有各種健康好處。數不清的健康產品公司和代言人游走在法規邊緣，不管你有什麼病痛，他們都宣稱握有萬用良藥。販賣恐懼歷久彌新，手法也不斷推陳出新。這是個精彩萬分的詐騙前戲，而且總是百戰百勝。

神祕少女重出江湖

二〇一四年九月十六日，奧荷拉．赫本（Aurora Hepburn）走入卡加利市一間診所。她說她十四歲，遭人綁架、強暴且虐待。卡加利警局虐童組警官凱莉．坎貝爾（Kelly Campbell）告訴媒體：「一同調查的多位專業人士都震撼不已，我們擔心有更多不為人知的受害者需要幫助。」

這情節是不是聽來似曾相識？沒錯，我們的老朋友歷經愛爾蘭大逃亡並遭到遣返後，珊曼莎．亞索帕迪回來了！她依舊老奸巨猾，輕輕鬆鬆就騙過一票人。加拿大政府花了十五萬七千加幣想找出這名「少女」的身分，直到一切真相大白——她又騙倒一國政府，為她花上公帑只想找出誰欺負了她。沒想到全是胡說八道。

到底亞索帕迪怎麼辦到的？她如何逃過遣返手續、避開旅遊禁令並躲開家人的監視？就像許多詐騙前輩一樣，即使詭計被眾人揭穿，她總有辦法東山再起，換個地方重操舊業。亞索帕迪被愛爾蘭遣返澳洲不到六個月，她就想辦法取得護照、換個身分，又重回愛爾蘭。她還沒死心也不打算收手，花了好幾個月的時間準備，再次粉墨登場。這回她相準愛格蘭中部、有兩名孩童的一家人，亞索帕迪打算到他們家當保母。

艾倫和愛莉．費茲傑羅夫妻（Alan and Eilis Fitzgerald）正在找人幫忙照料他們的兒子，四歲大的傑克和兩歲大的哈利。夫妻倆在互惠生（au pair）網站上尋找合適人選，很快就找到一位出眾的年輕女孩。她名叫英迪．歐希亞（Indie O'Shea），十八歲、有愛爾蘭血統，很想到卓爾摩一帶瞧瞧。費茲傑羅立刻和歐希亞聯絡。愛莉事後回憶：「我們和歐希亞線上往來很長一段時間，她很可愛，似乎是絕佳人選。雖然她人還沒到，但我們覺得她已經是我們的朋友了。」

歐希亞與兩個孩子相處愉快，費茲傑羅夫妻倆過沒多久就把歐希亞當作家人。愛莉形容：「在家裡，她把兩個男孩照顧得無微不至。」但這家人對歐希亞所知有限，歐希亞斷斷續續地提過私事——她搭過私人客機，親戚有權有勢，有時她不得已需要用上假名——但她不曾明確談及成長背景。艾倫回憶道：「這簡直像是糖果屋童話裡的漢賽爾（Hansel）和格萊特（Gretel），她像丟麵包屑一樣拋出些暗示，看我們是不是能找出她的身分。」很快地，這些暗示線索拼湊出一個故事，英迪・歐希亞不是她的本名，她是瑞典瑪德蓮公主（Princess Madeleine）的私生女。瑪德蓮公主的表親和她的生父將她撫養長大。

隔天，歐希亞想在銀行開戶，但銀行拒絕了她，她的文件不足。費茲傑羅一家人看見她哭倒在地上。歐希亞說，她的母親在邁阿密過世了。

幾天後，歐希亞說她的護照過期了，這沒什麼大不了，她曾為丹麥政治人物瓊斯・克里斯安森（Jens Christiansen）當過互惠生，他會幫她處理這些事。有天她終於帶著新護照回來，是本英國護照。護照的名字是假的，照片裡也不是她本人。歐希亞告訴費茲傑羅一家人，沒關係，她身分特殊，可以這麼做。愛莉說：「都是她的『家人』幫她安排的。」

六週後，歐希亞突然不告而別，費茲傑羅夫妻翻了她的東西，裡面有好幾個身分證明都不是歐希亞的名字。他們從未聽過這名字：珊曼莎・亞索帕迪，夫妻倆困惑不已。「我們處得很好，她真是個很棒的女孩。」愛莉回憶。她怎會對全家人謊報身分呢？

當夫妻倆還丈二金剛摸不著頭腦時，亞索帕迪已動身前往加拿大，並以奧荷拉・赫本的身分重出江湖。

二〇一四年歲末時分，亞索帕迪被檢方控告擾亂公安，法院宣判有罪，按理她得服刑兩個月，但她在拘押期間已服完刑期。由於她被視為高危險人物，必須被監禁直到搭上引渡她回澳洲的飛機，因此全程受到監視，確保她沒有機會逃跑。亞索帕迪的移民法庭聽證會上，朗達・麥克林（Rhonda Macklin）說：「亞索帕迪小姐長期假扮他人、出口成謊且犯下詐騙罪。」他們得用盡全力確保她回到澳洲，最好她一直待在那裡，永不出境。

4 詐騙圈套

只要你敢，就能騙倒所有人。

——前詐騙專家西蒙．洛維爾

「納可」（Nacro）是英國打擊犯罪的慈善組織，馬文．巴瑞特（Meryn Barrett）在此工作三十多年了，還在一九九九年榮獲大英帝國勛章。二〇一二年時，擔任安置部門主管的他，決定在六月底離職，心想該轉換事業跑道，重新安排日後的生涯規畫。一名年輕下屬提出建議：何不回到家鄉林肯郡，以獨立身分參選警務局長？這名年輕人名叫馬修．德．安格布朗（Matthew de Unger Brown）。他告訴巴瑞特，他母親有德國貴族血統，又很認同巴瑞特的政見，只要巴瑞特點頭同意，母親一定會為他募款輔選。聽來這主意不錯。巴瑞特多年來努力降低犯罪率，也許這是個獻身實務的好機會。

安格布朗在二〇一二年初加入「納可」擔任義工。他自稱有法務相關背景，家產不少，不愁吃穿。「納可」的願景崇高，他希望貢獻一己之力讓夢想早點實現。

羊毛出在羊身上

巴瑞特事後回憶，這位年輕人很快就贏得同事們的好感和愛戴。巴瑞特形容他「既聰明又有能力，是才華洋溢又風度翩翩的人才。」安格布朗一開始避談個人過往，但隨著時間過去，他漸漸向年長的巴瑞特敞開心房，也許在安格布朗心中，巴瑞特算是人生的導師與模範。安格布朗告訴巴瑞特，他父親馬坎・布朗勛爵（Malcolm Brown）曾是香港資深外交官，而他母親雷納特・瑪格麗特・德・安格女爵（Renate Margaret de Unger）曾是普魯士貴族，但他的人生並非夢幻童話；他告訴巴瑞特自己曾有一段不為人知的過去。也許是父母太過放任，也許是顛沛不安的生活影響了他，總之，幾年前他曾因公司逃漏稅鋃鐺入獄。

安格布朗的真情告白，讓二人的信任更加深厚。在巴瑞特眼中，安格布朗是「納可」不可或缺的資產，畢竟「納可」的目標就是提供罪犯改過自新的機會。安格布朗私下表示，他在獄中「被喚醒社會良知，決定一邊找出生活目標，一邊幫助其他失足犯錯的人。」巴瑞特說道：「安格布朗已洗心革面，應該給他一次機會。」

儘管安格布朗建議他競選警務局長時滿溢著熱情，巴瑞特仍只是默默聆聽，並未被說服；安格布朗鬥志高昂，但巴瑞特可是他的上司。不過，安格布朗收到母親的一封來信。巴瑞特事後向《週日泰晤士報》（*The Sunday Times*）轉述信件內容時說道，安格布朗的母親認同他的能力，甚至邀請他加入家族成立的慈善機構，擔任董事會成員。這個叫做「薩巴斯提安基金會」的慈善機構，是紀念安格布朗不幸死於酒駕事故的雙胞胎兄弟的同名組織。巴瑞特聽了深受感動，沒想到這位文雅知性的女性如此信任他，願意提供他大好機會。巴瑞特回憶道：「在此之前，安格布朗的提議並沒有打動我。但當我看到安格布朗的母親對我如此信任又滿懷期望，讓我改變了想法。」

巴瑞特改變心意，安格布朗興奮極了，他進一步向巴瑞特建言。安格布朗不只希望巴瑞特參選，還說服巴瑞特讓他擔任競選總幹事，由他安排一切競選事宜。安格布朗說他有很多選舉經驗，他曾是保守黨青年運動的成員，在美國也有輔選經驗。再加上他「充滿個人魅力」而且具備「總是使命必達的出眾能力」，巴瑞特被說服了，相信安格布朗是最佳人選。沒問題，巴瑞特表明願意參選，並讓安格布朗擔任重要幕僚。

競選活動如火如荼展開，安格布朗果真不負重望，不但做了各種民意調查、印發政見手冊，甚至安排巴瑞特上電視節目；安格布朗不惜付出任何代價，一心想送巴瑞特入主警務局。安格布朗智識過人，把競選活動的大小事都處理得妥妥貼貼，我們未來的警務局長對他信任有加。由於難免會碰到急需用錢的狀況，而安格布朗母親準備的經費也未必能及時救火，因此巴瑞特甚至允許安格布朗使用他的銀行帳戶。巴瑞特和安格布朗已有共識，巴瑞特個人經費的上限是一萬英鎊，而競選活動的總金額上限是二萬五千英鎊，大部分費用出自對巴瑞特信任萬分的貴族家庭慷慨捐助。

不管安格布朗想做什麼，總是馬到成功。他用母親的錢辦了一次獨立民調，得意地向巴瑞特報告結果，巴瑞特的支持度上升了！安格布朗安排巴瑞特在社交媒體上亮相，為巴瑞特創立嶄新個人網站，還幫他建了推特社群網站帳號，很快地，追蹤巴瑞特動態的人增加了一大票。

二〇一二年十月二十四日星期三傍晚，巴瑞特發表一份震驚社會的正式聲明。他告訴新聞媒體，這場選戰全是心懷叵測的競選總幹事精心打造的詐騙事件。「這是場莫名其妙、令我顏面掃地的騙局，我被那個演員給騙了。他假扮我的頭號幕僚和競選總幹事，演得唯妙唯肖。我發現這是場騙局時，立刻決定退選。」

巴瑞特發現真相。馬修・安格布朗宣稱他是「新美國世紀基金會」一員，但根據《郵報》（*The Telegraph*）記者安德魯・基利安（Andrew Gilligan）後來發表的專文，這基金會根本不存在。巴瑞特競選網站上列著新美國世紀基金會旗下的「馬修政治行動委員會」，但這組織也是子虛烏有。那巴瑞特在推特網站上的一萬六千名追蹤者呢？倫敦《泰晤士報》（*The Times*）調查發現那些全是假帳號。安格布朗給巴瑞特看的民調結果，還有他向選民分發的政見手冊呢？全是「安格布朗捏造出來的」。一切無中生有，全是謊言。

巴瑞特損失了上萬英鎊，一夜之間變得窮困拮据。這案件尚未審理，許多資訊檢方尚未公開。依據巴瑞特的說法，安格布朗不但從他的帳戶拿走八萬四千英鎊，還留給他一萬六千英鎊的待繳帳單。巴瑞特一貧如洗且名聲掃地，畢生積蓄只剩下四千英鎊。當他想搞清楚發生什麼事，一打開銀行往來交易紀錄，才發現除了競選花費外，還有各種他一無所知的消費：房租、慈善捐款、財政部的扣款、倫敦西區的酒吧酒錢。巴瑞特不曾授權這些消費：「我終於明白，我們根本沒有競選經費，一切都來自我的銀行帳戶。安格布朗擅自用我的錢支付所有開銷。」

巴瑞特宣布退選後，在接受《週日泰晤士報》訪談時承認：「我明白自己能力不足，無法勝任這個職位。事實上，當我發現自己放任安格布朗盜用帳款，我很自責欠缺判斷力，也許我連承擔責任也不夠格。」

巴瑞特繼續說道：「他設下的騙局實在驚人，我難以置信。」

安格布朗究竟如何辦到的？巴瑞特仍不明就裡。他只知道自己被安格布朗灌了迷湯，臣服於安格布朗的人脈關係、迷人風度和聰明才智。他實在太完美了。當巴瑞特發現事有蹊蹺、要安格布朗說明時，他總有合情合理的解釋。

巴瑞特覺得五個多月來，雙方建立了深厚的友情與信任。他的結論是：「我很心痛，感覺被徹底背叛了，他利用我實現電影《白日夢冒險王》（*The Secret Life of Walter Mitty*）中的情節。我覺得自己好蠢，怎會被他的胡言亂語騙倒？我自以為理智清醒，是打擊犯罪的專家……但事實打醒了我，我得接受現實。」

絕佳說服術：實現夢想，機不可失

阿肯色大學社會心理學家艾瑞克．諾利斯（Eric Knowles）從一九七〇年代就致力研究說服術。他和威德恩大學的組織與社會心理學家傑．林恩（Jay Linn）合作，並在二〇〇三年發表研究結果。諾利斯和林恩認為所有的說服策略都可分為兩種，第一種是最為常見的說服法：吸引別人、提升好感度。第二種說服法則是：降低聽眾的抵抗力。不管要說服別人什麼，首先你得準備好有力論述，以便吸引聽眾。你得述說背景故事——為何這是天賜良機，為何你的聽眾是完美人選、只要參與就能獲利多少等。接著，你提個容易執行的要求或提議，聽眾覺得這實在太容易辦到了，何必猶豫？有何不可？我毫無損失。諾利斯和林恩稱為說服術的趨避模型（approach-avoidance model）：強調優勢讓聽眾心生嚮往，並避開讓聽眾猶豫的缺點。

當騙子相中下手對象，講些動人故事激起受害者的情緒，讓受害者不自覺地卸下心防，接著進入詐欺遊戲的「設下圈套」階段，也就是利用上述兩種策略來說服受害者。安格布朗說服巴瑞特自己是競選總幹事的最佳人選（第一種說服法），接著告訴巴瑞特參選對他有利無弊（第二種說服法）。別擔心，沒什麼大不了的！「選定下手目標」的重點是確認受害者並瞭解他的習性癖好、期待與恐懼。「詐騙前戲」的功用是吸引受害者注意，引他上鉤。「設下圈套」確保受害者已張口咬住誘餌，任由魚鉤拖入深不可測的海底——此時切勿膽大妄行，任何不尋常的騷動都會讓到手的大魚驚覺不對，一溜煙游走。

心理學家羅伯特・席爾迪尼（Robert Cialdini）是說服術的權威專家。他認為**說服術有六大要素：互惠原理（知恩互報，你幫了對方，他就欠你一份情）、承諾一致原理（我的信念不會一夜改變）、社會認同原理（這麼做帶給我認同感）、友情或喜好原理（就是表面字義）、稀有性原理（快點，機會稍縱即逝！馬上搶購一空），以及權威原理（你說話有條有理，聽來很專業喔）**。這些都是第一種說服法採用的原則，讓你的提議聽來既有優勢又有吸引力。雖然席爾迪尼研究動機用意良善，可用來提升領導才能、說服人們採納重要意見，但人們運用這些理論的理由不盡相同，而且說服技巧用途廣泛。運用幾項說服原理，再加上減低抗力的策略，騙倒目標對象的機會就大大提高——若你在鎖定目標上又做了不少研究，也鋪陳好完美前戲，你便大有勝算。幾百年前，在席爾迪尼還沒條列統整這些原理之前，騙子們早已熟練運用這些說服技巧。

洪都拉斯的黑河邊有塊占地八百萬英畝的地，這地方不算特別大，但別被它樸實無華的外表騙了——這塊地十分肥沃，玉米一年三熟，水質純淨宛如天上甘霖。如果這樣還不夠，河床上還找得到金塊呢！樹上果實纍纍，森林裡藏著獵物。氣候宜人，陽光普照溫暖心房，與陰雨綿綿、岩礫遍布的蘇格蘭大異其趣。這裡的人友善熱情，特別歡迎英國來的移民。這塊人間樂土叫做波耶斯（Poyais）。

葛雷格・麥克瑞格（GregorMacGregor）是土生土長的蘇格蘭格蘭蓋爾市人，一八二二年十月時發表驚人宣言，聲稱自己不只是銀行家之子，還是南美河岸旁波耶斯國的酋長。波耶斯國物產豐饒難以比擬，可惜欠缺願意開發的投資者和有心開墾、善用資源的有志之士。當時，人們很熱中願投資中、南美洲，從墨西哥到巴西都有利可圖，波耶斯聽來特別吸引人，那裡還沒有強權入侵，蘇格蘭也還沒有殖民地。也許，新世界的一角正屬於蘇格蘭？

麥克瑞格是個超級行銷員，他的說辭實在太動人——錯失良機就太可惜了。麥克瑞格在全國報紙上高談闊論，不斷說到投資或移民波耶斯的種種好處。他還強調敢於投資、移民出國代表你膽識過人，你不但夠聰明、懂得抓住機會，還是個真男人！麥克瑞格寫道，生長在高地的蘇格蘭人一向適應力強又勇於冒險，波耶斯會是蘇格蘭人的終極戰場，這裡不但是身心的修練場，也是上天賜福之地。若有人還心存懷疑，麥克瑞格建議他們讀讀湯瑪斯．史坦哲威（Thomas Strangeways）的著作（其實是麥克瑞格自己寫的），裡面讚揚小島國家的各種優勢。他寫得天花亂墜，廣大民眾誤信這真是天賜良機，人人心旌神往，擔心錯過難得機會將抱憾終身。

麥克瑞格的計畫大受歡迎，十分成功。他不只募集二十萬英鎊的現金（債券市值甚至在他有生之年增加到一百三十萬英鎊，相當於現今三十六億英鎊），而且還說服了滿滿七艘船的人移民到波耶斯。他們期待橫跨大西洋，在世界的另一端實現夢想。一八二二年九月到一八二三年一月，「洪都拉郵船號」（Honduras Packet）和「肯納利城堡號」（KennersleyCastle）載著二百五十名乘客航向神祕國度。每個人心情激昂，麥克瑞格的推銷技巧無人能敵。然而船在兩個月後靠岸時，他們發現現實並不像麥克瑞格描繪的那般美好。他們看不到港灣與任何建設。什麼都沒有，只有一片荒地。

世上根本沒有波耶斯國，一切都是麥克瑞格痴人說夢。他把投資者和殖民家送到洪都拉斯的荒野，強韌的蘇格蘭人一個接著一個死去。最後只剩三分之一的人幸運被經過的船隻送到貝里斯。還有五艘船載滿了滿懷希望的乘客，英國海軍趕緊將他們召回。而麥克瑞格呢？逃到法國去了。

他有反省嗎？也許，但看來不像。他到法國不久後又開始宣傳人間樂土波耶斯。也許他上回失敗了，但他的話術仍如往昔般魔力四射。幾個月內，他又召集了一批興奮的投資人和殖民者。不過，和英國比起來，法國的護照手續嚴格多了：當政府發現一批民眾急著申請護照前往沒沒無聞的國家，便隨即下令成立委員會，著手調查內情。麥克瑞格被補入獄。後來他逃回愛丁堡短暫停留，接著又急忙逃跑——憤怒的波耶斯債券持有人追著他算帳。一八四五年，麥克瑞格在委內瑞拉首都卡拉卡斯過世。至今，波耶斯仍是一片杳無人煙的荒野，見證詐騙圈套在能人手中力量無窮。

得寸進尺：從小請求到大詐欺

一九六六年，史丹佛大學心理學家強納生・費里曼（Jonathan Freeman）和史考特・費瑟

（Scott Fraser）在實驗中發現一個有趣現象：若有人接受你的小小請求（比如幫你開門），會更願意接受難度較高的請求。在一項實驗中，費里曼和費瑟詢問加州帕羅奧圖市的一百五十名家庭主婦能否犧牲兩小時，讓研究小組到家中調查各種家用品品牌。一般人會覺得這件事很麻煩，既侵犯隱私又浪費時間，坦白說大部分的人都會斷然拒絕。不過，研究人員事先電話聯絡了部分家庭主婦，請她們花幾分鐘回答一些關於肥皂品牌偏好的簡短問題。

費里曼和費瑟收到調查結果，發現有一群受試者比其他人樂意協助做家用品調查。曾經接受電訪的受試者中，超過半數同意第二個請求，相比之下，沒有接受過電訪的家庭主婦，只有五分之一的人願意提供協助。也就是說，只要有人幫你一點小忙，不管是替你撿起掉落的手套（騙子最愛幫別人撿東西）、借你幾毛錢打電話（只要一枚硬幣！這是通重要電話），甚至只是在電話裡和你短短交談幾句，那個人就願意為你做更多的事。費里曼和費瑟稱呼這技巧為「得寸進尺」。有趣的是，他們發現就算提出第二項請求的人不同，這原理依然管用。只要有人先請受試者幫忙開門、提出無傷大雅的小請求，受試者就更容易接受下一個請求。因此，詐欺犯經常結伴出擊。「拋繩者」（roper）運用說服技巧拋出第一個請求，接著詐騙組織中的「臥底人」（insideman）上場提出真正詐騙請求，騙倒受害者。由於受害者處在樂於付出的心理狀態，因此容易順從騙子的提議。若騙子沒有提出第一個請求，沒有啟動受害者的付出心態，很容易被一口回絕。

其中道理並不複雜。我們經常檢視自己的所言所行，心理學家班姆稱此為「自我知覺理論」（self-perception theory）。當我們潑婦罵街就會自覺粗魯，若我們幫人推門，就會自我感覺良好。既然我們自認是好人，當然會以助人為樂；我們就是這樣的人。我們除了喜歡當好人，更想證明我們有教養、樂於助人並慷慨大方。席爾迪尼指出，**人性渴望維持良好形象，讓我們無力招架說服術**。只要有人刻意營造機會，讓我們證明自己有教養，我們會一口答應他們的請求。人依據自己渴望呈現的形象來行事；我們想和理想中的形象一致。

此種一致性是雙向的。我們不只檢視自己的行為，也估量我們幫助的對象：既然我願意幫助你，那你一定有值得我幫助的優點。因此，我願意再次伸出援手。如果我讓你在我的公司謀得一職，那我會繼續助你一臂之力，好讓你有機會回報我、證明你值得我付出；我會信任你，甚至讓你擔任我的競選總幹事，因為你值得，不然的話，我才不會在你身上浪費那麼多時間精力。如果我投資了你的殖民計畫，理所當然會加碼提供資金、幫你找渴望移民的人，甚至再幫你安排好幾艘船。你一定值得我這麼做，不然的話，我才不會投資你。許多詐騙都藉此成功，包括歷史最久的詐騙手法：奈及利亞王子。

二十世紀之初，報紙上充斥各式各樣的廣告；諸如醫藥偏方、神蹟創造者、商業交易，以及能讓你大發利市的投資機會、土地和金礦投資，到處都是賺錢妙方。有天，幾份日報上出現一則新廣告：比爾·莫瑞森王子（Bil Morrison）提出徵友請求。這位流著貴族血統的王子來自遙遠的奈及利亞，只想交幾個美國筆友。他的文筆令人動容，報社決定免費刊登他言詞懇切的廣告，並明列他的郵件地址。這位惹人憐的王子理當交幾位熱情大方的美國筆友。

王子如願以償，找到不少筆友。魚雁往返幾回後，莫瑞森王子向筆友提出小小請求，詢問美國友人能否寄給他四美金和一條舊長褲？只要能取得這些不值一提的小東西，王子願意回報他們象牙、鑽石和翡翠。金銀財寶對王子來說不值一哂，友情才是最珍貴的財富。很快地，美國筆友們紛紛寄給王子四美金和長褲。然而，王子答應送來的財寶呢？

很多民眾向郵局抱怨沒收到莫瑞森王子的包裹。政府懷疑這是詐騙，立刻調查傳說中富有的奈及利亞人。過沒多久，他們就發現這全是騙子的胡言亂語，他既沒錢也不是貴族，還是個無產的美國人——他只有十四歲。

莫瑞森因此免受法律制裁，而這出奇成功的騙局證明了只要圈套設得好，人人都會上當。這是美國人第一次遇上「奈及利亞郵件詐騙案」——網路釣魚詐騙的始祖，此刻你的垃圾電郵裡，說不定就有一封手法相同的釣魚信件。（瀏覽一下我的垃圾郵件匣，看看我收到多少封「艾蓮娜」寄的信。「哈囉！」信的開頭口氣興奮，「我叫做艾蓮娜，我看到你的資料，很想多認識你一點。」她說她也來自俄國，住在切博克薩雷。「快回覆我的電郵吧！」這位年輕真誠的女孩寫道。）

奈及利亞詐騙是經典的得寸進尺法。莫瑞森王子刻意盤算如何向人要錢，一開始只請求交個筆友——多麼微不足道的小事，連斤斤計較的報紙也願意免費替他刊登廣告。接著與筆友們書信往返，此時才提到現金，不過他要的不只現金，還有褲子。褲子真是高招，連我也搞不懂有何涵義。接著看看寄信給我的艾蓮娜，她並不想要從我身上得到任何東西，只希望我回封電郵。

安格布朗也是以得寸進尺法騙倒巴瑞特。從不值一提的小忙（讓我在你的組織當義工吧），到最厚顏無恥的請求（告訴我你的帳戶密碼資料）。過程雖然緩慢但循序漸進，耐心過人且手段高明（相對而言，西薇亞·米歇爾這種靈媒是利用廉價算命誘人踏入陷阱，接著再向受害人索取大筆金額）。

以退為進：罪惡感讓人誤判情勢

針對樂於助人的人性下手，並不是詐騙得逞的唯一方法。席爾迪尼在一九七五年提出「以退為進法」，正好與「得寸進尺法」相反。當陌生人向我們提出一個大請求（也可能是我們認識的人，剛好在我們心情不好時要求幫忙），我們當然會感到為難並拒絕對方，但就如班姆預料，我們也會覺得自己太粗魯無禮。我們不想當這樣的人，拒絕別人讓我們很有罪惡感。此時，遭到拒絕的人若提出另一個比較容易辦到的請求，聽來合理又不麻煩，我們會怎麼做？我們會說好，沒問題。我們想緩解心中的罪惡感——同時幫助詐欺家達到目的。

席爾迪尼發現，許多人拒絕麻煩又不合理的請求後，比如每週在少年觀護所花兩小時、連續當兩年義工，願意接受相比之下較不麻煩的請求，比如當免費保母帶孩子去動物園逛幾個小時（事後回想，這既麻煩又不合理）。但若研究人員直接提出第二個請求，被拒絕的機率就高多了。一半的人拒絕後會同意第二項請求，但當請求內容不變而且是直接提出時，只有百分之十六點七的受試者會點頭同意。不過，席爾迪尼發現運用以退為進法時，提出要求的人必須是同一個人才有用，因此騙子得單槍匹馬上陣。**如果你自認是個好人，那你面對任何人都得熱忱相待（得寸進尺法）；如果你有罪惡感，只能彌補當事人（造成罪惡感的那個人），才能排解不快情緒（以退為進法）。**

這天晚上氣氛愉快、事事順利，伍斯特侯爵夫人崔西・瓦德（Tracy Ward）雙眼向四周掃射。這位過氣女星身材纖細且舉止高雅，曾在八〇年代的警匪影集《貓眼》（*C.A.T.S. Eyes*）中軋上一角，並在電影《妙探尋凶》（*Cluedo*）中飾演史嘉蕾小姐，之後便淡出了銀光幕。瓦德環視周圍，露出滿意微笑。這裡是倫敦的四十一號俱樂部，位在梅菲爾區的威斯特貝利飯店（Westbury Hotel）。俱樂部漸漸貴客雲集，衣香鬢影，儘管窗外冷風颼颼，依然不少人應約前來。這可不是普通派對，今晚女侯爵的基金會「只要農場不要工廠」（Farms Not Factories）舉辦慈善義賣會。基金會致力推廣符合生態倫理的養豬業，而且已獲得不少知名人士發聲背書，包括小羅伯特・肯尼迪（RFK Junior）、保羅麥卡尼爵士（Sir Paul Mccartney）、湯姆・帕克・鮑爾斯（Tom Parker Bowles）等人。基金會的影集《養豬這回事》（*The Pig Business*）也廣受好評。今晚意義重大，他們將勸募資金、邀請眾人一起為豬的未來努力。

伍斯特侯爵夫人還記得那名穿著全套禮服的年輕男子在眾人眼前款步走下樓梯的情景。他身材挺拔，金髮鬈曲，藍色雙眼直射人心，下巴蓄著短髭，有著古銅膚色，身上飄散著昂貴的鬍後水香氣。他快步走向侯爵夫人。

男子向侯爵夫人自我介紹，他名叫薩巴斯提安・馮・安赫特（Sebastian Von Anhalt），是來自摩納哥的百萬富翁。他的戀人湊巧是侯爵夫人的友人。安赫特挽起侯爵夫人的手，詢問她是否願意接受邀請，到他蒙地卡羅的家中坐坐？他總是面帶微笑，連侯爵夫人也感染他的活力，而且他保證為基金會募集十萬英鎊。瓦德並未把他的話當真：「他看來像個有錢卻喝醉酒的傻子。」雖然如此，瓦德仍然歡迎有心捐款的人。善款就是善款，她不在乎出錢的人是誰。

晚宴繼續，安赫特到處穿梭交際，這邊拋個媚眼微笑，那兒插上一、兩句動聽恭維。拍賣會開始了。拍賣品登場，這件作品名叫「迪蒂沙姆夫人」（Ditisham Lady），她昂然挺立，銅鑄材質，高九英寸；不只如此，她身材福態，從鼻子到尾巴長達十二英寸——迪蒂沙姆夫人是隻豬。她可是頭伯克郡黑豬，出自雕塑家尼克・畢比（Nick Bibby）之手。安赫特舉手出價，並以四千英鎊得標。

侯爵夫人回憶，此時安赫特從口袋裡抽出一張加拿大銀行支票，面額是一萬八千加幣，比銅像的拍賣價格高了一萬加幣。安赫特對她說，收下這筆錢吧。侯爵夫人既困惑又有些難堪地收下這張支票。通常，得標人得在支票兌現後才能帶走拍賣品，但是安赫特的手腳迅速，在眾人來得及反應之前，就已經把迪蒂沙姆夫人夾進胳肢窩，大步踏出會場，搭上計程車離開。

支票無法兌現，但瓦德並未多想；安赫特看來傻里傻氣，但他畢竟是個家財萬貫的傻子。再者，瓦德挺喜歡安赫特的男友。她告訴安赫特，很遺憾，支票被拒付了，並詢問他是否能將款項匯到基金會帳戶呢？當然，他一口答應。

然而，基金會始終沒收到款項，侯爵夫人心煩起來。安赫特不再回覆她的來電和訊息。不管她怎麼做，安赫特都沒有回音，似乎隨著銅像一起消失了。

瓦德決定向朋友求助，一邊自責自己為何沒早點想到。就是因為他們有共同朋友，侯爵夫人才會對他一見如故──熟悉感散發著迷人光暈，引人掉以輕心。誰是安赫特？瓦德的朋友一臉疑惑，友人告訴瓦德，沒錯，他和一個年輕男子見過幾次面，但一發現這男人假報身分時，就立刻和他斷了聯繫。侯爵夫人愈是追問，愈明白事態詭異。這似乎不是安赫特第一次招搖撞騙。瓦德告訴《週日泰晤士報》：「我向許多人詢問他的下落，發現他居然是像『天才雷普利』（Mr. Ripley）一樣的騙子，到處擾亂別人的生活。」瓦德恐怕追不回那四千英鎊，她感覺自己「愚蠢至極」。她回憶道：「他看來不像騙子，行事高調、毫不害臊。」

鬧劇並未就此落幕。侯爵夫人等不到安赫特的款項，決定向警方求助。然而，安赫特的律師大言不慚地說，這些指控都是謊言，安赫特根本沒帶走那隻銅豬。瓦德描述：「律師甚至叫我看看俱樂部的監視錄影。」警方和瓦德立刻照辦。「影片中明明看見安赫特帶走銅豬，門房眼睜睜讓他帶著銅豬離開，還有目擊證人看到他帶著銅豬搭上計程車。」律師改變說辭，他們承認安赫特拿走銅像，但一切都是依法行事，他已付清款項。直到此刻，銅豬和支票依然下落成謎。

安赫特其實就是風度翩翩的安格布朗。只不過，這回他用的不是得寸進尺法，改而巧妙運用以退為進法。他先向侯爵夫人提出邀請，明知侯爵夫人會斷然拒絕——安赫特沒有刻意施展過人魅力迷倒侯爵夫人，故意讓她認為自己像個笨蛋。她高雅婉拒摩納哥的邀請（誰想和這個暴發戶土包子在一起？連一分鐘都嫌多），接著安赫特執行第二步驟，展示加拿大銀行支票，和莽撞無理的摩納哥之約相比，這正常多了，他只是在炫耀自己有錢。此時，他從現場帶走銅豬似乎沒什麼大不了。侯爵夫人承認自己太愚蠢了，實在太丟臉了！通常他們不會讓人立刻帶走拍賣品，但這人行事風格太奇特了……

上鉤調包：高明話術打造完美圈套

一九八六年，聖塔克拉拉大學心理學家傑瑞·伯格（Jerry Burger）提出「還有更多」的說服技巧，也可將其視為設下圈套的技巧。這項技巧仰賴的不是先後提出兩項不同請求，而是讓對方同意為你的請求加碼。伯格發現這技巧妙用無窮，你先建立一個基準線（提出一項和你的目的毫不相關的請求），接著改變說辭、在基準線上加油添醋，好讓第二個請求看來更加吸引人。比方說，你提出一個建議——想不想投資佛羅里達的土地？——在對方回答之前，立刻改變說法：「不只如此，我們會保證你的第一筆投資收益。」伯格發現，「還有更多」技巧比立刻陳述完整投資計畫更容易說服民眾（「還有更多」技巧沒有時間限制，經過一段時日仍然有效）。

「還有更多」技巧其實是「中斷再造」（disrupt-then-reframe）說服術的技巧之一。首先，打斷對方的思考過程好影響他們，接著改變說辭再次出擊，此時對方比較容易被說服。哈佛心理學家吉伯特進一步解釋此技巧的運作方式：我們對事情的理解包含兩個步驟，一開始接收到表面說辭，試圖理解意思為何；接著評估訊息，確認解讀是否有誤。**中斷再造法打斷人腦裡的評估過程：每次我們評估訊息時就被打斷，來不及謹慎思量，新資訊又湧進來。**

大家不妨想像一下。一九九九年，諾利斯和同在阿肯色大學工作的心理學芭芭拉・戴維斯（Barbara Davis）挨家挨戶向人兜售祝賀卡和各種傳情卡片，一張要價三美金。以十七年前的物價來說，這不算便宜，即便在今天也有點貴。潛在客戶開門時，諾利斯和戴維斯運用幾種不同銷售方式。第一種是最直截了當的立刻報價法：「每張卡片三美金。」或者使用中斷法：「一張三百美分。」此時，對方得花時間想一下到底多少錢。之後他們視情況再增加說明，比如「這有夠划算」——也就是再造法，強調是筆好交易；或者使用中斷再造法：「一張三百分錢，算起來才三美金，有夠便宜。」實驗結果顯示，讓客人比控制組（直截了當報價法）買得更多的唯一辦法就是最後一種說法：先報價三百美分，立刻解釋是三美金，再提醒對方這划算極了。聽到中斷再造銷售說辭的人，百分之六十五到七十會買下卡片，若單只提及價錢，只有四分之一的人願意買單。

中斷再造法是正當的銷售術，但騙子想賺的可不是卡片這種蠅頭小利。假健康產品是廣受民眾歡迎的詐騙之一，業務人員當下給你數個月的折扣，緊接著推薦另一種同樣神奇有效的產品，而且完全免費附贈，現訂現賺。當然囉，這是限時折扣，心動就馬上行動，機不可失！

一九八四年，心理學家喬爾．布洛肯納（Joel Brockner）提出一項新話術，也是街頭藝人最愛用的技巧之一：「一分錢也好」。與得寸進尺說服法異曲同工，提出小請求對未來大有助益。但這兩項說服術不同之處在於，你無需提出兩個不同要求，而是利用「正當化效應」（legitimization effect）達到目的。如果你是騙子，當然想大賺一票，用力誆騙別人，對吧？但如果你只是想要一分錢，那你應該不是騙子。組織團體也利用這種效應來運作。如果你只要求一小筆捐款、一塊錢或小額零錢，別人認為你用盡全力只想要這一點錢，那你不像是會騙人的傢伙。

格拉菲拉．洛賽斯（Glafira Rosales）犯下二十世紀最誇張的藝術詐騙案，她在二十年間賣掉數十件抽象表現主義大師的贗品，買家全被蒙在鼓底。她成功騙倒曼哈頓當時最老牌的科諾德勒畫廊（Knoedler Gallery）為其仲介尋求買主。為什麼科諾德勒畫廊相信洛賽斯？原因很多，容我在後面章節詳加闡述。畫廊當時的館長安．弗瑞曼（Ann Freedman）信任洛賽斯原因在於，洛賽斯並非想大賺一筆。弗瑞曼告訴我：「洛賽斯不在乎畫賣了多少錢。她不急著賣畫，也不主動出價，她要我決定，相信我的判斷。」洛賽斯對弗瑞曼說，只要藝術品的價錢

「公道」即可——而公道的標準為何？她完全信任弗瑞曼。正如「一分錢也好」情節，畫價水漲船高，變得愈來愈貴。弗瑞曼賣掉的畫愈多，愈多珍貴畫作出現，收藏品的來歷似乎也更加可靠，價碼不斷攀升，洛賽斯和同夥迪亞茲兄弟（Bergantiños brothers）賺的錢也愈來愈多。事情進展像詐騙教科書一樣順利，全歸功於洛賽斯一開始的謙恭態度贏得弗瑞曼的心——好一個厲害圈套！

席爾迪尼的另一項「低飛球」說服術和「一分錢也好」系出同門。告訴對方你想要的很簡單、很低廉，一旦對方接受後再變卦，提出更多要求。比如汽車銷售員先應客戶需求提供一輛車的大約售價（低飛球），接著銷售員帶買家看另一輛完全不同的車，等到買家迷上第二輛車後，銷售員立刻抬價：「先生，其實這輛車還有特殊配備，如……」銷售員講出種種理由，讓買家忘了原本屬意的車款與預算。許多人因此同意買下銷售員推薦的車款，即使一開始根本沒想過要買它。不過，這策略只在買家覺得自己握有決定權時才有用，如果買家感覺被強迫銷售，就會有反效果。這就是騙子的「上鉤調包法」：先用誘餌釣人上鉤，再轉換說辭。說來這算是歷史上最古老的詐騙法，想想《聖經》裡利亞（Leah）與拉結（Rachel）[1]的故事。你看上一個東西，但實際上……

稀有性誘人上當

詐欺家利用說服技巧設下圈套。騙子常提高受害者的期望，保證對方只要照做就能得到更多。但也有人喜歡利用席爾迪尼的稀有性原理：物以稀為貴，因為數目稀少，有幸得到的人真是上天寵兒。限量版、違禁品、午夜截止的特價折扣、會員獨享價、典藏版，只要宣稱此樣物品獨一無二或數量稀少，人們就排隊等著掏出大把鈔票，即使他們並不是真的想要。不管是商品、情報或任何東西，都適用這個原理。

馬多夫並不是隨便看到笨蛋就邀他投資。你得一步一步來，慢慢得到對方信任。有些人花了幾個月甚至幾年的時間，才讓對方掏錢投資。只要你操作得宜，對方會愈來愈感興趣。內線交易運用的當然是稀有性原理——藉由珍貴情報讓人迫不及待交易。

魯迪．庫爾尼阿萬（Rudy Kurniawan）是本世紀最厲害的假酒大亨，但他的酒可不是老百姓想買就買得到——若你有幸買到了，還得耐心等待才品嘗得到。知名美酒收藏家偉夫．傑格（Wilf Jaeger）從庫爾尼阿萬剛開始接觸高級葡萄酒時就認識他。有次我和傑格共飲美酒，他說自己曾花上好幾個月才說服迷人年輕的收藏家庫爾尼阿萬賣他幾瓶私藏好酒。

---

1 拉班有兩個女兒，大的名叫利亞，小的名叫拉結。拉結比利亞美得多。雅各愛上拉結，向拉班說，為了娶拉結，我願服侍你七年。七年時間到了，雅各要與拉結同房，沒想到拉班送來的是利亞。隔天雅各發現後向拉班抱怨，拉班說大女兒還沒嫁人，因此不能先讓小女兒出嫁，於是雅各先娶利亞為妻，並且再服侍拉班七年，才得到拉結。

庫爾尼阿萬沒有相關背景，突然投入葡萄酒市場。他像個年輕富有的金融人士，幾次在葡萄酒拍賣會上買下一箱箱貴重的酒品，一口氣就撒下十幾萬美金，令人刮目相看。他舉辦的晚宴可不是一般的葡萄酒晚宴，餐桌上的酒都是稀少珍貴的上上之選，全是有錢也買不到的超級美酒。出席人士也是萬中選一，個個都是酒國菁英，包括最敏銳的品酒師、名聲響亮的收藏家、上流社會的名流與富可敵國的豪紳。人們動用關係、爭來搶去只想拿到一張晚宴請帖。庫爾尼阿萬的晚宴總讓人畢生難忘、津津樂道。當然，庫爾尼阿萬本身也是著名的品酒家，即使蒙上雙眼，只要輕嘗一口就能說出一杯酒的身世與生產酒莊。

經驗豐富的收藏家們大為佩服，這個初出茅廬的新手居然能拿到老行家追蹤多年卻遍尋不著的珍奇佳釀？他如何辦到的？庫爾尼阿萬告訴大家他的祕密。原來他發現一處法國私人酒窖，酒窖主人直接把酒運給他。那些酒多年來不見天日、塵封地底，默默等待有朝一日被人發掘。

這不是前所未聞的故事，蘇富比前任葡萄酒部門總監麥可．伊根（Michael Egan）表示，事實上，很多老酒窖都在近期重見天日。伊根專門追蹤、鑑定私人藏酒，也見識過一些新手的珍奇收藏。有誰會質疑福星高照的庫爾尼阿萬正好挖到寶？

過了不久，庫爾尼阿萬開始向世人分享珍藏。他不只在小型晚宴讓客人啜飲這些珍釀，也以合理價格出售藏酒。獨樂樂不如眾樂樂，他希望別人也有機會品嘗美酒。

然而傑格試了又試，一箱也買不到。「我花了好幾個月不斷詢問，甚至低頭懇求。」傑格回憶道。終於，庫爾尼阿萬心軟地告訴他，會讓傑格成為他的特許買家之一。

幾天之後，傑格收到向庫爾尼阿萬買下的幾箱葡萄酒。由於數量龐大，他無法一一品嘗，只隨機挑選一瓶試飲，確定酒的品質狀況。傑格打開其中一箱，拿出一瓶拉菲酒莊（Lafite）的酒。然而，酒嘗起來……不太對勁。傑格說：「我沒想過它會是假酒，只覺得味道怪怪的。說不定酒沒有好好保存，走味了。我不確定，但嘗起來就是怪。」他把所有的酒都退給庫爾尼阿萬，庫爾尼阿萬也立刻退錢給他。

回想起來傑格真有先見之明，那些酒全是假的，多年來警方一直調查庫爾尼阿萬的上游來源。終於，庫爾尼阿萬露出破綻。歷史悠久的酒商和拍賣商「艾克．莫萊與康迪」（Acker Merrall and Condit）在紐約辦了場拍賣會，來自庫爾尼阿萬的一箱珍貴藏酒中有幾瓶以大酒瓶裝的酒。問題是，使用該酒標的酒莊表示，這款酒從未以大酒瓶販售。事實上，這家酒莊根本不用大酒瓶。

即使酒莊這麼說，酒商依然決定公開拍賣這些酒。有誰知道真假？畢竟年代久遠，紀錄總有疏漏。酒莊怎能確定從未用過這種大酒瓶來裝酒呢？

就像傑格收到的酒，這些酒並不是什麼神奇珍釀。隨著證據不斷浮現，警方搜索庫爾尼阿萬的私宅，並且在地下室發現許多老酒標、假酒瓶，還有各種製作酒與陳年佳釀的「食譜」，可說是假酒製造工廠，全套設備一應俱全。

珍奇稀有性讓人瘋狂，大家都想品嘗前所未有的美酒。可惜的是，一切都是假冒贗品。現在，庫爾尼阿萬在南加州服刑。

詐騙圈套大師

自稱是安格布朗或是安赫特的人，本名其實是馬修・愛德華・布朗（Matthew Edward Brown），一九八四年出生於南約克郡的唐卡斯特鎮。他父親原在香港電信公司擔任法律事務部主任，四十二歲時突然心臟病發辭世，當時才十三歲的布朗搬去和母親同住。他的母親是位社工，母子二人住在離學校不遠的獨棟房子，過著普通中產階級的生活（布朗的母親在二〇〇七年也因心臟病發離世）。

布朗少年時就讀位在拉特蘭、學費昂貴的私立奧克漢中學。他不但擔任班長，還曾當過圖書館員，但他在學校並不快樂。他的同學安德魯・柯敏（Andrew Cummine）回憶：「他的人緣不太好。為人有點怪異，老是裝模作樣。他的性格挺複雜的，從不跟別人說自己的事或表達自己的感覺，但他很愛上台演講。」

柯敏對布朗的行為舉止印象深刻。布朗有自己專屬的全套文具，上面都鑲著布朗的名字。柯敏回想：「十三歲的孩子通常不會用這樣的高級文具。」布朗曾說他是保守黨少年團領袖，不管走到哪裡總抱著一本厚厚的小說。若有人問他問題，他的回答總是迅速、流暢又精確。然而，他「大部分的科目都是敬陪末座」，他外表光鮮亮麗，卻似乎沒有真才實料。

雖然布朗是位出櫃同志，卻在二〇〇五年和一名女子結婚。他認識大他三十歲的藝術修復師蕾娜特・德・安格—布洛克（Renate de Unger-Bloeck）四個月後就向對方求婚。布洛克家財萬貫，有些是來自第一段婚姻。布朗搬進布洛克價值二百萬英鎊、離白金漢宮不遠的倫敦豪宅。婚姻使他得以進入上流社會，身分水漲船高。很快地，新婚的安格—布洛克任命青春帥氣的夫婿為她掌管藝品修復公司「冰宅」（Icehome），布朗也立刻施展迷人手段。然而，公司財務卻從此一落千丈，一方面是由於管理不佳，另一方面恐怕是有人存心搗亂。二〇〇八年，原本市值百萬的公司宣告破產，布朗隨即和妻子離異。他們不是和平分手，場面不大光采。

離了婚的布朗父母雙亡，只好向阿姨求助。然而，他讓所有人失望了；繼父羅伯特・剛特（Robert Gant）說：「布朗只會製造麻煩。」

二〇一〇年，安格—布洛克突然過世，死因是酗酒過度。然而，她的名字卻重獲新生；馬修・布朗決定參考她的姓氏，改名為馬修・德・安格布朗，而「蕾娜特」則成了他母親或祕書的名字。

他十幾歲時就扮過「亞爾布瑞肯的布朗勛爵」，還曾吹噓自己在倫敦金融圈工作。不過，他將進一步磨練演技挑戰貴族世界，假冒德國王子、英國王室法律顧問、摩納哥皇族、美國有線電視新聞網主播理查・奎斯特（Richard Quest）的男友，以及尊貴的馬修・德・安格布朗爵士。世界任他撒野，他也證明自己是詐騙圈套大師。

掌握權力便能左右人心？

一九五九年，約翰．法蘭屈（John French）和貝川．雷文（Bertram Raven）發表了影響深遠的論文〈社會權力基礎〉（The Bases of Social Power），提出五種權力的基礎：獎賞權力（reward power），你相信有人會給你回饋；強制性權力（coercive power），你相信有人能夠懲罰你；法定權力（legitimate power），來自合法職權；參照權力（referentpower），因與某人親近（或渴望親近某人）而產生的權力；以及專家權力，來自具備專業智識的人。

騙子一心追求權力，尋求左右人心、控制人們未來行動的權力。他們如何獲得這種權力？權力從何而來？權力如何增加騙局的可信度？騙子盡力避免強制性權力，那太不氣派、毫無美感，根本玷汙「詐騙藝術家」的名譽。詐騙專家不要求，也不威脅恐嚇。他們不用武力，只用懷柔政策：利用獎賞權力，加上一點法定權力，並參雜一些參照權力。

研究詐騙受害者的文獻提到，受害者不僅相信騙子所行的詐騙合法正當，也深信騙子提供的獎賞是真的。許多詐騙遊戲都有共通點：騙子看來並非泛泛之輩（法定權力），而且騙子能給予獎賞回報你（獎賞權力），不管他提供的是金錢或其他方面的回饋。受害者敘述，騙子為了建立權力，一開始便訴諸可信度與權威性。背後的邏輯人人瞭然於心：如果有人對你提出要求，你會想立刻知道他是誰，以及為何要聽他的話。

人透過兩種方式得到權威：一是藉由學識（從專業衍生的權威），二是藉由身分（從地位衍生的權威）。騙子同時利用兩種權威性，但後者往往比前者更容易假冒。人往往在騙子露出馬腳後，才發現那些專業權威全是假的。

紐約州立海事學院物理學教授克里福特．貝瑞（Clifford Berry）第一次在《時代》雜誌上讀到戴瑪哈的大冒險時，和其他讀者一樣感到好奇。兩年後，貝瑞告訴《生活》雜誌（*Life*）：「戴瑪哈的故事讓我思考許久。」原因很簡單，他根本不是貝瑞教授，而是戴瑪哈轉換跑道、入侵學術界的一次演出。他自導自演，對自己過往的驚人成就嘖嘖稱奇。

馬文．哈洛．休威特（Marvin Harold Hewitt）一九二〇年生於費城，是家中老大，下有兩個弟妹，父親山謬爾（Samuel）是名警官。馬文在高中畢業前就休學了，他說厭倦了學校生活，接著找了些勞力工作。不管是貨場倉庫還是工廠，只要他年方十七的體力派得上用場，他就去做。他想從軍卻遭到拒絕，於是成了通訊兵（他對這無聊工作嫌棄不已）。

終於，他發現一個工作很有趣：老師。他暗自忖度，老師應該不是個無聊職業。營山軍事學校（Camp Hill Military Academy）開了職缺，徵求一名教八年級生的老師，休威特立刻應徵。他在履歷表裡並未提到自己連高中都沒讀完，反倒夾著一張不知從哪兒生出來的天普大學畢業證書。過沒多久，休威特已站在上課堂教導熱切求知的十三歲學生。休威特教授數學、地理和歷史；那年春天，學校倒閉了（我們不禁猜想，隨便聘人也許是倒閉的原因），但他的教職不受影響，他成了休威特老師，而且會繼續擔任教職——這次，他可不再是毫無經驗的菜鳥了。

事情發展順利。何必滿足於初中教職？休威特打電話給地方學院，問他們缺不缺物理老師；他聽說費城醫藥科學學院正在找新老師。當院長羅伯特・瓊斯（Robert Jones）請教休威特尊姓大名時，脫口自稱是尤里厄斯・艾許金（Julius Ashkin）。真正的艾許金不可能應徵這種職位，他可是待過哥倫比亞大學、洛斯阿洛摩斯實驗室（Los Alamos）和阿貢國家實驗室（Argonne National Laboratory）的科學家。休威特假冒艾許金，而瓊斯毫不懷疑，對他印象深刻。假艾許金不但獲得教職，學生更多達三百人。這回，休威特教授微積分、三角學與代數，除此之外，他還負責監督物理實驗室的研究。不過此時有個難題出現——真正的艾許金也開始找工作投履歷，很快就被羅徹斯特大學指名聘用。

有段時間，兩位艾許金相安無事、和平共存。休威特寫信給哥倫比亞大學，只花了一美金就拿到本人的學歷證明。他認真研讀教科書，他的學生也在各項學科考試中表現亮眼。不過有件事差點讓休威特露出馬腳：他的生父遭偷車賊開槍射殺，記者圍繞在休威特的家門外。休威特深怕被記者拍到照片、身分曝光，只好缺課在家，好幾天足不出戶，直到風頭退去。

平靜無事地過了一年。但休威特覺得風險太大，一不小心就會被人識破，起了搬離家鄉的念頭。他決定應徵外地的學校，很快就收到回覆：明尼蘇達州的伯米吉州立師範學院（Bemidji State Teachers College）正在徵聘教師。休威特立刻寄出艾許金的學歷證明，這次他在工作經歷上多加一項亮點：他自稱在佳士得（Christie）旗下的某間工程公司當過一年物理顧問——這間公司根本不存在，但休威特足智多謀，這點伎倆難不倒他。很快地，他備好印有公司行號的信紙，甚至花錢請祕書專門處理相關事宜。當師範學院院長查爾斯・薩得加斯特（Charles

Sattgast）向假公司老闆羅伯特・佳士得（Robert Christie）請求徵信調查時，很快就收到熱忱的推薦信。

休威特打包行李迎向新生活。他剛娶了一名當地女孩為妻，女孩很得意嫁給一名教授。新婚夫妻相偕搬到明尼蘇達。休威特每週教課十六小時，包括立體幾何學、大學代數和物理，儘管生活忙碌，他卻還不滿足。伯米吉是個小學校，休威特一下子就厭倦了。他渴望真正的大學，那裡聚集了旗鼓相當的學者。自認學識廣博的休威特又開始應徵之路。

沒多久，他終於如願以償收到聖路易大學聘書，受到大學認可的他即將一展長才。他要提出合理要求，之前的教學時數太長、太緊湊，他沒時間專注自己的研究；去到聖路易大學的話，他一週只想教十小時的課。他之前的學生能力平平，現在他的學生將以研究生為主。大學代數？這根本是侮辱他的學識！他將在聖路易講授核子物理學、統計力學和張量分析。休威特終於來到與他才能相符的地方，雖然有幾次都差點露出馬腳——畢竟，他可是冒用一名真正物理學家的名字啊——但休威特實在太機智了。他的「艾許金教授」生涯一路順遂。

與此同時，真正的艾許金在羅徹斯特大學擔任終身職，研究順利並發表論文。休威特密切關注艾許金的一舉一動，而每次艾許金發表論文後，休威特總是心驚膽跳地仔細確認論文內容，擔心自己的身分被人拆穿。會不會有人注意到艾許金在不同的大學做研究？會不會有人發現其中另有隱情？

老天爺，龐大壓力真會讓人神經衰弱！休威特決心改變，再次到處求職。他仍然是艾許金，但這回想找個名聲沒那麼響亮的大學。他認為比較差的學校不會費心注意學術期刊的文章。

猶他大學實在太興奮了！他們收到來自哥倫比亞大學、阿貢實驗室和洛斯阿洛摩斯實驗室的推薦信——畢竟，正牌艾許金的事業一帆風順，願意推薦的人一大票，每封推薦函都真心誠意。只是，這些人不知道他們推薦的人不是真的艾許金。休威特運氣很好，負責徵聘的委員會沒打電話到羅徹斯特大學。哥倫比亞大學甚至幫休威特找了開脫藉口，替他掩蓋一切破綻；因為哥倫比亞大學紀錄裡有兩位艾許金。當正牌艾許金只能當個忙碌不堪的助理教授，猶他大學願意提供冒牌艾許金前所未有的大好機會：休威特直接當上教授。

接著，休威特收到一封信。信上指名收件人為尤里厄斯．艾許金——但名字後頭加了個問號。信封上印著羅徹斯特的郵戳，寄件人署名是尤里厄斯．艾許金。正牌艾許金相當善解人意，他相信冒牌艾許金「本質上是個正派的人」。他寫道，希望冒牌艾許金停止這無聊的遊戲，他願意網開一面，不訴諸法律行動。不過與此同時，猶他大學校長收到另一封信，這封信的語氣可沒那麼溫和；寄信者是一名在羅徹斯特大學工作、知道內情的人士。不像正牌艾許金，這人不想讓冒牌艾許金輕鬆逃脫。

休威特非得離開不可，不過一切都在檯面下解決。猶他大學的行政處甚至願意提供入學機會，讓休威特完成學業。但對休威特來說，從教授突然變成一介學子實在太難堪了。他逃回費城，朋友替他介紹普林斯頓大學的工作機會，甚至幫他拿到介聘書，但休威特一口拒絕。他的冒牌艾許金已死，但他不願就此放棄教授生涯——後來，他在阿肯色大學的工程學院教書（教電子工程學），接著又到紐約州立海事學院教書（教物理和微積分）。

最後，他二度遭人揭發，而休威特仍然不用負責。那不是他的錯，是制度本身出了問題。介聘系統有疏漏不能怪他，人家要聘他又不是他的錯。的確，某方面來看，他的說辭挺有道理。介聘過程是假的，而人總是彼此信任。我們沒有發現詐騙是因為我們不會預設自己被騙——更何況面對的是成功又學識淵博的學者。我們信任他們的學識，學識就是力量。人只要握有權力，不管是不是假冒而來的權力，都能設下讓人難以脫逃的陷阱。

攀關係：地位與人脈讓詐騙更順利

我們總是反射性地服從權威，不會停下來想想為什麼要這麼做，思索一下自己到底在做什麼、應不應該這麼做。史丹利．米爾格蘭（Stanley Milgram）的服從實驗（obedience study）[2] 聲名遠播（或者該說惡名昭彰），實驗中研究者要受試者對有心臟病史的男人施加危險電擊，

2 這項研究近年來備受批評，認為實驗並不足以支持它的結論。但米爾格蘭的原始研究的確證明人們對命令的服從性達到令人震驚的地步。服從命令效應在不同研究中受到廣泛證實。

而受試者服從指令照做不誤。雖然這實驗駭人聽聞，但研究者群起仿效，在不同情況下進行類似實驗。研究發現，只要上司下令，人事主管就會依種族之分來評斷求職者。另一項研究也證實，員工會配合上級命令做出背德貪汙的行為，不管是偷竊還是調價。掌權者一出聲要求，我們二話不說默默服從。所以，若我們相信詐欺犯握有權力，就會輕易掉入陷阱、對他言聽計從。

法蘭屈和雷文認為地位帶來權力，而且不只帶來法定權力。地位也可以利用參照性騙倒我們，因為我們渴望贏得知名人士認同，或渴望和他們往來。

騙子做的第一件事就是建立信任。他們常假扮成受害者渴望成為的對象，或是受害者希望往來的對象、和受害者有共通點的對象、受害者仰慕的對象、你會希望大家知道你們有交情的人。這些身分都賦予他參照權力，他一拋出餌，你就毫不猶豫一口咬上。一位曾被馬多夫所騙的交易員形容馬多夫這個人「不知是他的血統背景還是名聲，總讓人忍不住相信他」。

馬多夫身上還掌握一項優勢，他是猶太人，和猶太社會關係密切，並善用這層影響力。就像薛默所說：「這是熟人詐騙法（affinity scheme），透過親密的人際關係得逞。我們得關照他，他是我們圈子的人。」馬多夫可不是唯一利用親近關係行騙的人。騙子常常利用社群團體關係來評估潛在對象的性格和信仰，並假扮為同個社交圈的人。騙子常針對宗教團體下手；本書稍後將介紹一位詐欺犯，他就把聖公會的關係運用得淋漓盡致。不只如此，鑑賞家、俱樂部會員都是拓展人脈的好管道。我們經常依據對方所屬的圈子決定他們具不具備權威性，如果他們屬於我們內心嚮往的社交圈，或者我們渴望被他們接納，就會認為眼前的人說的話有權威性。布朗並未扮成一介平民，而是假冒貴族。因為，人人都想和貴族攀點關係。

布朗對這點心知肚明，而且擅用每個機會（和每個新身分）鞏固他的名聲信譽，包括假造維基百科頁面（雖然很快就被移除，仍有不少受害者信以為真）、網路社交媒體的帳號，不管是臉書、推特還是其他小眾的社群網站，布朗都根據目的善加利用。馬修·德·安格布朗在谷歌和百度社群的個人資料頁面並未移除，仍在使用中。從各方面來看，網路都讓人們比以前更容易建立新身分、贏得世人信任。你只要在社交網路上創造分身（愈多愈好）就勝券在握，你不但有了新身分，還能決定你想要的血統世家和文化社交圈。接下來，再創造幾個分身帳號當作綠葉，用來襯托你的重要性（用分身帳號向主帳號公開留言：「你昨晚的遊艇派對真是太酷了！」），你的身價就立刻看漲。

人們很瘋狂，網路資料垂手可得，哪有人會認真去查《伯克貴族系譜》（*Burke's Peerage*）呢？正因如此，許多網站包括Yelp商家點評網站、亞馬遜購物網到eHarmony婚戀約會網站等，最近紛紛正視假評鑑引起的法律問題。網路上許多線上評等或評論文章全是假的，我們愈依賴網路，就愈難看清現實與虛構的分界，騙子也更容易建立全套假身分、設好完美圈套，等著受害者上門。

有時，布朗只要炫耀一下人脈關係，人們便臣服在他的魅力之下，甚至還開得了銀行帳戶。二〇〇四年十月十四日，《倫敦標準晚報》（*London Evening Standard*）報導一位與眾不同的少年（事後證明是布朗），他對一般青少年的瘋狂行徑不感興趣，反而喜歡更驚世駭俗的事。這位當時十八歲的年輕人最愛向信用卡公司自稱是貴族後代。他假扮勛爵或宣稱在倫敦金融區工作，誇耀年薪超過八萬六千英鎊。二〇〇二年十一月，他拿到人生第一張美國運通卡；發卡公司沒有做好個人信用調查，完全信任貴族身分的權威性，深怕懷疑布朗身分真實性的風險太大——他們不敢懷疑一位紳士的說辭。

布朗收到信用卡一個月後，跑到英格蘭湖區歡度聖誕假期。五天旅程中，他不但住在五星級旅館，還享用一天要價五百英鎊的豪華禮車接送服務。不過，年輕貴族覺得湖區太鄉下、不合胃口。一月底、二月初時，亞爾布瑞肯的布朗勛爵決定從英格蘭飛到蘇格蘭——當然得搭頭等艙才配得上貴族派頭。他的品味絕佳，對美食、香檳、干邑白蘭地都百般挑剔；一頓飯要上好幾道菜，奢侈地搭配各種珍釀。當然，他小費付得很慷慨，常常比餐費本身還要多。很快地，年輕貴族出了名且債台高築，然而沒人懷疑他的貴族身分，深信對他好總有好報。也許有人起了疑心，卻從未認真質疑過他。他可是位貴族，貴族圈是凡人無緣進入的特級俱樂部。親和感帶來權力，人們希望被掌權者喜歡，若你不知好歹質疑對方身分的真實性，會被貴族當成沒見過世面的市井小民。於是，你把所有的疑惑深藏心中，就像侯爵夫人眼睜睜看著自布朗帶走銅豬，卻未及時出聲阻止。

布朗勛爵的豐功偉業不只如此。有時他會跑到首都探探險，選擇高級的克拉里奇飯店（Claridge's）作為下榻之處。這次他手邊除了美國運通卡，再加上一張巴克萊銀行的信用卡

（Barclaycard）——一旦拿到第一張信用卡，第二張卡便手到擒來——布朗在歐得賓酒商裡花上數百英鎊買葡萄酒和烈酒，還在日曬沙龍花了不少錢；他可不能在狗仔隊面前一臉蒼白。

帳單不斷寄來，而銀行遲遲未等到欠款。銀行再也等不下去，即使是皇親國戚也太過分了！銀行可不是慈善事業，做了交易就得付款。權威的力量已被布朗濫用到極致。很快地，美國運通對這位過分的持卡人發出通緝，此時布朗已欠下一萬八千英鎊帳款。二〇〇三年八月十三日，布朗在普利茅斯火車站搭車時，票務員發現他似曾相識。勛爵大搖大擺地抵達倫敦時，警察已等著將他捉拿到案。

鼎鼎大名的「老」布朗勛爵被送入米德爾塞克斯市政廳（Middlesex Guildhall）的皇家法院。即使面對刑事訴訟，布朗依然不改浮誇招搖。他在衣領上插了粉紅康乃馨，圍著領巾，頭上頂著紳士呢帽，並握著尖端閃著銀光的精緻手杖；他精心打扮只為出庭。二〇〇四年，他承認犯下九項欺騙罪（此外尚有二百二十四件在審查中），並被判三年的更生感化令。法院強制布朗接受酒癮與海洛英毒癮治療，治療中心位在薩里郡，一個月得花上一萬二千英鎊。正如他告訴巴瑞特的，他曾待過監獄，不過他可沒對他坦白受刑的原因。

據我們所知，這是布朗第一次惡作劇。他只用聽來可靠的人脈關係和親和感就騙倒眾人。即使是子虛烏有的地位，也具有令人驚豔的力量。想想看，多少名聲響亮的家族被人冒名幹盡各種壞事。克拉克・洛克菲勒（Clark Rockefeller）自稱是洛克菲勒家族的一分子，並成功矇騙數十人，直到被人拆穿他的本名是克里斯汀・格哈特斯賴特（Christian Gerhartsreiter）；他不只是個冒牌貨，還是殺人犯。他假扮洛克菲勒超過二十年（這是他使用最久的身分），還扮過英國皇室成員和好萊塢製片。不管假扮什麼身分，他一定選擇眾人欣羨的地位與職業；他知道人們想聽的是什麼。誰不想和洛克菲勒家族攀點關係、交個朋友？

洛克菲勒家族不請自來的成員還沒出世前，凱西．查德威克（Cassie Chadwick）曾假扮安德魯．卡內基（Andrew Carnegie）的私生女多年。方法很簡單：她雇用克里夫蘭一位知名律師，請他開車送她到這位鋼鐵大王的豪宅；她假裝走進豪宅拜訪卡內基，其實只對管家說了幾句話。查德威克回車上時，故意掉了一張卡內基給她的二百萬美金本票，可想而知，那只是一張偽造本票。然而，律師信以為真，到處宣揚——當然他壓低音量，跟人說千萬別講出去——而查德威克就此過著奢侈生活，到處貸款。每個人都相信一旦卡內基過世，就能大賺一票；人人都想和未來的繼承人攀點關係、幫她點忙。如果查德威克行事謹慎些，恐怕能富裕無憂一輩子。可惜她聲名大噪，引起卡內基本人注意，立刻和她劃清界線。一九〇四年，查德威克終於落網。

戴瑪哈小心挑選身分，謹慎運用親和感效果。他從不竊取小人物的身分，先評估想欺騙的目標對象，再決定假冒哪個人最具影響力；每次他都會想一下哪個假身分對這次的騙局最有用。當他加入宗教團體，假裝是學術界的超級巨星，僧侶們認為如此博學多聞之人告別俗世加入修道院，真是榮幸之至。他們希望得到戴瑪哈好感，認可他們也一樣才學兼備。當戴瑪哈跑到德州監獄當典獄長，則一改形象、精心打造鐵漢形象：他是位歷經風霜的南方紳士，熱愛法律，想要加入司法體系。他化身為囚犯渴望成為的對象，成功戒酒又洗心革面，因此犯人們也喜歡他。他既仁慈，又能果敢行事，因此上級也喜歡他。當說服技巧量身訂做、使用得宜，詐欺圈套牢不可破，無人能擋。

席爾迪尼認為，想加入某個群體、成為其中一分子的渴望，是讓我們願意被說服的最強動機之一；同時，這也是騙子搧動我們踏入圈套的理由。如果做了某件事，心中信任的團體就會認同我們、視我們為一分子，我們就會接受要求。

就算我們對某個團體毫無興趣，甚至與對方素昧平生，我們仍然寧願加入團體，不願被排除在群體之外。普渡大學社會心理學家基普林・威廉斯（Kipling Williams）專門研究社會放逐與排斥（ostracism）。他請受試者玩虛擬的多人丟球遊戲，結果顯示：沒有接到傳球的受試者對自己感到失望，對歸屬感的渴望明顯增加。同一群受試者接著進行另一項實驗；此時，沒傳到球的受試者特別想和別人行為一致。想像一下，萬一這是某個像馬多夫或庫爾尼阿萬一樣名聲響亮的圈子，你很想成為圈內人，他們卻沒注意到你、不斷忽視你的存在。這種心理效果影響力深遠，讓你更想加入他們，因此落入圈套而不自覺。

改變小細節就能影響人們的決定

騙子能設計最厲害的陷阱圈套，對每本說服策略教科書瞭然於心，但別忘了一個重點：騙子的身分，或者他們假扮的身分，會影響別人看待的方式。騙子必須記得一舉一動都得符合自己扮演的角色，而且得知道別人懷疑時該怎麼做。詐騙圈套仰賴許多環節，不只是騙子選擇的說服策略和身分，還有騙子提出建議的方式手段。換句話說，騙子說話的方式（而非言詞內容）給他影響受害者的權力；說話的態度、口氣、方式能達成騙子想要的效果。厲害的詐欺家在提議時，會利用言談架構來左右我們的認知與思考模式。也許騙子的身分並不特別、也不崇高——說不定他只是你在大廳裡擦身而過的陌生人——他卻有辦法改變你的世界，影響你理解分析或考慮事情的方式。如果他擅長安設陷阱，你很快就會受到影響，從他的角度看世界，一旦中計，你的思考方式就會繞著他轉，任他操控。

舉例來說，別人給我們選項時，能在無意識間讓某個選項看來更吸引人或不那麼吸引人。康乃爾大學約翰遜管理學院心理學家J．愛德華．魯索（J. Edward Russo）專門研究決策過程。他在二〇〇六年做了許多實驗，證明只要動些手腳，人們很容易就會做下違背自身利益的決策。首先，魯索和同仁捏造兩個餐廳，根據十種面向形容餐廳特色（氣氛、每日特餐、開車距離、服務速度等），請學生依此選擇偏好的餐廳。兩週後，研究人員再請受試者回來，繼續追蹤調查。這次，雖然依舊是上次提到的兩家餐廳，但研究人員重新排列餐廳的特點；把學生不喜歡的餐廳的優點排在前面，缺點排在後面。受試者重新選擇，接著研究人員詢問受試者的信心度為何，並以零（不確定）到一百（完全確定）評分。

這回，百分之六十二的人偏好之前不喜歡的餐廳。每家餐廳列的第一項特點有關鍵作用，後面的特點則沒那麼重要。事實上，學生在看到第一個特點後，百分之七十六的人就選擇了原先不喜歡的餐廳，而且還沒發現自己的喜好變了。人們在兩次實驗中都深具信心，相信自己會做出同樣的選擇。

但選擇菜色時，小小的排列改變就沒有顯著影響。但魯索證明**順序效應**（order effect）**是影響人們決策的重要原因之一。資訊呈現的方式會引導我們產生特定選擇，而且可能是自己不喜歡的選擇。**

行為經濟學家理查．塞勒（Richard Thaler）和法學家凱斯．桑思坦（Cass Sunstein）在二〇〇八年大受歡迎的著作《推力》（*The Nudge*）中，談到決策架構的正面影響力。從正面角度來看，推力背後的想法很簡單。很多時候，我們下的決定並不符合內心需求，當下的情況因素會左右我們的決定。比方說，我原本不想在晚餐時喝紅酒，但酒單就放在眼前，忍不住就點一杯來喝。

推力背後的心理學正是詐欺犯柔性力量的基礎。騙子絕對不會明顯地強迫目標，同樣地，推力也不會強制或禁止某種行為——禁止抽菸的禁令不是推力，而是政策規定——推力改變的是選擇本身。也就是說，藉由改變選項呈現的方式左右人的決定。塞勒和桑思坦用了看似矛盾的例子解釋他們的想法：自由家長制（libertarian paternalism）。他們認為，既然環境左右我們的行為，那麼何不確保環境因素影響我們做出對自身有益的決定呢？或者，從詐欺犯的角度來看，何不讓受害者盲目作下有害無利的決策呢？

順序效應只是左右決策的因素之一，除此之外還有**位置效應**（position effects）——**物件位置也會影響我們如何選擇**。詐欺家經常藉由安置物體或相關人的位置，好讓受害者做出對騙子有利的選擇。此外還有**默認效應**（default effects）——**你自動接受選擇**。惡名昭彰的「出版社票據交換所（Publishers Clearing House）[3]中獎信」詐騙案，就是利用默認效應讓受害者不經意間訂下各種雜誌，而且無法任意解約。這是進化版的老套行銷伎倆，當買家在網路店家訂購物品後，即使買家沒有訂閱任何訊息，接下來也會收到各種賣家促銷的電子廣告信。

此外，還有**錨定效應**（anchor effects）——**你接收的第一個資訊會主宰你接下來怎麼做決定**。你看菜單時第一眼看到的價錢會成為基準點，你會依此評斷其他菜色比較划算或昂貴；或者一筆看來金額龐大的支出，只要列出每月分擔的價錢，消費者就誤以為很划算。影響決定的因素一言難盡，不過道理很簡單：對我們來說，選擇的呈現方式很重要。可想而知，騙子精通此道，擅長打造一場對你萬分不利的詐騙遊戲，這就是圈套的究極藝術。

有天傍晚，我和紳士大盜阿波羅．羅賓斯（Apollo Robbins）共進晚餐。我們吃著義大利麵，他則花了十分鐘說服我他有讀心術，能看穿我的心。他從桌上拿了三樣東西，在屏幕後將它們排成一列，要我選一個。一次又一次，他都能說出我的選擇，甚至猜出我把東西放在哪邊掌心。我不明所以，直到他解釋，他是藉由話術強迫我做下他預想的選擇。他每次都會稍微改變指令中的詞語，好像他能預測我的一言一行；表面上我有絕對自由，但他有預知未來的能力。可嘆的是，我無法公開他的密技，只能說這是種詐騙遊戲工程學：如何以什麼次序和特定字眼誘導別人做出選擇，讓人相信他有預言能力。這只是個極小的詐騙例子，但它顯示表達方式的每個細節都具有強大影響力，甚至足以影響你對未來的看法。

騙子的話術

詐欺犯還能藉由限制選擇來影響決定——默認效應的一種應用。俄亥俄州立大學柯帝斯・浩格維特（Curtis Haugtvedt）回顧說服術相關文獻，特別是人們如何受到對話、互動、網路、電台、電視和書籍的影響。他發現訊息的某些特徵可以產生更具影響力的結果。**人們比較喜歡有限的選擇，選擇太多時，我們會搖搖頭轉身離去——這是選擇疲勞現象**（choice fatigue）**。但「別無選擇」這樣的負面強烈聲明會吸引大眾注意，留下難以磨滅的印象**。如果說辭有足夠說服力——你的祖母惹上麻煩，你非得立刻匯錢給她不可——我們很可能會不假思索直接照辦。當騙子為我們做了決定，讓情況看來像是我們已經做出決定，但實際上並不是時，他便占了優勢。就像雜誌或商品自動送到你家門口；或者你還沒發現錢包掉了，有人就自動把它還給你——而你不會思考它是怎麼掉的、又怎麼被人撿到。

3 此為美國最大的雜誌促銷公司。

浩格維特發現另一個很有效的說服技巧，透過資訊刻意觸發對方的思考途徑；利用順序效應一開始就在對方心中種下對你有利的印象。也就是雙方第一次談話時，不時提及意味不明的話語，潛移默化目標的思考方向。等到騙子直接提出建議或明確提及論點時，受害者已受影響，朝騙子想要的方向想了一回；就算是無意識的思考過程，照樣有用。這種情況製造一拍即合的錯覺：你一有這念頭，對方就提出相同建議。

資訊觸發效應（Information priming）**成功的原因在於利用一項我們耳熟能詳的效果：熟悉感會帶來信任感**。不經意地提到某事，過一陣子再詳加解釋（特別是等過了幾天後再提起），說服力立刻加倍。**如果我們感到熟悉，就更相信它的真實性，這就是真相錯覺現象**（the illusion of truth）。

騙子常用的轉折話術就是「想像一下」或「不妨猜想一下」；想像一下你買下這張彩券、贏得樂透大獎的情景。你會怎麼用這筆錢？花在哪裡？去哪兒玩？突然間你置身陽光和煦的沙灘上，或在巴黎街頭漫步。席爾迪尼做了各種說服術實驗，其中一項實驗，他請受試者觀看有線電視頻道的廣告。若廣告請觀眾「想像一下好處」，一個月後觀眾比較樂意訂購這個電視頻道；如果廣告只告訴觀眾「有線電視的好處」，觀眾多半不為所動。在提出明確建議前，先請人們「想像一下各種優點」，看來無關緊要的一句話卻是詐騙圈套的一步棋，人們渾然不覺就踏入陷阱。騙子已設下詐騙計畫，等到他真的向受害者提出建議，受害者還以為這一切都合他所願（這手法不只騙子愛用，也對婚姻生活很有幫助）。

製造混亂，順利贏得人心

贏得人心的最後一項重點是：你所說的內容、順序和說法都沒那麼重要，只要說得很多、很快，聽來內容複雜且段落繁多，就能說服人心。簡而言之，腦中思緒繁雜人就容易做出錯誤決定，只要我們心有旁騖就會犯錯。騙子讓我們同時思索數件事情，藉此達到目的：比如提到幾個熟人、移動幾件物品，或講述幾段歷史等。拿最入門的手上功夫騙局和郎中三張戲法來說，玩戲法的人叫觀眾「嘿，跟著女士下注贏錢」，於是人們沒注意到那複雜的手上把戲。或如袋中小豬詐騙法，我們拿到錢包，以為裡面是白花花的鈔票，結果打開發現是一堆廢紙——我們忙著跟上騙子滔滔不絕的話語，忘了注意其他事情。騙子技法純熟，只要在最後一秒調包，就能騙過我們。這些伎倆目的都是製造混亂，讓我們無法冷靜思索、忽略重要細節。我們的大腦太忙了。

泰勒．奧特曼（Tyler Alterman）原是心理學家，後來轉行為灣區企業家。他未滿法定飲酒年齡時，很想混入芝加哥當地的酒吧，但他不像其他年輕人冒用成年人的身分證，反而依據心理學想出一個辦法，即所謂的「引起注意法」（pique technique）。這方法很簡單，就是一直跟門口警衛聊天，讓警衛看到身分證卻沒注意出生日期。「嘿，今天好不好呀？」奧特曼開始和警衛說話，並且在警衛還來不及回答前立刻提出毫不相關的問題：「你知不知道附近哪裡有賣肉桂薯片？」此時他把自己的身分證遞給警衛，上面的出生日期清楚無誤，他還未滿二十一歲。「我女友不知為何超愛吃肉桂薯片，我答應要幫她買一包。」這時警衛已把身分證還給奧特曼。「附近哪裡有便利商店還是什麼小店？我得買給她才行。」警衛終於找到空隙插話：「肉桂薯片？我不知道，幫不上忙。」這時奧特曼已順利進入酒吧。他增加警衛的認知負擔（cognitive load），讓警衛視而不見。這技巧可用於各種情況，而他以此招出入酒吧直到念完大學。你只要口若懸河就能設下有效陷阱。

英國最著名的魔術師戴倫·布朗（Derren Brown）在二〇〇七年到紐約旅行，實地演練這個技巧。他想證明只要掌握認知負擔的訣竅，人們根本不會注意到你掏出的是現金還是廢紙。布朗以魚販作為第一站，目標是買到三片比目魚片。「這地方真不賴，你是本地人嗎？在這裡住了多久？」布朗一邊挑魚，嘴巴一邊絮絮叨叨說個不停。店主回覆說他住在這裡二十年了。「這些多少錢？十八塊五十五毛？」布朗重複道，接著說起紐約地鐵：「我被地鐵系統嚇到了，一開始我根本不想搭地鐵，但有人跟我說『沒關係，搭了一次就習慣了。』」一手交貨一手交錢。「還沒搬來這裡前，你住哪？史坦頓島？就是在另一岸，對吧？好極了，謝謝你。」布朗拎著魚走出店門，留下幾張白紙。相同的手法在珠寶店裡也能得逞，一枚要價四千五百美金的白金戒，布朗只交出白紙就順利帶走戒指。只有路邊熱狗攤沒被布朗的詭計唬住，一拿到白紙就立刻叫住布朗。布朗付錢趕緊離開時，小販不悅地咕噥：「真是個混蛋！」

當腦部受到四面八方的資訊轟炸時，還會發生另一件事。心理學家凱薩琳·米爾科曼

（Katherine Milkman）發現**當我們過度疲勞時，寧願選擇自己「想做的事」而不是「該做的事」**。這兩者常常彼此矛盾，就算不考慮外在因素，我們也常不按邏輯放棄該做的事。我們應該省錢，應該運動，應該小心閱讀合約每一條內容，應該控制脾氣。然而事發當下，理智的「應該」往往敗下陣來，情緒化的「想要」則戰勝一切。我想花錢，不想省錢；我想大吃大喝，不想節食；只想得到，不想考慮後果；只想發洩怒氣，不想憋在心裡。

心理學家巴巴・席夫（Baba Shiv）請受試者記住一組七位數數字——這種方法常用來模擬心智過度負荷的狀況；他同時請受試者選擇吃巧克力蛋糕或水果沙拉，三分之二的受試者選擇蛋糕。但若請受試者記住一組二位數數字，只有百分之四十一（不到一半）的人會選擇蛋糕。如果受試者本身個性衝動，那麼其中的差異更為明顯。騙子知道如何在目標對象心中放上七位數數字，增加我們的認知負荷，無法選擇「對」的事，而傾向「放任欲望」主宰我們的行動，就此掉入圈套。圈套成功與否，端賴呈現的方式為何。

加州大學聖塔克魯茲分校社會心理學家安東尼・普拉卡尼斯（Anthony Pratkanis）深入瞭解實際發生的詐騙案時，證實騙子的確使用這種心理戰術。一九九八年起，普拉卡尼斯帶領一群專家學者研究並打擊詐騙，這個組織稱為「消費者詐騙研究團隊」。二〇〇四年，他和同事第一次取得詐騙過程的直接證據，這可不是道聽塗說或事後回憶的紀錄，而是當下發生的過程：十二個執法機構臥底取得的超過六百卷錄音帶。研究人員藉由這些證據歸類出七種詐騙：投資詐騙，比如龐氏詐騙案；兌幣詐騙，把現金換成各種不等值流通幣的詐騙；恢復室詐騙案

（recovery room scams），騙子針對曾被騙的受害者下手，向受害者保證只要付一點費用，就能幫他們追回損失款項；信用卡或身分盜用；彩票詐騙，保證受害者一定能拿到獎金；樂透詐騙；還有旅遊詐騙，兜售各種子虛烏有的度假促銷方案。這些證據就像是詐欺騙子大拍賣，集結各種精彩騙人話術。

普拉卡尼斯研究錄音帶內容後發現一切正如預料，每項詐騙的第一步都是先確認下手目標。他發現詐騙成功的關鍵仰賴騙子如何針對目標量身訂作一套完美劇本。騙子和目標先通上電話，好瞭解目標的心理狀態與性格特徵——受害者的需求、欲望和壓力來源，這些都在選定目標階段詳加確認，比方說，對孤獨寡婦和家庭主婦的下手方式截然不同。接著上演詐騙前戲，依據受害者選定演出戲碼好取得對方信任。一位詐騙職人坦承，他選上一位特別虔誠的民眾為目標時，每次打電話給她，都會花上十五分鐘一起禱告，之後才切入正題。一心向神的信徒渴求上帝幫她做決定，而騙子滿心喜悅地配合她。

這些步驟循序完成後，騙子才展開說服術、設下詐騙圈套。騙子設圈套時，愛用「出其不意」的戰略，活用各種話術快速征服受害者。他們不會用單一戰略，而是同時搭配數種說服術，有點像是「大鍋炒」策略，效力驚人。有位詐騙專家這麼說：「我每次出招都讓受害者如墜五里霧中，無法自主……在迷霧的效用退去前，我抓緊時機盡量讓他們買得又多又快。」

他們使出所有已知話術，精準有效、毫不拖泥帶水：稀有性原理（有得買就要趕快）、可靠性訴求（我是一家合法公司派來的）、迷戀幻相（保證未來大賺一票，讓受害者迷戀未來的幻影），還有社會共識（每個人都這麼做）。真正的騙子做的事，就像我們想的一樣，為了騙人用盡各種誘人話術。

布朗大玩捉迷藏，後來又發生什麼事呢？老巴瑞特雖被布朗騙得家財散盡、名譽掃地，但他仍不改哲人態度：「布朗一定有某種自卑情結，讓人忍不住臆測，幼年面對父親突然悲慘離世的過去，是否深深影響了布朗。」巴瑞特繼續說道：「他無法面對自己，顯然以為沒人會喜歡他、愛他的真面目。細想一下，這實在太可悲了。」過一會兒，巴瑞特又說：「我想他只是渴望被愛，我認為他是個好人，他迷人、風趣又懂得誘惑人心……但我想，這全是他演出來的戲。」的確如此。

5 詐騙童話

我們成功的關鍵在於自我欺騙，深信自己終將改變世界——即使根據統計，這可能性微乎其微。

——商界人士湯姆．彼得斯（Tom Peters）

二〇一四年四月下旬，北卡羅萊納大學教堂山分校做了前所未見的事：開除一名終身職教授。他原想退休離開，但學校拒絕；或者自行請辭？不行。卡洛．弗特校長（Carol Folt）重申，你被開除了。「你嚴重瀆職，本大學無法保留你的教職。」弗特校長以信件通知這位不幸教授，教職審議委員會的決議。保羅．法蘭波頓（Paul Frampton）原本擁有路易斯．魯賓二世（Louis D. Rubin Jr.）物理與天文學榮譽教授教職，發表過二百七十一篇論文且被引用七千多次，還獲得全國各地近一百位終身職教授連署支持。到底發生什麼事，讓學校下了如此決絕的裁定？

法蘭波頓在網路知名的約會網站Mate1.com認識了丹尼絲．米蘭妮（Denise Milani）。法蘭波頓六十八歲，離婚獨居。他是理論粒子物理學家，工作占據他大部分的時間。但他渴望別的東西：他想要孩子，渴望美好的家庭生活。而米蘭妮出現了，她似乎是個完美伴侶。

迷人的米蘭妮是來自捷克的模特兒，芳齡三十二歲，比法蘭波頓年輕將近四十歲。米蘭妮曾在幾年前奪下世界比基尼小姐后座，像她這樣的女子，為何會愛上他這樣的男子？在法蘭波頓心中，這倒是合情合理。她告訴法蘭波頓自己喜歡年紀大的男人；她厭倦在鏡頭前搔首弄姿的生活，人們總是盯著她瞧，只注意她曼妙撩人的體態。她再也受不了了，想要改變生活。

法蘭波頓和米蘭妮在網路上交往了十一週。《紐約時報》的冗長報導中，提到雙方魚雁往返非常頻繁，而且親暱私密、熱情洋溢。米蘭妮經常對法蘭波頓說她愛他，雖然兩人從未見過面，但愛如潮水、勢不可當。愛情來敲門時，你得張開雙臂迎接，不計代價。法蘭波頓想和她通電話，但她拒絕了。何不直接見面？她告訴法蘭波頓她要去玻利維亞拍照工作，他可以和她會合。漫長等待終於結束，兩位戀人即將見面了！

博學之士也會陷入詐騙童話

法蘭波頓出生於伍斯特郡的啟德明斯特，來自經濟較為拮据的中產家庭，家人全力支持他的學術生涯，總在鄰里間宣揚他的成就，不斷鼓勵法蘭波頓深造。他從牛津大學布雷齊諾斯學院（Brasenose College）畢業，在兩項科目上都拿下最佳成績。一九六八年，他取到哲學博士學位，接著到了芝加哥，跟著物理界先鋒、來自日本的物理學家南部陽一郎作博士後研究。一九八五年，他成為北卡羅萊納大學教堂山分校教授，並在此工作近三十年。

這不是法蘭波頓頭一回遇上千里姻緣、為愛而飛。他和第一任妻子安瑪麗（Anne- Marie）離婚後，也曾透過網路認識一名願意嫁給他的二十來歲中國女孩。但他飛到中國和女子見面後，這門婚事隨之告吹，據說女方反悔了。法蘭波頓認為他們沒有緣分，不過這次遇上米蘭妮，說不定她才是他的靈魂伴侶。

二〇一二年一月十三日，法蘭波頓抵達玻利維亞，住進埃瓦宮殿飯店（Eva Palace Hotel），等著與今生至愛相聚。令人扼腕的是，玻利維亞的拍攝行程臨時取消，米蘭妮已趕去布魯塞爾工作。但她在匆忙之間忘了一箱行李——她的工作行程非常緊湊，忙碌讓她老是忘東忘西；正因如此，她真想拋下一切，趕快和法蘭波頓到北卡羅萊納開始新人生。她詢問法蘭波頓能否幫忙帶一下行李，碰面時交給她？法蘭波頓一口答應。當天晚上在飯店外的暗巷旁，他從一名男子手中接過一個黑色布質行李箱。法蘭波頓回房後發現行李箱中空空如也，他把一些待洗衣物丟進去就上床睡覺了。

隔天法蘭波頓飛到布宜諾斯艾利斯。米蘭妮保證會寄張飛往布魯塞爾的機票給他。法蘭波頓在埃塞薩（Ezeiza）國際機場待了三十六個小時，等著未來老婆告訴他下一段旅程的資訊（他已計算過兩人結婚的機率，認為幾乎是百分之百）。法蘭波頓苦苦等待，卻始終沒收到米蘭妮的機票，反倒是朋友幫他買了張回家的機票。雖然他非常失望，但仍一廂情願地相信自己和米蘭妮很快會在北卡羅萊納見面。法蘭波頓完成報到手續，等著登機。此時是一月二十日，他到玻利維亞已是十天前的事。

廣播中提到他的名字；事後他向《紐約時報》描述當時情況時，說他還以為是航空公司通知他升級頭等艙！聲譽卓著的學者值得尊榮服務，不是嗎？不過，他大失所望，尋找他的是警方人員。米蘭妮那個不起眼的行李箱現在成了眾人焦點，行李箱的襯底間藏了二千克的古柯鹼。短短幾句拷問後，法蘭波頓就被警方逮捕入獄。米蘭妮怎麼會背叛他？說不定街上那男人背叛了米蘭妮，也許他嫉妒他們，在行李箱藏了毒品好嫁禍這對苦情鴛鴦。事情到了這地步，什麼都可能發生。

法蘭波頓被關進維拉得弗托監獄。

他花了一段時間才明白事態的嚴重性，但他仍自認是米蘭妮的未婚夫。法蘭波頓和前妻安瑪麗一直是朋友，她這麼形容：「保羅很迷人，但他的感情年齡還停在天真的孩童階段。」法蘭波頓看到電視上報導自己的處境，並附上米蘭妮的影片時，甚至笑了出來。「其他犯人為他歡呼喝采：『厲害！真男人！』他們一看到米蘭妮的美貌，就把保羅當作英雄！」安瑪麗說道。而且，法蘭波頓仍舊以為自己和其他犯人不同，他說他們全是貨真價實的罪犯，只有自己是清白的。他這麼解釋：「有些人自稱清白，但我多跟他們聊幾句後，就發現他們難辭其咎。世上像我這樣完全清白無辜的人，恐怕連百分之一都不到。」

騙局走到這一步，騙子已相中目標，前戲開演，量身訂做的圈套也小心設下。身為受害者，我們不再冷靜思考、考慮抽象邏輯。面對眼前動聽可靠的計畫，我們投入感情，以為願望成真；騙子的手法精湛，讓我們心甘情願做下決定。騙子為我們描繪美好故事，我們聽著獲利多麼可觀——騙子其實不用再多費唇舌，因為我們成了說故事的人，自行編織童話般的未來。厲害的詐騙達人算盡心機只為此刻；這一刻，「聽來不像真的」變成「其實聽來挺合理的」。我很棒，我知道自己值得。這不是詐騙，是我的福報；我之前辛苦播種，現在可以坐著享福了。也許這樣的福氣，只有百分之一的人才遇得到，而我就是被選上的人。

你看到的自我是真實的嗎？

自我肯定是人最基本的驅力之一：我們需要感受到被人需要，覺得自己有價值、很重要。但我們如何在現實生活中得到這些感受？二十世紀前半，心理學家認為自我是真實實體（realistic entity）。他們認為人需要自我的精確表徵（representation）[1]，並瞭解自我在世上的

1 表徵是客觀事物的反映，將外在事物加以內在化為主觀的心理印象。

位置。亞伯拉罕・馬斯洛（Abraham Maslow）創立人本主義心理學派，提出備受世人推崇的需求層次理論（hierarchy of needs）。馬斯洛在一九五〇年一篇擲地有聲的論文〈自我實現者：心理健康研究〉（Self-Actualizing People: A Study of Psychological Health）中指出，完全達到「自我實現」的人會「更有效率地」面對現實且接受自己，善用本身的特質與能力，不管理想自我和實際之間存在多大的差異。此時，人才能夠活出極致潛能。

紐約大學人際關係研究中心創辦人之一瑪麗・雅霍達（Marie Jahoda）是最早支持正向心理學（positivepsychology）並提倡基礎心理健康實證研究的學者。她在一九五八年提出論述，認為清楚認知自我的真實面貌、不刻意扭曲自我去迎合某種形象與期待，是健康心理狀態的基本條件。雅霍達認為全方位的健康心理必須具備六種要件，其中之一就是能夠準確認知現實世界。[2]哈羅德・凱利（Harold Kelley）是提出歸因理論（attribution theory）的學者之一；歸因理論指的是人類如何分析不同事件的成因。一九六七年時，凱利主張人類就像天真的科學家，希望透過中立、有系統的研究來找出真理。他寫道，精確的認知讓人們能更有效率地行動。

不過，心理學界從一九七〇年代開始不再那麼重視「精準認知」理論，因為後來的實驗發現，人不只無法精準地看待自我，而且精準認知還會破壞自我：完全地坦白誠實，有時是成功的絆腳石。我們想要實現的自我樣貌，與旁人觀察我們一小時或一分鐘所看到的完全不同。我們想要呈現最棒、最受人認同的自己——這就是扭曲的理想自我形象，而非未經修飾的真實自我。人們有系統地呈現自我和解讀現實，好讓自己接近理想中的自我樣貌。我們自認最重要的特質與真實自我其實有非常大的落差。在某方面，我們都像法蘭波頓一樣，自認是那「不到百分之一、得天獨厚的人」。我們總覺得自己是最獨特的。像我們這樣獨特的人不會是傻瓜，像我們這樣傑出的人握著掌控權，不會輕易被騙。正因如此，詐騙童話充滿說服力，讓人前仆後繼。我們準備好——不如說熱切渴望——相信不管發生什麼事，自己會得到優渥的回饋。畢竟，上天總是特別眷顧像我們這樣厲害的人。

芝思蓮・德・維德琳（Ghislaine de Védrines）不但來自法國歷史悠久的貴族家庭，同時也是巴黎知名學府董事長。因緣際會下，維德琳認識了吉力・蒂利（Thierry Tilly），當時即將完成法律學位的蒂利有些工作經驗。初相遇時，維德琳完全猜不到接下來幾年間，蒂利將掌握她的生活和她家的一切。蒂利處心積慮演出比丹・布朗（Dan Brown）的小說還要精彩的大戲。二〇一二年，當蒂利和同夥因「搶劫」維德琳家族並「奪走他們十年人生」而入獄時，維德琳家族三個世代的十一位成員拱手交給蒂利雙人組超過六百萬美金的資產，其中包括三百年歷史的家族宅邸和無數私人物品。蒂利告訴維德琳一家人，他們肩負守護一項古老祕密的責任，而許多

2 瑪麗・雅霍達提倡「積極的精神健康」（positive mental health），其中包括自我認知的態度、自我成長和實現的能力、人格的完整性、自主性、準確認知現實世界，以及適應環境的能力。

人正急於追捕他們，包括共濟會、猶太人和各種「邪惡」勢力。維德琳全家人信以為真，一點一滴地把全部資產交託給蒂利，甚至舉家搬到英格蘭，做著勞力工作慘澹度日，財富、學識和貴族血統全成了遙遠過去。

這件事被新聞披露時，社會大眾全都驚呆了。學識豐富、受過良好教育又事業成功的貴族怎會淪落至此？這家人怎麼會被懸疑小說般的情節給騙倒？他們怎會聽信毫無證據的說辭，放下家產、貧困度日？即使人們洗耳恭聽，這種異想天開的情節只會引人發笑，有誰會當真？詐騙童話就是具有如此強大的神奇力量：它宣揚著你的與眾不同，宣稱你是萬中選一的絕世奇才。

蒂利是個聰明人，他不只創造荒謬的神話；重點是，他宣稱這個顯貴家族是一段珍貴歷史的守護者。根據維德琳家族的友人表示，他們特別自豪家族的歷史傳統，而蒂利瞭解這點，便利用文化傳統贏得維德琳家族的信任。他自稱是哈布斯堡王朝後代，握有許多顯赫人脈，經常參與貴族的私人活動，瞭解不少內情。維德琳家族名諱是找到古代寶藏的關鍵，而共濟會煞費苦心尋找寶藏所在。維德琳不只是貴族，而是超級名門世家，身上肩負面臨威脅的獨特傳統文化。他們有責任——不，他們根本是為了保護珍貴傳統而降臨世上。他們得不負眾望，展現過人能耐，接受歷史賦予他們的使命。

這根本是天方夜譚，但蒂利太有說服力了。他是洗腦大師，懂得操縱人心且直覺敏銳，為受害者譜寫最動聽的詐騙童話。蒂利入獄後，克麗絲汀・德・維德琳（Christine de Védrines）

首次接受《觀察家報》（*The Observer*）訪問時提道：「我聽電台節目時，有人說我們家文化悠久、受過良好教育且聰明過人，照理來說不會聽信蒂利的花言巧語，但我們完全無力招架。我們根本剋不了他這種胡說八道還面不改色的人。」

二〇一三年一月，蒂利向法院上訴，請求法官開恩更改刑期。他不相信自己有那麼大的影響力，這不是他的錯，維德琳家族罪有應得。法官仔細聆聽，依言更改他的刑期；原本蒂利得坐八年牢，現在改為十年。

自我感覺良好的人是最佳詐騙對象

有人稱此為烏比岡湖效應（Lake Wobegon effect），有人說它是高人一等效應（better-than-average effect），也有人說是虛幻優越感或優越感偏誤。不管怎麼稱呼，箇中道理都一樣：我們自認獨一無二，自我感覺良好，忽略周遭情況。也許我們特別迷人或像法蘭波頓一樣聰明，或者有個歷史顯赫的家族背景。我們一味相信自己在某個領域特別出眾——不只出眾，而是鶴立雞群，無人能敵。

一九七六年，一百萬名學生參加學業性向測驗（ＳＡＴ），百分之七十的學生認為自己的領導能力高於平均值，而百分之六十的學生則自認運動能力超群。百分之八十五的學生自認人際關係能力高於平均值，甚至有四分之一的學生認為自己是最傑出的百分之一。一九七七年，內布拉斯加大學的教職員中，百分之九十五認為自己的教學能力比一般人好，超過三分之二的老師自認是名列前四分之一的優秀老師。行為經濟學家塞勒調查學生發現，只有不到百分之五的人自認表現未達平均值，超過一半的人認為自己是班上前五名。當然，我們每個人都自認開車技術比別人好，至少比旁邊的傢伙開得好又安全。研究者在一項實驗中，以出過車禍並入院治療的車主為受試者，請他們為自己的開車技術評分。有交通事故經驗的車主中，三分之二是肇事者，然而，他們都自認開車技術比普通人好，其自我評分和沒出過車禍車主的自我評分相當。

至於工作，不管別人同不同意，我們自認比同事能幹多了（我們才不像隔壁的比爾那樣自以為是！）。即將上任的管理人和現任經理人都認為前途一片光明，公司很快就會超越競爭對手。填寫自我評價表現評量時，在本業技能上，人們常會給自己高於平均值的分數；被問及哪些地方有待改進，我們往往回答一些和工作內容不相關的技能（比方說，我身為一名作家，我會告訴編輯我得增進公眾演說技巧，而不會承認自己的寫作能力不足。這只是舉例，其實演講完全難不倒我。坦白說，我是個相當出色的演說家）。

平心靜氣想想，當面試官要你說出自己最糟糕的缺點時，你怎麼回答？你多半在面試前就想過這個問題，努力思索最佳答案。你並非沒有缺陷，只是即使講到個人怪癖和弱點，你仍自認為比一般人好得多。你很可能會說：「我是完美主義者。」聽來真是老套，你自以為把缺點變成自謙，你當然不會承認在專業方面有任何缺陷。萬一工作上出了差錯呢？當然是老闆的錯，不然就是團隊太爛、市場不受控制，總之不是你的問題。

電匯詐騙和大型商店詐騙（big store scam）的開山祖師弗萊德和查爾斯・岡道夫兄弟（Fred and Charles Gondorf）利用這項人性，成功矇騙受害者數年：每個人都想相信自己是得知內線情報的幸運兒，沒人承認自己上了當。超過十五年間，岡道夫兄弟帶著詐騙目標前往有模有樣的博彩店，宣稱在電信局布了內線，那個老苦著一張臉的員工專門竊聽賽馬結果，因此他們在結果公布前就知道該如何下注（根本是天方夜譚）。

岡道夫兄弟厲害到後人把大型商店詐騙法稱為「岡道夫騙局」。數不清的傻瓜深信岡道夫兄弟真有內線幫忙，跟著他們投資下注就能大贏一筆，機不可失，不然後悔莫及。威廉・歐萊利（William O'Reilly）就是受害者，即使警方明白告知他被騙了，歐萊利仍不願相信。當弗萊德・岡道夫被捕入獄，《紐約時報》在一九一五年六月五日的報導中寫道：「歐萊利至今仍不相信岡道夫沒有內線，無法接受這是徹頭徹尾的詐騙案。」當時，兄弟倆已聯手誆走一千五百萬美金。

不只如此，我們還相信自己是比別人奉公守法的好公民。社會與認知心理學家尚保羅・康朵（Jean-Paul Codol）長年研究優越感對行為的影響力。他做了超過二十項實驗，發現人們相信自身行為比他人符合良好社會規範。我們比一般人做更多垃圾分類、更樂於助人，更常隨手關閉電源且更樂於以步行代替開車。還有，我們比別人捐更多錢——即使我今年只捐了十美元，但我跟你打賭，其他人連半毛也捨不得捐。

不騙你，平心而論我們實在比大部分人好多了，我們比較友善、喜歡我們的人很多。事實上，幾乎所有討人喜歡的個性特質，我們都給自己遠高於平均值的分數。而人們避而遠之的特質，我們給自己遠低於平均值的分數。康乃爾大學心理學家大衛・達寧（David Dunning）和同事做了六項實驗，實驗中列出接受社會規範、愛好知識、廣泛閱讀、運用想像力、面對重要議題時擇善固執等項目；結果證明在評價社會認可的特質上，人們完全高估自己。同時，人們低估自己的負面缺陷，比如自以為是或盲目順從。除此之外，講到正面特質時，人們總認為自己具備的優點比其他優點重要得多。

當研究人員要求受試者從一連串的單字中，選出和自己個性特質最符合的辭彙，人們總是選出意義正面的辭彙。我們對自己做過的好事印象深刻，壞事忘得一乾二淨，熟知自身優點但忽略缺陷。我們的記憶和事實總有很大的誤差，記不清失敗的細節，而成功時刻卻歷歷在目。正因如此，詐騙達人很容易在人們腦中種下假記憶：這是我想出來的好主意；是我想做這項投資、下這場賭注；是我決定跑到南美見未來妻子一面，沒人逼我。全是我的點子，無庸置疑。不需要別人說出詐騙童話，我們已經自導自演：我知道我將大賺一筆，我就是那麼聰明厲害！

騙子總是投其所好，滿足人們的虛榮心

面對正在發生的事情，我們傾向把正面發展歸功於自己能力過人，負面結果則歸咎於環境

因素——也就是探討控制源在哪裡的控制點理論（locus of control）[3]。一項研究中，受試者兩兩合作，並由研究者告知合作成果和平均值間的高低優劣。當兩人得分高時，雙方都認為齊心合力是成功關鍵，若得分低於平均值，那麼受試者往往怪罪隊友表現不力。如果得分和平均值一樣，受試者會認為自己的表現比較好。而且，我們認為自己不擅長的技能根本不重要——騙子最愛這項弱點，因為大部分民眾都不擅長理財，也不懂得煩人的統計分析，騙子剛好對症下「毒」，針對我們不擅長的技能騙上一票。

和他人比較時，我們遵循一項原則：比較在乎自己的優點。我們並不認為每個人都是好人。在一項實驗中，一群旁觀者觀察學生互動，接著旁觀者從不同面向為每個學生評分，包括溫暖、武斷、友善度等。同時，學生也對自己的表現打分數。可想而知，旁觀者下的評價比學生本身負面多了。

雖然沒人願意承認，但絕大多數的人只是普通人。在烏比岡湖，所有兒童都有高於常人的智商和外貌，而且體能也比別人強。講到藝術天分，他們的表現令人驚豔，數學也難不倒他

3 控制點由社會學習理論家羅特（J. Rotter）所提出，是一種個體歸因傾向理論，依據個人對生活中發生之事與結果的控制源的解釋，可分為內控者和外控者。前者認為事情結果主要取決於個人努力，後者則把原因歸於自身以外的外部力量。

到悔恨。」

優越感偏誤讓人無法保持客觀

監獄不認為法蘭波頓清白無辜。法蘭波頓的肺不太好，周圍煙霧瀰漫時就咳個不停；而且他血壓很高，充滿壓力的牢獄生活更讓情況惡化。據他所說，雖然「囚獄生活很不人道」，他和其他囚犯都「被當成畜牲對待」，但他仍靈感泉湧，在維拉得弗托用電腦繼續研究、追蹤田野調查進度，達成發現希格斯玻色子（Higgs boson）的成就。

法蘭波頓持續在ArXiv網站上發表論文。ArXiv是專門收集數學、科學相關論文的電子預印本文獻資料庫。他透過電話指導門下的兩位研究生，甚至有時間審核幾篇論文。

二〇一二年十月，法蘭波頓的律師說服法官，牢獄生活讓他的肺病更加惡化。法蘭波頓終於獲釋，改而待在一位老友家中監禁。

同時，北卡羅萊納大學不再支付法蘭波頓高達十萬六千八百三十五美金的年薪。他提出申訴並獲得超過八十名教授聯署支持，認為此舉威脅終身教職體制。然而，北卡羅萊納大學堅持將他停職。

審訊歷時三天，檢查官一一列出對法蘭波頓不利的證據，情勢危急。他傳給「米蘭妮」的訊息中提到他很擔心「嗅探警犬」，而且他對「那個特別的小皮箱」小心翼翼。有封訊息說：

「在玻利維亞毫不值錢的東西，在歐洲價值百萬。」另一封則是：「我必須確認你到底忠於那些壞人和玻利維亞的朋友，或者站在好人——你老公——這邊？」法蘭波頓說，這一切都是他們之間的玩笑話，回想起來，這些笑話真沒品，但他解釋當時只是覺得好玩。當時他已連續多日無法入睡，精神萎靡。他甚至和米蘭妮估算那些古柯鹼的市價為何，但他辯解那些訊息是在入獄後傳的，他只是習慣估計各種東西的價值。

法蘭波頓被捕近一年後，二〇一二年十一月二十一日，法院宣判他走私運毒，裁定有罪，得坐五十六個月的牢。判決公布隔天，法蘭波頓告訴《羅利新聞》（*Raleigh News*）和《觀察家報》：「我震驚極了，無法置信。這是不公不義的誤判，太可恥了。如果我們在美國，法官會把我無罪釋放。」

法院宣判後沒多久，法蘭波頓又得知噩耗：當時擔任北卡羅萊納大學教務長的布魯斯·卡尼（Bruce Carney）告訴他，他快被開除了。法蘭波頓要求教職員審議會辦場聽證會。

為何法蘭波頓仍舊相信自己是個例外？為何他自認清白，完全無法理解在旁觀者看來他罪有應得？難道他真以為別人會對他的行為一笑置之——而且相信大學該對他網開一面，讓他繼續留任？雖然他像個絕世蠢蛋，或者故意裝天真，但這一切有跡可循。詐騙童話毫無邏輯但力量強大，當我們陷入童話情節時，早已失去理智。**優越感偏誤讓人無法抵抗詐騙故事的魔力，即使旁觀者看得一清二楚。優越感偏誤甚至左右我們面對證據的判斷力，也主導我們的決策能**

力。

心理學家芝娃・康妲（Ziva Kunda）為動機認知研究奉獻一生；動機認知是指自利性、自以為高人一等的認知偏誤激勵人們面對世界的心理過程。她在一項早期研究中發現，事關自身時，人們完全失去邏輯思考能力。康妲請學生閱讀幾段個人描述，其中有的人和受試者很相像、有的則完全不同。康妲發現面對相像度愈高的人，學生愈會肯定他們的職業成就。對方和自己愈像，就愈難客觀地憑證據下判斷，總會正面預測對方的未來——不管是婚姻成功或學術事業一帆風順——即使證據剛好相反。康妲做出結論，學生看待世界的方式有誤差，這就是自利性偏差（self-serving bias）。

自利性偏差不只影響我們的預測方向。康妲做了另一個實驗，請學生閱讀一篇飲用咖啡因造成女性纖維囊腫病變風險的文章（她告訴學生這是摘錄自《紐約時報》科學版的文章，但其實是篇後來遭到其他學者駁斥的醫學期刊論文）。康妲請學生評估自己在未來十五年內得到相關病變的可能性，同時評斷這篇文章的可信度。康妲發現一個有趣現象：重度或中度的女性咖啡消費者認同自己面臨較高的病變風險，但也高度懷疑這篇文章的真實性。她們想看多一點相關證據，認為這項研究並不嚴謹。然而，其他人（不分男女的少量咖啡飲用者）則認為這篇文章可信度很高。

這代表什麼意思？簡單來說，當我們想到自己——我們的特質、人生、決定——自我依戀讓人無法客觀。**我們有系統地錯誤評估有關個人特質的線索跡象，若有人提出證據直指我們的**

缺點，我們不會反省改變，反而先懷疑證據真假。從詐騙來說，如果我向你描述潛在受害者的特徵，你發現自己符合描述，你很有可能會認為我是無能的學者，不承認自己會是騙子眼中的肥羊。你會說，才不是這樣咧；我不會因此上當。我看這女人根本沒做任何研究，天馬行空亂說一通！

人們總是忽略反對原因，合理化自己的選擇

法蘭波頓和米蘭妮的訊息內容太可疑了，他根本無法撇清關係，但這只是事後諸葛，當下情況呢？「我一向不是多疑的人，」法蘭波頓對《郵報》這麼說，「雖然事後想起來，我也覺得許多事都很奇怪，但當時我沒起半點疑心。我真的沒想到會發生這種事，直到我被警方逮捕。」乍聽之下扯到極點，但細想一下，不難理解法蘭波頓的反應。人類並不客觀，我們看待事情只看對自己有利的一面。正因如此，騙子總是編織一個成功獲利、得到回報的神話故事，這是詐騙遊戲中最簡單的步驟——我們的想法和騙子完全一致，相信自己值得老天眷顧、好運降臨。

當法蘭波頓估量和米蘭妮結婚的可能性時，忘了素未謀面的事實，也忽略每次他一接近米蘭妮，她就消失無蹤；他不在乎為何在玻利維亞只見到一個可疑男子而不是美麗的未婚妻。法蘭波頓只在乎那些濃情蜜意的訊息、照片與共同編織的未來。在愛的迷霧中，那些和毒品有關

的玩笑話，對他來說，就只是玩笑而已。

我們囿於自利性偏差，以有利自己的方式解讀事實、合理化我們的選擇，忽略可疑跡象。這類似逆向驗證過程：法蘭波頓已打定主意（替米蘭妮帶走行李箱），而他想說服自己這是個好決定（好丈夫就該為妻子這麼做）；因此他整理出支持理由，合理化自己的選擇，雖然他根本沒有理性考慮。行李箱沒有問題，幫一位從未見過的女子攜帶空無一物的行李箱正常極了，即使是在玻利維亞的暗巷裡從陌生男人手上接過行李箱，也沒什麼奇怪的。米蘭妮最愛跟我聊天說笑，她傳的古柯鹼訊息當然是開玩笑的。我希望她喜歡我，希望她認為我很酷、很潮，我不能假正經，得順她的話開玩笑才行！我的夢中情人不會傷害我，如果她真陷我於不義，像我這樣的聰明人早就會發現她心懷不軌。我一眼就知道誰是我的真命天女，她不會給我古柯鹼，一切只是打情罵俏。畢竟，這沒什麼大不了，她會更喜歡我，欣賞我的機智幽默。雖然我年紀比她大很多，但我跟得上流行，搞笑起來不輸年輕小伙子。我會通過她對我的每項測試。

斯洛維克主要研究人如何做決定，特別是在有風險的情況下——財務或私人生活方面得賭一把的時候。斯洛維克認為不管想做某件事的動機為何，我們特別重視支持原因，忽略反對理由。反過來說，當我們不想做某件事，就會強化負面缺點。**我們的思考過程是逆向的，專注合理化自己的行為，而不是中肯地權衡利弊因素再下決定。**如果米蘭妮對法蘭波頓沒有吸引力，即使面對內容相同的個人資料，法蘭波頓也不會心動，甚至會說那些資料根本是假的，就像交友網站上常見的「甜心詐騙法」。雖然他會說自己根據各種線索做出合理結論，但實際上並非如此。他對她沒興趣的話，就會想辦法合理化不喜歡她的原因。

法蘭波頓被關進牢房後仍不相信米蘭妮是個騙子。根據《紐約時報》報導，好幾個月後，法蘭波頓依然堅持他和米蘭妮都是不幸的受害者。前妻安瑪麗向《郵報》描述法蘭波頓一開始的反應：「剛開始他打電話告訴我，他過幾天就會回來。」法蘭波頓以為大家將明白這是一場誤會。不過安瑪麗覺得事情沒那麼單純，她毫不諱言地坦承：「我相信不認識法蘭波頓的人，都不相信如此聰明的學者毫無常識……連他的朋友都說他是生活白痴。他天真又傻里傻氣，既博學又愚昧。」安瑪麗的結論是：「他的愚昧可能會讓他賠上一生。」

外在暗示也會影響我們的決定

我們一直都以動機性推理（motivated reasoning）來思考，自己卻毫無所覺，因此詐騙童話力量強大。我們自以為頭腦清楚，卻不知道自己做決定的過程。理查·尼斯貝特（Richard Nisbett）和提摩西·威爾森（Timothy Wilson）的論文〈懂得少，說得多〉（Telling More Than We Can Know）在社會與認知心理學史上舉足輕重，其中提到人們不自覺地被非常微小的因素左右——但若直言指明事實，他們可會嚴加否認。他們會滔滔不絕地列出各種理由來合理化自己的行為。然而，他們並不知道促使自己決定、行動的真正原因為何。事實上，當尼斯貝特和威爾森明確指出人們偏好某項選擇的原因——一項實驗中，有人看似不經意地走過簾幕，特意讓簾幕像鐘擺般前後擺動，促使受試者在解題時擺動繩子來解決問題——但絕大多數的人仍然堅持沒受到外在暗示影響，宣稱自己債經過仔細推敲、評估各種方法才得出最後答案。

一九七〇年代，紐約藝術圈興起新風潮：十九世紀的美國畫作。這些一百多年前的作品首次贏得廣大民眾青睞。突然之間，這些畫作炙手可熱。到了七〇年代末，一幅畫的價值上看百萬美金，它們在最出名的拍賣會上展售，由最時髦的藝品收藏家買來展示於自家牆上。藝術圈總是變化莫測，趨勢瞬息萬變，曾經無人聞問的藝術家突然廣受喜愛；而紅極一時的藝術家名聲一落千丈。但這一回，市場動向改變可不是偶然意外，全是超級詐騙達人演出的好戲，若有騙子大獎，他肯定能拿下詐騙童話的奧斯卡金像獎。

肯．派雷尼（Ken Perenyi）專門偽造假畫，騙倒藝廊、收藏家和拍賣行，讓專家相信它們全是十九世紀的畫作，紛紛買下。派雷尼毫無愧疚，反而洋洋自得。一個冬日午後，我們坐在他佛羅里達家中的客廳，他對我說道：「我愛製造假畫，這是場智力競賽。我一點也不後悔——我人生的唯一遺憾就是被聯邦調查局逮個正著。」他最自豪的成就之一，就是和幾位共犯攜手合作，讓收藏家愛上一幅巴特華斯（Butterworth）的畫作，相信那就是他們等待已久的藝術品。

派雷尼興味盎然地回憶：「那家藝廊剛開幕，我們都在一樓。」一開始，沒人知道展覽主題，也不知道自己想買什麼。派雷尼巧妙丟出一些暗示，接著再展示畫作，此時在場人士都已受暗示影響了。而藝廊老闆和收藏家還以為自己握有主控權，選定畫作並向派雷尼討價還價，自以為把派雷尼耍得團團轉，談到好價錢買下心儀已久的夢幻逸品。到了一九七八年，蘇富比拍賣會的目錄上，巴特華斯的兩幅畫作都得到跨頁版面的宣傳，等著買家競價買下。兩幅畫都是十九世紀經典畫作，符合流行口味；而且都是派雷尼前幾年畫的。

派雷尼從未被正式起訴。聯邦調查局發現他行為可疑，只警告他就放他一馬（派雷尼現在畫的是「合法贗品」，雖然他仍描繪仿畫，但不再把假畫當真畫賣）。派雷尼不知為何自己能逃過一劫，他猜測也許知名拍賣行顏面掃地，無法忍受公開受辱。「十九世紀美國畫作部門是蘇富比的掌上明珠，開創這一波搶購熱潮。這部門從未有過醜聞。」派雷尼推測：「我的故事一旦公開，他們就得面對現實：『老天爺，情況有多嚴重？我們賣了多少假畫？』」派雷尼不只躋身藝術界還創造潮流，受害者以為等到期盼已久的珍貴畫作，渾然不覺自己被騙子的暗示心法擺了一道，毫不猶豫出手買下——因為他們值得拿到稀世珍品，不是嗎？

後見之明偏誤：重蹈覆轍的關鍵

我們深信自己是萬中選一、優越獨特的個體，這讓我們誤讀情勢也誤判決策。即便我們已上過一次當，之後還是可能會再被騙。人性讓我們重蹈覆轍，無法記取教訓；我們只選擇性記得好的事情、忘卻不快時刻。我們甚至會重新改寫發生過的好事，讓自己扮演的角色更顯重要，壞事則一筆勾消，忘了它曾經發生過。換句話說，像法蘭波頓這樣的人，即使順利獲釋，多半也不會從失敗經驗得到警惕，未來還是可能會落入陷阱。

人的記憶非常奧妙，當我們上過一次當，往往會被同樣手法騙第二次。許多詐騙專家說，上過當的人是最棒的下手目標。完形心理學家布魯瑪．蔡格尼（Bluma Zeigarnik）發現「蔡格尼效應」[5]，指的是我們一直惦記尚未完成的工作，而不會去想已完成的工作；我們的思緒一直盤旋在未完成的事情上，急著想趕快完成。蔡格尼同時注意到很少人討論的例外現象；實驗證明，我們並不記得所有已完成的工作。不只如此，在某些人身上，蔡格尼效應剛好反過來。一個人若自覺這次表現差強人意，就會刻意忘卻。因此，雖然未完成的工作會一直盤踞心頭，但若工作內容不吸引人，我們就不會為它花太多心思。對詐騙專家來講，這根本是天上掉下來的禮物！人性傾向讓受害者刻意忘記遭人愚弄的時刻，合理化不快經歷，歸咎於一時運氣不佳或疏忽大意，下次又聽到一則動聽悅耳的詐騙童話時，還是會相信遇上時來運轉的大好機會。

心理學家索爾．羅森茲威格（Saul Rosenzweig）任職於克拉克大學和伍斯特州立醫院，他在一九四三年進一步研究蔡格尼的例外效應。他思索，如果一項任務未完成就形同失敗，完成即代表成功，人們會怎麼做？羅森茲威格找了一群學生玩一系列拼圖，拼圖的圖樣都是些日常事物，比如船、房子或葡萄。每幅拼圖都是一平方英尺大，每位學生只能拼好一半，剩下的另一半就是蔡尼格效應中未完成的工作。拼圖實驗的情況各有不同。

羅森茲威格在一次實驗中透過學生就業處尋找受試學生，並提供低廉時薪。實驗人員告訴學生為了未來研究需要他們幫忙評估拼圖；學者想知道是否可把拼圖當作研究工具。羅森茲威格向每位學生再三解釋：「這個實驗不是要測試你們的能力，也不是要找出你們的個人特質。不用趕著拼完，也不用太拘謹。」他又補充：「若我在你完成前打斷你的進度，也不用在意。」他解釋，「如果我從你拼圖的過程獲得足夠資訊，你就不用再拼下去。」

另一組受試者的實驗方法截然不同。這次，受試者陣容不是隨機組成，全是診所主任指導的新生，羅森茲威格還親自邀請他們加入實驗，而且還把拼圖實驗當作智力測驗。「你可和周圍的人比較進度。」每組拼圖的得分相同，但難易度不同，因此每人所需的時間也不同。羅森茲威格說：「如果在限定時間裡沒有完成，我非打斷你不可。」不只如此，「你的完成度將用來評估你各方面的能力，請努力表現。」說得好像學生打算蒙混過關的樣子！

拼圖時間結束後，研究人員請每位學生就記憶所及，隨意列出他所記得的拼圖。羅森茲威格比較學生列出的拼圖時，發現結果如他預測。第一組學生明顯表現蔡尼格效應：他們對未完成的拼圖印象深刻，記不清已完成的拼圖。而第二組出現反向蔡尼格效應；學生清楚記得已完成的拼圖，不太記得未完成的拼圖。羅森茲威格下了結論：這是場興奮與傲氣之爭。第一組呈現的是工作時的興奮效應，第二組則呈現完成工作的自傲效應。（儘管一九四三年時仍不重視

5 蔡格尼效應指的是一個人在接受一項工作時，就會產生一定的緊張情緒，只有任務完成，這種緊張感才會消失。工作尚未完成時，這種壓力就會一直持續。

實驗倫理，但第二組受試學生在完成實驗後，很快就被告知實驗的真實目的。研究人員沒讓學生深陷自己表現不佳、智商低落的自卑感中。）

許多詐騙從未經人舉發，因為直到最後一刻，受害人仍堅信自己沒有上當。**記憶是選擇性的，當我們覺得某件事代表個人的挫敗，就寧願忽略它而不想記取教訓**。因此，許多受害者堅持失敗只是時不我與、機運不佳，不願承認自己上了當。二〇一四年六月，英格蘭出現所謂的笨蛋名單，名單上每個人都被騙過好幾次。這份名單在犯罪組織間流傳，賣給出價買家，直到輾轉流到執法機構手中。名單上列了十六萬人的資料，警方開始聯絡這些人，意外發現他們非常抗拒，堅持自己不曾被騙，質疑警方資訊有誤。

一直惦記失誤當然不是件愉快的事，我們寧願假裝一切從未發生。即使記得那些挫敗或不快，我們通常會歸咎於其他原因：測驗不公、有人作弊等。是她的錯。他就是那麼惡毒。她沒給我任何機會。他罪有應得。我當時很累／很餓／壓力很大／嚇到了／很渴／覺得無聊／很擔心／想著別的事／運氣太差。然而，一旦漠視真相就無法學習進步、無法避免重蹈覆轍。遇到詐騙時，我們無法理性評估被騙的機率。我們因為一心指望童話成真，不想用理性去思考為何口說無憑的保證不值得信任，才會陷入童話情節。

卡內基梅隆大學社會心理學家巴魯克．費斯科霍夫（Baruch Fischhoff）研究人類做決策的過程與方法。他稱這種對過去的認知偏誤為「始終都知道效應」（knew-it-all-along effect），很多人也稱為後見之明偏誤（hindsight bias）。當時我早就知道那是場詐騙，既然現在我不認為這是詐騙，代表我並沒有被騙，我沒有掉入騙局。此時，騙子根本不用浪費唇舌說服我們，我們已為自己解套。

我們對證據視而不見，忽略一切線索，只看見自己想看的。正如普林斯頓大學心理學家蘇珊・費斯克（Susan Fiske）所言：「我們沒找到走入世界探索真相的天真科學家，反倒發現只想找出支持自己論點數據的騙子。」這個騙子可不是那些詐騙專家，而是一心想騙過自己的你我。

為何人們對自身的認知偏誤視而不見？

諷刺的是，人們在評估自我優越感時，也還是相信自己非常優越。當然，我們明白太美好的事情多半不是真的，免費的永遠最貴，天下沒有白吃的午餐。我們察覺這種情況，然而各種認知偏誤創造出前所未見的幻象，我們受困其中，難以脫身。我們沒想到自己會如此深陷。芝加哥伊利諾大學心理學家琳達・佩洛芙（Linda Perloff）和芭芭拉・費瑟（Barbara Fetzer）研究人們對個人脆弱度和對一般人脆弱度的理解有何不同，並在一九八六年發表一系列研究結果。她們一再發現人們容易低估遇上不幸事件的風險，深信自己遇到壞事的可能性比一般人低得多——也許實情並非如此，但至少人們如此相信。

佩洛芙和費瑟試著改變受試者的評估對象，請受試者不跟「一般人」比較，而是跟自己認識的朋友或家人比較，期望受試者對風險的評估會客觀些。沒想到結果和預測南轅北轍，受試者對於個人脆弱度的評估並未提高，反而連帶低估親友的脆弱度。他們認為自己和親友都不像一般人那麼容易遇上壞事；當然，不幸隨時可能降臨，但不會發生在我或我親友身上。換句話說，人不但沒有意識到偏誤並修正評估方向，反而把過度自信偏誤投射在親友身上。佩洛芙和費瑟做出結論，我們往往認為比下有餘——也就是說，我們認為自己和親友遇到壞事的風險比社會大眾低得多，不管是心臟病發還是遇上罪犯的機率。

高人一等效應其來有自。當我們觀察朋友、親戚、同事，甚至毫不相關的陌生人，一眼就能看出他們的認知偏誤，卻對自己的偏誤渾然不覺。有一系列的實驗以史丹佛大學生和舊金山機場的遊客為受試者，結果顯示他們能夠主觀評估一般美國人或同儕的感知力（susceptibility），但旦評估的對象是自己，就完全忽略了認知偏誤。就像法蘭波頓和維德琳家族，人們深陷於高人一等偏誤而不自覺，別人還以為他們刻意裝成冥頑不靈。就算研究人員向受試者解說高人一等效應，指出人們通常會過於正面地評估自己、自我感覺太過良好而忽略自身缺失，絕大多數人仍堅持自我評量結果完全準確，甚至有百分之十三的受試者堅持自己太謙虛了。別人看世界時總是很主觀，但我看得很透澈。我會大聲地說，我很客觀！

二〇一四年夏天，我有個機會訪問一個挺不尋常的家庭。這對手足都是成年人，分別在不同地方、不同情境下遇到毫不相關的詐騙手法。戴夫在克雷格交易論壇上徵求換票，很不幸地被騙了。他買了一場表演的票，後來無法前去觀賞，於是在網站上發了一則廣告文，想換不同日期的票。過了幾天，戴夫收到來信，一位自稱艾許莉的女子願意換票，不過她只有電子票（戴夫一開始只願意交換實體票，以防被騙）。戴夫有點擔心，但至今尚未有人和他聯絡，而且他真的很想看這齣表演。艾許莉似乎是個好人；他快速在谷歌搜尋艾許莉，找到LinkedIn人脈社交網站的個人頁面，看來是個職業正當的傑出人士。於是戴夫同意換票，一切順利。直到戴夫和女友拿著票去看秀，警衛才說他們的電子票已經用過了。這就是廣為流傳的票券詐騙，他們成了不幸的受害者。騙子買了電子票，重複賣給許多買家來獲利。

此時，一名男子登門拜訪戴夫身在美國另一岸的妹妹黛比，推銷雜誌試閱外加讀者回饋方案，要她花五十美金訂購雜誌。男子聲稱他剛出獄，努力想重回社會開始新生活。一開始黛比不想訂雜誌，她一點也不需要，然而他的故事打動了她，再加上男子說她能藉此減稅。他拜託黛比幫忙，只要訂閱雜誌，她就是大方慷慨的好人。等到黛比向雜誌出版商確認訂閱狀況時，卻找不到該雜誌網站。當然，她也沒收到任何刊物。

這兩項詐騙都不太嚴重，損失金額不大。值得注意的是，這對手足一眼就看穿對方遇到詐騙，然而當自己成了受害者卻渾然不覺，認為自己遇到的不是壞人。戴夫當然知道克雷格交易論壇充斥各種詐騙手法，但他真的不想錯過這場演出，認為自己被騙的可能性微乎其微，因為他一向小心翼翼。黛比則說她絕不會向陌生人購買電子票券——你怎麼會那麼蠢呢？黛比當然也知道許多騙子編造可憐故事來騙取現金，不過她想捐款助人，眼前這名男子的說辭聽來可靠，她認為自己被利用的可能性趨近於零。然而，戴夫絕不會像她那樣輕易交出現金——拜託，有誰會蠢到掏錢給陌生人？當事情發生在他人身上，我看得一清二楚，全是逃不出我法眼的雕蟲小技；但當自己遇上了，人卻只看見自己想看的。

詐欺家要騙的其實是你的信念

瑪麗．雅霍達的小名叫米芝，成長背景讓她對歧視很敏感。她是一九〇七年出生於維也納的猶太人，在一九三六年入獄——並非因為她是猶太人（當時奧地利還沒被希特勒併吞），而是她有社會民主主義政治傾向。雅霍達有幸成功越獄並逃往倫敦。她在第一本書中詳列自己做過的各種研究，然而這本書卻被列為禁書，大多付之一炬。這一回，則是因為她是猶太人。

雅霍達最終來到美國並在紐約大學任教，她不只研究心理健康，也研究社會偏見。早期她認為精確理解現實是健康心理的先決條件；此時，她的想法和過去大不相同。雅霍達做了一項針對意見學者的研究，發現他們用來測試別人偏見的問題都很偏頗。她的結論是：「心懷偏見的人總不願承認。」但當時她沒發現這種情況不只發生在反猶太人的議題上。如果人無法看清一項缺點，就看不清其他缺點，甚至看不出任何缺點。如果你告訴別人他們心懷成見，他們會當面列出一大堆反證來嘲笑你。如果你告訴別人，他們對自身的優越全是錯的，他們既不客觀也不特別，只是被各種偏誤誤導了，他們才不會理你呢。

換句話說，你讀完本章後會對各種「自視甚高」傾向好奇不已；但你會覺得自己已經深入瞭解這種傾向，並將它們納入考量。你會認為現在已進一步瞭解自我，也對世界有了更客觀的認識。不過，其他人仍是蠢蛋。

詐騙之所以能夠騙倒社會大眾，就某方面而言，是因為我們希望被騙。我們想相信詐騙童話，我們渴望相信好運當頭、福星高照，事情順利得如夢似幻。騙子不只騙走我們的金錢或情感，也騙走我們的信念。我們是聰明老練的投資者；我們慧眼識英雄，愛上的對象不會錯；我們的名聲不凡。追根究柢，我們是萬中選一的聰明人，理當遇上好事。我們的世界充滿奇蹟，沒有不確定性與負面能量。在理想世界，天助自助者，靜心等待，好運就會來敲門。說故事者編織的美好神話讓我們牢牢上鉤。

一八三五年八月，天文學家威廉．赫謝爾爵士（William Herschel）的兒子約翰．赫謝爾爵士（John Herschel）發表一項重大非凡的發現。藉由最新的望遠鏡技術，赫謝爾能看清月球的表面細節。多震撼人心的景象啊！白色沙灘映襯著湛藍的湖泊與海洋，水牛般的野獸漫步在茂密森林間的碎石小徑上。他還看到一些奇怪景象，比如有種像獨角獸的動物，外表像羊又像馬，頭上長了尖角，身上皮膚是藍色的。還有個類似河狸的物種，像人一般用雙腳行走。最神奇的是一種很像人類的動物——背上有半透明的翅膀的蝙蝠人，生活型態和人類似乎大同小異。蝙蝠人在水中洗澡，「像鴨子一樣」甩乾羽毛上的水珠。赫謝爾還看到蝙蝠人一起用餐，吃著神奇樹上採來的果子。他們似乎很快樂，生活不虞匱乏、平靜安樂。至少，報導赫謝爾神祕發現的《紐約太陽報》（*The New York Sun*）記者理查．亞當斯．洛克（Richard Adams Locke）是這麼寫的。

多神奇又難以置信啊！這根本是徹頭徹尾、精心計畫騙倒讀者的一場騙局。荒誕的報導內容出乎意料大獲成功，不只讀者深信不疑，也把其他媒體騙得團團轉。《紐約時報》認為這則消息「可靠性高、看來很真實」。耶魯大學的教授和學生爭相討論這則新聞。當大家得知真相，甚至拒絕相信。他們堅持這不可能是惡作劇，一定有陰謀在擾亂視聽。那些蝙蝠人確實存在，但消息一洩漏，政府就急著掩蓋事實。同樣戲碼一再上演，類似情節層出不窮：震驚世界的新聞引起聲勢浩大的詳細報導，而世人以訛傳訛、信以為真。值得慶幸的是，這最終只是一場引人發笑的惡作劇，沒有受害者，也沒有慘烈損失。然而，一則誇張可笑的故事就能讓社會大眾執迷不悟。這個例子顯示故事神話深植人心的力量驚人。我們的世界充滿奇蹟，隨時都有神奇事情發生！

小說家喬治．歐威爾（George Orwell）曾寫過：「統治者的祕密就是相信自己絕對沒錯、堅持信念，並從過往錯誤學習經驗。」詐騙專家都已上過這堂課，我們得趕緊跟上腳步。

❧

最終，法蘭波頓確實獲得特殊禮遇。二〇一五年一月，他還要服刑二年六個月，但獲得特赦離開布宜諾斯艾利斯、前往倫敦——這可是絕大多數囚犯享受不到的尊榮待遇。法蘭波頓目前正在求職，若你聽到任何風聲，不妨與他聯絡。

6 獲利誘餌

我實現他們的夢想，我是他們的偶像與英雄，主宰生命的大師與裁判。

——龐氏騙局主導者查爾斯．龐茲

一八八九年三月，威廉．法蘭克林．米勒（William Franklin Miller）招徠一群朋友，要每個人都拿出十美金投資。米勒平易近人且帶著少年氣息，身高只有一百六十七公分，臉上的鬍鬚顯得有點嚴肅，還有個不知何時撞斷的鼻子。他在社區鄰里赫赫有名——他是布魯克林區屬一屬二教會湯普金大道公理會（Tompkins Avenue Congregational Church）成員，而且還當過教會旗下慈善組織基督勉勵會會長，在那裡認識三個年輕人——哈特曼、伯格斯敦和布萊哲，三人中年紀最小的才剛滿十七歲，最大的也不過二十歲。米勒神祕兮兮地解釋計畫：如果每個人都給他十美金，他保證每週都有百分之十的獲利。四人緊緊靠在一起竊竊私語；每週百分之十的利潤實在豐厚。

米勒放低音量說，他在紐約證券交易所有個內線，內線負責提供「內幕消息」，讓他不但能賺進百分之十的獲利，某種神祕「盈餘」還能保障本金。米勒更進一步解釋，他的「內線情報來源獲利優渥，從不曾失誤。」任何人想收手退出，只要提前一週告訴米勒，就能拿回全額本金，絕對有保障。三名年輕人好奇心大起，這也太容易了吧；但想一想，米勒做人一向可靠──他已經二十二歲，比起這幾個毛頭小子，米勒的社會經驗豐富，也瞭解證券市場（但米勒沒告訴他們，他只是傑克伯．康托〔Jacob A. Cantor〕辦公室裡的跑腿小弟，一週只賺五美金）。米勒甚至在瑪西和派克街街角、那家叫「赫伯和布蘭德」的店樓上有個辦公室，他肯定是賺了不少才負擔得起。誰說得準呢？說不定米勒真有兩下子。三人退到一旁仔細考慮。

行情看漲的財富魔法師

三月十六日，伯格斯敦來到米勒的新總部：佛洛依德街一百四十四號。走上樓梯，房裡家具不多但很夠用了。這原是前廳裡的一間臥房，一張辦公桌上放滿看來很重要的財務報表，有張小桌和幾張椅子，除此之外還有個又大又顯眼的保險箱。畢竟，這裡可是現金往來的重地呀。米勒獨自歡迎伯格斯敦。他十分節省，不想貿然將大筆現金投資在沒必要的管理開銷上；他值得信賴，絕對會看管好你辛苦賺來的錢，謹慎地計算投資。他才捨不得花錢請個助理，太浪費了。

伯格斯敦握著十元鈔票，走向辦公桌；米勒小心翼翼地收下了錢。他向緊張的年輕人保證，絕不會濫用這筆錢。米勒交給伯格斯敦一張小紙條，上面註明金額已收到，作為「股票買賣之用。保證本金絕無損失。每週付出紅利，從一美金起跳，直到收回本金。」米勒得到第一位顧客。

米勒言而有信。直到四月上旬，伯格斯敦每週都去佛洛依德街，而米勒兌現誓言每回都付他百分之十的紅利。伯格斯敦實在太佩服了，又交給米勒十美金。到了八月，米勒的業務蒸蒸日上，雇用幾位十四歲上下的少年擔任助理：約翰與路易斯．米勒（John and Louis Miller）再加上查爾斯．薛爾（Charles Scherer）。他原受雇於人，如今卻成了老闆。十月時，他租下整棟房子，連房東葛斯．布蘭德（Gus Brandt）也成了投資人；他在四月給米勒二十美金，六月再投資一百美金，八月又給了十美金，十一月再加碼投資五十美金。

米勒的客人愈來愈多，現在，他不再給人隨隨便便的小紙條，改用印了抬頭的專門信箋。信上這麼寫著「只要投資十美金，每年就可獲得五十二美金淨利」，下面則註明：「威廉．米勒，法蘭克林聯合企業社經理，銀行家與經理人。股票交易，每日營業時間早上十點至下午三點。」上面還印有班．富蘭克林（Ben Franklin）[1]的照片，下面印著他的格言：「通往財富之

1 此處應指班傑明．富蘭克林（Benjamin Franklin, 1706-1790），美國著名政治家與科學家。

路，正如通往市場之路一樣容易。」當秋日將盡，他的票據不但加上專業鑲字，還在交易業務上加註：「投資、股票、債券、小麥、棉花。」

十月時，米勒的投資事業大獲成功，他決定擴大組成股份公司。十二月二日，米勒寫信向投資者宣布，公司正式命名為「法蘭克林股份公司」，以一百萬美金為初始資本上市。他得保護個人和投資者的利益，投資人可將之前持有的紙條換成股票，所有幫過他的人都會賺到更多的錢。米勒預言，到了一九〇〇年三月一日，每股價值將飆升到四百至五百美金。他們全都會成為富豪。喔，對了，從現在起，每人投資的最低額度為五十美金。「容我在此作結：我恭賀所有曾經投資法蘭克林股份公司的人，在我的管理下，我們共享成功榮耀。」

轉型為股份公司花了不少時間——你知道，商場上總有許多無法預期的困難。有些投資人開始不耐煩，但米勒提醒他們：「我的目標是讓法蘭克林公司成為華爾街上最大、最有勢力的企業，我們將操控股票，漲跌都由我們決定，這會讓獲利增加五倍以上。」一如往常，米勒再三保證絕不會有任何損失。「這是筆誠實安全、合法且獲利可期的生意。」若有人出聲質疑，米勒總是這麼回答：「你八成覺得這是天方夜譚，但有人就是有辦法突然讓財富加倍成長，不然的話，傑．古爾德（Jay Gould）、范德堡（Vanderbilt）、弗洛爾企業（Flower Syndicate），以及其他百萬富豪和大公司怎麼辦到的？他們一開始沒什麼本錢，卻在華爾街一夕致富。」當然，米勒說的話準沒錯。那他們呢？

心焦的投資人說服自己，他們相信米勒真誠坦白，許多人又加碼投資。

法蘭克林公司飛黃騰達，民眾口耳相傳新投資人的豐厚紅利，再加上刊登在全國各地報紙媒體的上百則廣告——米勒花了三萬二千美金以上的廣告費，定期印發廣告，並在報紙外加上自己印的頭條專題封面報導，標題就像現在網路上各種衝高點閱率的釣魚文章：「華爾街全都驚呆了。威廉．米勒的法蘭克林公司是大贏家……新崛起的財富魔法師讓其他金融公司相形失色。」米勒的事業一路順遂。到了十一月，法蘭克林公司旗下有一萬二千多名投資者，每天都有高達二萬到六萬三千美金的新資金急著送進米勒的帳戶。

排隊人龍從門口排到階梯下，出了大門，直到佛洛依德街上。你看見有些人已經幸運地領到紅利，走下樓梯時笑容洋溢、心滿意足。你不禁往前擠，好離幸運之神近一點。一個冷冽的冬日早晨，門前排隊的人擠得水洩不通，佛洛依德街一百四十四號的門廊居然倒塌了。

法蘭克林公司的辦公室煥然一新，整修得更時髦專業。兩張寫字桌，一張大會議桌上堆滿宣傳法蘭克林公司的廣告單，房間中央裝了原木柵欄隔開存入本金和領取紅利的排隊人潮。右邊小房間有扇玻璃窗讓投資者領取股息。展示櫃上放滿紙鈔、金幣和銀幣，人人看得目不轉睛。一切多麼賞心悅目！

到了十一月二十四日，米勒握有一百二十萬美金的現金存款。

無可救藥的樂觀偏誤

一九八八年，加州大學洛杉磯分校心理學家謝麗·泰勒（Shelley Taylor）提出人類的一項嚴重認知偏誤。我們不只自以為高人一等、與眾不同，還預期自己的人生一帆風順，相信未來一定會比過去更美好。**就某方面而言，我們內在的預設程式過度正面地預測未來發展——即使我們無法掌控，仍舊相信一切順遂如意。**這種傾向稱為正向偏誤（positivity bias）或樂觀偏誤（optimistic bias），指出人對人生普遍抱持樂觀態度，連悲觀的人也相信未來終會否極泰來，甚至自認有控制或左右外在事件的能力。這種樂觀態度和你看待世界或人類的角度無關，只要是人，對自己的人生總是樂觀以待。最苦悶刻薄的懷疑論者也認為自己終將成功。

詐騙遊戲的下一步驟就是「獲利[2]誘餌」，騙子提供獲利誘餌好取信於人，讓你以為成了贏家，相信計畫順利進行。投資有了回報，神奇產品撫平臉上皺紋、體重一路下降。那醫生似乎醫術高強，對症下藥。這酒喝起來真是人間佳釀，那幅畫多麼細膩動人。你談到一筆划算的生意。你下注的那匹馬是貨真價實的冠軍種馬。

詐騙童話讓我們自認高人一等的理想成為現實，確信自己是好人所以好運降臨。看哪，就在此刻，幸運之神真的顯靈，我們果然沒看錯，投資付出終有回報！他言而有信，真給我穩賺不賠、保證百分之十的獲利。詐騙達人走的每一步棋都有道理；他們得給你一些好康，讓騙局看來更加可靠。嘗到獲利誘餌的甜頭，受害者更為信服，相信勝券在握。

藝品詐騙大師洛賽斯將數十幅假畫丟進藝術圈，其中混了幾幅真跡。庫爾尼阿萬和哈迪・羅登斯托克（Hardy Rodenstock）都是厲害的假酒商（前者被判刑，後者審理中），他們舉辦豪奢晚宴時，都用真酒招待各界名流。龐氏騙局受害者一開始都以為賺到了，直到騙局垮台。相同的手法不計其數。

我們不擅長預測未來；明知未來難以預料，仍然相信自己多少能掌控未來。當萬事亨通，人總相信好運會一直來，說不定還會愈來愈旺。借用泰勒說的話，人總認為「現在比過去好，未來一定比現在更好。」調查美國人對未來的想法時，大部分人都信心滿滿，相信明天會更好。在一項研究中，大學生列出人生和事業的未來可能性，發現每四項正面預測才有一項負面預測。泰勒解釋：「基本上，大部分人都這麼說：『未來一定很美好，特別是我的未來。』」

思及自己的人生，我們相信好事會上門而壞事不會來；特別是不確定性高、難以預測的狀況時，格外相信自己能趨吉避凶，對自身相關的事情懷抱不切實際的樂觀態度——我在截稿日前一定能寫完這本書，沒有任何事阻止得了我。我們無可救藥地相信能夠避開所有障礙。但真是這樣嗎？我真的不會陷入困境？

---

2 原文為「convincer」，指騙子讓受害者拿到好處，讓他們完全被說服（convinced）。騙子可能會給受害者現金或假鈔，若是賭博詐騙，會讓受害者先贏好幾筆；若是股市詐騙，則給予受害者假股票。

一九九〇年，心理學家羅伯特．瓦朗（Robert Vallone）和同事請學生推想未來，預測四十一件事在下學期發生的可能性。選項中包括加入兄弟會或姊妹會、到舊金山玩、運動、參與十一月的選舉投票、翹課、每天花二小時以上念書、在特定科目拿到高分、有穩定感情、和父母通五次以上的電話、改變事業目標、改變政治立場、念研究所或工作、得思鄉病、陷入不愉快的感情關係等。有些選項是好事，有些則較負面。等到期末，研究人員再請學生填選一次，看現實和預測有何差別。

兩項調查結果出爐，二十九項預測中，學生至少高估了百分之十的可能性，也就是說，在百分之七十的狀況裡，實情和預測有百分之十的誤差。另外八項預測中，實情與預測有百分之二十以上的差距。誤差值往往是因為預測太過正面：學生相信好事會發生，會避開不好的事，然而實際狀況並非想像的那般美好。比如說，百分之八十到八十五的學生幾乎完全相信自己的遠距離戀愛能撐過這學期。實際上正好相反，預測完全失準。

小拉夫．雷恩斯（Ralph Raines, Jr.）是奧勒岡州蓋斯頓市一家家族大型木場繼承人，木場價值一千五百五十萬美金。二〇〇四年，五十七歲且單身的雷恩斯決定前往本德市附近一家算命店，蕾秋．李（Rachel Lee）的「李氏通靈館」。李說的話悅耳動聽，接下來兩年間，雷恩斯定期造訪；雷恩斯對她百般信任。儘管人生多災多難（丈夫死於癌症），她卻坦白真誠又古道熱腸。雷恩斯的父親在二〇〇六年十月中風，他靈光一現：何不聘她當父親的全職特別看護呢？畢竟她曾照顧病重的先夫多年。於是，李開始在雷恩斯家工作，月薪直逼九千美金，連她的男友布蘭西也被聘來整修宅邸。老雷恩斯辭世時，李已經成了他兒子的律師。李開始買房地產，買了數間不同城鎮的算命店家和一棟住宅。她向雷恩斯解釋她做過房地產，這是投資獲利的最佳途徑。雷恩斯對她言聽計從。

二〇〇七年，李更進一步：她將十幾歲的女兒波莎介紹給雷恩斯。不過雷恩斯並不知情，他以為她是和李毫不相干的陌生女子瑪麗・馬克斯。波莎假扮此人身分，戴了頂金色假髮（雷恩斯喜歡金髮女性），並學了英國腔，精心安排一場偶然相遇。

當時情景依舊歷歷在目。那天是二〇〇七年十月二十一日，雷恩斯剛結束林場會議，並請李開車來接機，兩人約好在吸菸區碰面。那位坐在吸菸區的金髮美女，一看到雷恩斯就直呼其名。她解釋自己擁有特殊體質，從他身上感受到強烈靈力。她知道他的身家背景，也說得出他的出生年月日；她的靈力超強，說得出許多私人資訊。雷恩斯驚呆了，詢問她的姓名。她說自己名叫瑪麗・馬克斯，是個兼職會計。兩人約好下次一起喝咖啡。

兩人的友情日漸深厚。過不久，假扮馬克斯的波莎告訴雷恩斯一個祕密：其實她是非法移民，過陣子就得被遣返回國。雷恩斯答應娶她，而她準備好各項文件（當然全是假的）讓他簽名。二〇一〇年十一月，雷恩斯的房子已過戶到馬克斯名下。

接著兩人發生一些問題。馬克斯想要小孩，問雷恩斯願不願意做體外人工受精？當然沒問題。雷恩斯還記得馬克斯拿來一個裝滿乾冰的容器，請他放入「捐精」。他以為她將精子送到加州的診所進行受精程序，不過，馬克斯心懷鬼胎，另有計畫。她真的懷孕了，只不過懷的是別人的種。她順利產下一名男嬰，取名為喬治．亞曼尼，堅稱他是雷恩斯的兒子。母親李則成了男嬰的保母。

二〇一二年，李氏母女又叫雷恩斯捐精，他開心照做。家庭成員增加讓他很得意，衷心期待新生命的降臨。不過這次馬克斯假裝懷孕，在衣服下裝墊子假裝肚子隆起。接著她宣布悲慘的消息，葛羅麗亞．珍（雷恩斯連名字都取好了）已經不在了。她不幸流產，雷恩斯傷心欲絕。

為何要假裝懷上第二胎呢？因為蕾秋．李還需要點時間。等到女兒裝作流產時，她已變賣雷恩斯的資產，把林場豐厚的獲利吸得一乾而淨。

二〇一五年二月十九日，六十七歲的雷恩斯坐上證人席。一臉茫然、備受打擊的他還搞不清楚到底發生了什麼事。「我以為我娶了瑪麗．馬克斯，我不知道她人在哪裡，」雷恩斯在庭上說道，無法相信人們說的話，「基於個人因素，我還戴著婚戒。」最後，蕾秋．李被判處八年四個月徒刑，而她二十五歲的女兒波莎．李，也就是雷恩斯多年來以為的瑪麗．馬克斯，被控共謀罪，得服刑二年十個月，布蘭西．李則被判處二年徒刑。

雷恩斯不只在法庭上拒絕接受現實，判決後也依然不信邪。他深陷李家的騙局十年，不少人都曾警告過他。當雷恩斯和蕾秋一同參加地方活動，許多朋友都懷疑蕾秋心懷不軌。他在二〇一〇年和馬克斯連袂出席高中同學會，表親卡琳．芬尼摩爾（Karin Fenimore）大為驚訝，她完全沒聽說雷恩斯結婚了；事後她向檢查官描述當時情況，解釋雷恩斯原本每隔一、二週就會到她家坐坐，但後來愈來愈少出現。芬尼摩爾認為雷恩斯和身邊親友漸行漸遠，一定出了問題。不只如此，十年來有許多明顯徵兆，首先，雷恩斯的兒子完全不像他，不過他視而不見。他原有機會及時脫身，但事事順心，於是他選擇最容易的一條路：保持信念，繼續相信。直到銀行人員對幾筆以雷恩斯為名進行的財務交易產生懷疑，才通知警方介入調查，如果銀行沒有懷疑，恐怕他會一直篤信人生一帆風順、一家和樂。而渴望一個既快樂又單純的現實，正是「獲利誘餌」成功的契機。

選擇性知覺讓人忽視潛藏危機

我們接收周圍訊息時，傾向躲進正面積極的一面，過濾掉負面悲觀的訊息。這種選擇性知覺（selective perception）讓我們更善解人意、更快樂，也更替他人著想，也有比較好的生產力與創造力。遇到負面結果時，我們（通常）能夠面對挫折，因為我們會合理化情況，說服自己那不是我們的錯。即使不去合理化，相信自己能力不差能讓我們更能接受挫敗。沒錯，我失敗了，但我一定會解決它。

選擇性過濾也讓投資者將米勒的百分之十獲利率歸功於自己投資嗅覺敏銳，不起疑心。既然我們慧眼識英雄，這筆生意一定會成功，不會受周圍情勢變化影響。**我們想成功，全神貫注找出成功徵兆，忽略曖昧不明的跡象。**豐厚獲利真是因為米勒掌握先機、擅長投資嗎？或者另有原因？只要我們按時收到錢，就不會去想原因為何，一口斷定米勒是個聰明的投資者。不然的話，我們怎會放心把錢交給他？

拿股票市場為例，成千上萬的資訊明列每檔股票歷來表現——各種表格、趨勢分析、景氣循環和預期報酬等。但當一切看漲時，再聰明機警的投資人也難以相信下一秒就會大跌一場。一九九八年股市正處牛市，調查人員請投資者預測下一年的報酬率，投資者預測的報酬率高達百分之十四。十年後，投資人更加樂觀，預計能達到百分之十七點四的年報酬率。然而，美國股市長期投資的基準報酬率通常是百分之十到十一，專業投資客和交易員不可能不知道這個數值。

這就是為什麼泡沫一次又一次地膨脹——不管是總體市場或是特定部門——接著又璀璨華麗地破滅。投資人明知根據理論，市場總有一天會走下坡，但真的操作起來，人們總覺得時候還不到，股市不會現在崩盤。畢竟，一切都那麼順利。這就是「獲利誘餌」的功用，它收服你的心。你正在賺錢，怎能就此罷手？你自信會一直賺到錢，何必懷疑？

並非現代經濟才有這種極度樂觀、無視潛在風險的情況。自古以來，人們一直如此樂觀。史上最著名的泡沫經濟之一，就是十七世紀早期的荷蘭鬱金香狂熱，又稱鬱金香效應（tulpenwoede）。當時人人都愛鬱金香，售價水漲船高。一六三〇年左右，一名水手誤把鬱金香球莖當作洋蔥吃下肚，因此蹲了苦牢；雖然這故事八成是道聽塗說，但當時鬱金香的確炙手可熱。一六三七年，鬱金香泡沫達到巔峰時，有些花種的球莖價格在三個月內漲了二十倍之多。「永遠的奧古斯都」（Semper Augustus）是種特別熱門的鬱金香，在一六二〇年時要價一千荷蘭盾；泡沫破滅的前幾週，它的身價等同阿姆斯特丹的一棟豪宅——五千五百荷蘭盾。到了二月，市場卻崩潰暴跌。這就是投機的真義，證明樂觀心態多麼無可救藥。如果我們不期待，它就不會發生；如果我們心有所願，它就會實現。騙子只要拿出獲利誘餌讓我們一嘗甜頭，人便開始鬼迷心竅。

大部分人都認為泡沫經濟和詐騙不能相提並論，但二者之間只有一線之隔；它們的運作方式和原理大同小異、發生緣由類似，都利用相同的人性弱點，即使歷史證據擺在眼前，它們的影響力仍舊驚人。有時，二者之間僅有細微差異。一個人的泡沫經濟，可能是另一人的騙局。

一七一四年，約翰·羅（John Law）來到巴黎。他身材挺拔、舉止優雅，熱愛女人和賭博。羅很快在路易大帝廣場旁住下來——這裡可是巴黎市中心第一區最時髦誘人的街區，往來出入盡皆仕紳名流。今日，它已更名為凡登廣場（Place Vendôme），麗池—卡爾頓酒店和凡登飯店都坐落此區。羅剛到不久，阿姆斯特丹銀行就提出會面邀約，因為羅是大名鼎鼎的蘇格蘭經濟學家，在銀行家父親手下受訓多時，知道如何在上流社會裡嶄露頭角。

沒過多久，羅和法國未來的攝政王奧爾良公爵（Duke of Orleans）一同賭博，身邊環繞著皇親國戚。公爵很欣賞這位幽默風趣的蘇格蘭人，覺得他既懂得和菁英貴族切磋交流，又不妄自尊大。他和歐洲學識最淵博的人小酌共飲，裡頭的人包括了來自阿姆斯特丹或威尼斯的厲害角色。羅懂得當個受歡迎的客人，擅長談笑風生、迷倒眾人。

當時法國深陷債務問題。路易十四大興戰事又生活豪奢，花掉了二十億里弗爾（livres，法國當時貨幣單位）。貴金屬很稀有，要鑄造新錢幣並不容易。路易十四死後，留下年方五歲的繼承人，奧爾良公爵成了攝政王。公爵發現國家經濟深陷泥沼卻束手無策，於是轉向老友求助，希望這位財經魔術師提供意見。

羅很快就掌管了通用銀行，接著擔任法國的財務大臣。他心中自有盤算，多年來他一直倡導中央銀行系統，用紙幣本位取代金銀等貴金屬本位的貨幣制度。貴金屬的準備量決定紙幣價值，而以紙幣作為流通工具，能讓金融系統更加靈活。現在看來，這種措施非常合理，至少理論上是如此。但在當時紙幣可是劃時代的創舉，沒人用紙幣交易過，每項買賣都仰賴貴金屬。不過，紙幣能增加貨幣供給，羅希望藉此刺激商業活動和買賣行為，讓法國脫離債務困境。羅成立了密西西比公司（Mississippi Company），負責殖民地的買賣貿易活動。人們透過購買股份來集資，公司則交易重要貨品和貴金屬、刺激法國經濟，羅相信這是解決困境的唯一辦法。

後續發展至今仍讓各界學者爭論不休。我們只知道，前一年股價飆漲到歷史新高的密西西比公司在一七二〇年面臨股價崩盤。少數眼光敏銳的投資者發現密西西比發行的股票愈來愈多，而國家印製的紙鈔也愈來愈多，意識到背後的祕密：這根本是個不斷輪迴、一手換一手的把戲。於是有些人（包括兩位頗負盛名的王子）決定把股票兌現領出。其他人立刻跟著照辦：既然股票那麼值錢，何不立刻換成現金？羅迫不得已趕印鈔票，印了一百五十萬里弗爾來應付兌現需求，但人們想要金屬鑄造的硬幣，不再信任紙鈔。通用銀行此時已改名為皇家銀行，最終因無法負擔兌幣需求關門大吉。羅不得不逃離法國，扮作乞丐逃避追捕。八年後，孤苦窮困的他因急性肺炎死於維也納。

有些人認為約翰・羅是一代詐騙大師，他成立騙人的貿易公司，賣出不值錢的股票，最終拖垮法國經濟。當時流傳一首民謠：

星期一出手買股票
星期二股價拚命漲
星期三精心選豪宅
星期四馬車到處逛
星期五名流舞會去
星期六淪為名流門下工

有位貴族形容當時情況：「紙鈔制度到此終結，上千乞丐成了富豪，多少富豪淪為乞丐。」傑・羅伯特・納許（Jay Robert Nash）在一九七六年出版詐騙史書《騙徒與詐騙專家》（*Hustlers and Con Men*），書中將約翰・羅指為光鮮亮麗、手腕高超的騙子。二〇一四年十月，知名商業財經史學家約翰・史帝爾・戈登（John Steel Gordon）則認為羅犯下史上最厲害的騙局。

時至今日，許多人仍認為羅並非狡詐騙子。他的計畫有憑有據，只是投機心態矇蔽了他的雙眼。他以為能無止境地發行股票、印製鈔票，只要貿易公司營運順利，法國經濟就會起飛。當時信心滿滿的人們一定會繼續樂觀下去，而股票價格會持續上揚，因為，它從來不曾下跌過。

究竟羅是個騙子，還是時運不佳？我們無法找出答案；畢竟，他是不是騙子取決於知情程度和背後動機。當時他是否真想幫助法國經濟，或者只是貪圖權位，打算獲利了結後就落跑他鄉享盡榮華富貴？沒人知道。還沒到法國之前，他在家鄉蘇格蘭時曾因揮霍無度的賭博惡習，將父親的銀行毀於一旦，接著又因愛情與人決鬥，殺死對手後被法院判處死刑（他逃到阿姆斯特丹，避了一陣風頭又回到蘇格蘭）。羅的貨幣提案分別被阿姆斯特丹和蘇格蘭拒絕，於是他來到法國上流社會。當時的法國似乎是絕佳的詐騙目標，國家深陷財務困境，離破產只有一步之遙。法國需要改變，甚至願意飲鴆止渴。有段時間，羅的政策真有奇效，窮人開始賺錢，原本打算革命的人現在心滿意足。有誰知道好運會突然不告而別？騙子的獲利誘餌讓目標心服口服，願意長期投資下去。

不管羅到底是不是心機深沉的騙子，他長袖善舞，盡力演出。前衛熱忱的改革者和聰明機警的騙子只有一線之隔，騙子利用世人對未來的樂觀心態大賺一票。法國和它的子民直到最後一刻仍不斷投注更多資源，只求這場計謀或騙局成功。當前景看好時，泡沫怎會突然破滅？

這歸因於人心運作的習慣。當一切看好時，我們無法想像失敗的可能性。嗯，應該說我們多少可以想像失敗，但不認為它真的會發生——至少不是現在，不是此刻，不會發生在我們身上。我們總是樂觀看待未來。

球員手感正熱是否為真？

事實上，**人們經常樂觀到自行創造成功獲利的幻想**，根本不需要米勒、羅或馬多夫提供現金誘餌來增加誘因。我們見證騙局順利進行，把欲望投射為意喻不明的徵兆，說服自己是看準時機投資的聰明人，不管投入的是金錢、時間、名聲或任何珍貴資源。**只要心有所求，我們睜眼所見盡是致富可能**。這就是康乃爾大學心理學家湯瑪斯・吉洛維奇（Thomas Gilovich）在一九八五年提出的知名理論：熱手謬誤（hot-hand fallacy）。吉洛維奇從籃球迷身上發現這個現象，當球員打得順手時，球迷形容為「連續火熱得分」（hot streak）或球員的「手感正熱」（hot hand）。連球員或教練都相信真有這回事，選秀會甚至以球員手感熱不熱來挑選球員。

在吉洛維奇聽來，這說法太不合理。他是認知心理學家，研究人的理性和發展，他認為用這種方式推斷人的天賦與能力實在荒謬，人們怎會有這種認知偏差？他和阿莫斯・特維斯基（Amos Tversky）及康納曼一同研究，早在一九七一年就發現小數法則：我們認為長期觀察所得的機率，應該會和短期觀察的一致，不然就是哪裡出了差錯。比方說，既然投擲硬幣正面朝上的機率為一半，我們相信如果投擲十次，出現正面的機率也是一半。我們沒有考量到平均值是經過長期的觀察所得。因此，若我們看到每次投擲都是反面，就自以為特別幸運。

從騙子轉行當魔術師的西蒙．洛維爾寫了一本書，說明騙子怎麼利用人的謬誤傾向。其中有項非常簡單的短期騙人伎倆，引誘受害者朝機率特別高或特別低的選項下賭注。他們依據上次的結果（在詐騙誘餌中，往往是正面結果），把賭注下在剛好相反的一邊，看來好像很合理。不管騙子是用建議、道具或賭注，他先提出一個假設，接著詢問誰願意來賭一局。比方說，騙子宣稱能在不傷到菸紙的情況下在一根香菸上打結。聽來不可思議，不是嗎？任何打賭說不可能的人，一定會自己先試幾次，確認辦不到；沒想到騙子先用玻璃紙包住香菸再打結。道具賭局利用人們認為不可能的心理，做出意料之外的事。騙子利用「獲利誘餌」背後的原理，讓我們自以為得到合理結論。

吉洛維奇和同事透過分析費城七六人隊和波士頓塞爾提克隊的射籃紀錄，測試熱手謬誤是否真有其事。他們找不到任何支持熱手效應的證據。一個成功射籃的球員，並不代表下次射籃進球的機率比別人高。當球員的表現優於平均值，和手氣正旺毫無關係，全是機率問題：這是機率分布可預期的結果，並不是球員突然獲得神力相助。

熱手謬誤一再被推翻，而在二〇〇六年，一項報告研究了二十年的資料並指出突獲神力的球員根本不存在。即使如此，人們依然相信「不存在的熱手」，特別是對未來有所期待時。如果一個球員連續得分，其他球員就該做球給他，因為他將能射籃得分。康納曼指出，在避險基金中，投資者也有相同傾向。若一筆基金在幾年間獲利特別高，投資人就會加碼投資。即使人們明知市場風向多變、成功仰賴運氣，仍然認為既然這次獲利，下次也會成功。然而，事實上往往好景不常，好運眨眼就過。畢竟，這只是場機率遊戲，贏久必輸。當然，基金經理人應該挺能幹的，但說到底他也得是個幸運傢伙——**當人沒有才能時，我們往往誤將運氣視為才幹**。

我們不但因為現在萬事順遂，就誤以為接下來也會步步高升；當我們預測成功的可能性時，甚至投射自身欲望做出錯誤評估。換句話說，我們往往認為自己的樂觀預測很準，若結果意義重大，這種傾向更明顯。就像法蘭波頓確信米蘭妮會成為他的妻子，雷恩斯確定「一家人」會過著幸福快樂的日子，或者伯格斯敦深信不斷向米勒投資就能定期拿回紅利，美好日子永遠不會畫下句點。

一九三五年，哈佛大學的心理學家傑洛米·法蘭克（Jerome Frank）請一群人執行三項不同任務，每項任務都很簡單，但要重複數次。一項任務請參與者盡快印出一組辭彙；另一項是向棍子投擲圈圈（擲環套樁遊戲）；第三項任務則是於時限之內，根據指令在腦中想像一組形狀。每次參與者完成任務時，法蘭克都會向參與者解說他的表現狀況，問他下一回會怎麼做。法蘭克發現參與者表現欲愈高，對自我表現的預測愈好，即使之前的表現不佳。我們希望計畫成功、投資獲利、愛情生活如意、幸運之神常駐左右、身心更健康且外貌更出眾。我們在心中將欲望化為現實，這很正常——但也因此，騙子使出的獲利誘餌對我們充滿說服力，原本經不起時間考驗的短期詐騙變成長期詐騙。因為我們就像騙子一樣，盡心竭力說服自己，相信好運會常伴左右。

奪取信任的獲利誘餌

我們不只被騙局的樂觀假象騙過，也把樂觀心態投射在騙子身上。當我們得到詐騙獲利誘餌，不但更相信騙局，也更相信騙子。我們認為他到目前為止都值得信任，那麼未來也可以繼續相信這個人。

一八九〇年出生於布拉格的維克多．勒斯蒂格自幼便展現驚人的語言天賦，不到二十歲就會說捷克語、英文、德文、義大利文和法文。語言天賦對他日後發展貢獻良多，靈巧唇舌成為他賴以維生的工具。他假扮侯爵，成為二十世紀初期最厲害的詐騙大師。勒斯蒂格不只一次將艾菲爾鐵塔賣給毫不疑心的投資者——他兩次說服受害者相信艾菲爾鐵塔將拆成一堆破銅爛鐵出售。他還發明惡名昭彰的印錢盒，宣稱盒子能依客戶需求印製完美的二十美金紙鈔。只要你掏出四千美金，就能以折扣買下神奇的印錢盒！（如果目標是大戶，價錢也會隨之上漲；據稱一名銀行家花了十萬美金買下盒子。）他在盒子底層放上真鈔，外人看不出機關所在。他每次出手必能成功騙人，甚至騙倒前來逮捕他的警長——警長明知他是個騙子，仍掏錢買下魔法印錢盒。

勒斯蒂格聲名遠播，無人不知。當他到了芝加哥，聽聞他的才能的當地黑幫大老艾爾．卡彭（Al Capone）邀請勒斯蒂格到他的地盤大展身手。勒斯蒂格向走私大亨提議，只要卡彭拿出五萬美金，兩個月內就能翻倍。卡彭仗著手下眾多，心裡狐疑但應允了勒斯蒂格的提議。「好吧，侯爵，你最好實現諾言，六十天內還我兩倍的錢。」如果勒斯蒂格失敗，下場不堪設想。

勒斯蒂格既聰明又機警。他喜歡豪奢的生活，但最重要的是，他可不想死。他才不想冒險拿卡彭的錢投資。這根本不是他的計畫。事實上，他把卡彭的錢全存進保險箱，接著回到紐約的住所，照常生活。期限到了，他依約回到卡彭的辦公室。

卡彭迫不及待要勒斯蒂格交出現金。然而，侯爵語帶抱歉地對卡彭說：「請你接受我最真誠的歉意。很對不起你，我的計畫失敗了。我輸了。」他從皮包裡拿出卡彭給他的所有現金，一毛不少全還給黑幫大老。勒斯蒂格接著解釋，他費盡心力希望一切成功；他自己也亟需用錢。但很可惜，計畫失敗，沒能翻倍賺回來。

卡彭一陣沉默，驚訝得說不出話來。卡彭早就知道勒斯蒂格是個騙子，以為他會到處行騙，想辦法把錢翻倍，交出十萬美金；或者勒斯蒂格會賠光一切，空手而回。侯爵的表現展現出他的另一面，讓卡彭印象深刻。

「天哪，你真是個老實的傢伙！」於是，卡彭給了勒斯蒂格五千美金，好「助他一臂之力」，幫他度過財務難關。這就是勒斯蒂格所要的結果，犀利識人的卡彭成了他的伯樂，對他出手相助。

羅德瑞克·克瑞默每年都在史丹佛商學院教授談判課程，每次面對新學生，他總問道：「你有能力評斷一個人值不值得信任嗎？」總有超過百分之九十五的學生自認比一般人更懂得評斷他人的可靠度。此處指的一般人並非市井小民，而是同校的學生。其他人不懂得判斷人們的品格，但我能一眼看穿他人，知道如何評斷對方的可靠度、誠實度和公正度。班上超過四分之三的學生認為自己判讀品格的能力是全班前百分之二十五，還有五分之一的學生相信自己是最厲害的前百分之十。**我們自信能看穿人的品性，若對方證明我們的預測準確，我們會百分之百信任對方，要讓我們改變看法難若登天。**

受害者的虔誠信念不輸宗教信徒

一八八九年十一月二十四日，法蘭克林公司募集了一百二十萬美元資金，並在同一天早上達成另一項里程碑：登上《紐約時報》頭條新聞。這可是貨真價實的新聞報導，不是米勒自己出錢刊登的廣告文章。標題是斗大的七個字，極力勸諫民眾「脫離米勒的公司」。

報導中指出德高望重的金融專家對這家公司心存懷疑：誰是後台老闆？那些存款投資到哪兒去了？為什麼利潤如此驚人？調查人員發現，紐澤西有家法蘭克林公司在四天前申請成為股份公司，但沒有半個相關人員知道米勒這號人物。紐澤西信託公司（Corporation Trust of New Jersey）祕書霍華．伍德（Howard Wood）告訴記者：「我不認識米勒先生，不知道他做什麼生意，也沒看過他在布魯克林做生意的相關文件。」緊接著，記者發現更多奇怪的事。「這家公司沒有法定代表人、沒有總經理，照理得透過董事會投票同意才能在紐澤西以外的地方開業，但他們從來沒投過票，因為根本沒有董事會。」

米勒的豐厚利潤在過去幾個月來引起記者注意，當公司業務蒸蒸日上時，人們也開始推敲公司的投資內容、經營方法和財務狀況。記者們一再來到米勒門前四處探問質疑，要求米勒解釋並公開財務報表，而十一月二十四日的頭條報導正是幾個月來反覆查訪後得出的結論。因此，星期五傍晚，股市一週交易結束，投資人也跟著休市放假去了，米勒便在下週一開市前逃到了加拿大。

米勒北行時，警方也開始行動，步步進逼。米勒才離開幾個小時，警方就來到佛洛依德街，卻發現主事者已消失無蹤。米勒的公關和新聞發言人西塞爾・萊斯利（Cecil Leslie），以及合夥人薛勒辛格（Schlesinger）都離開了。不過他們離開得很匆忙，桌上散落著四千五百美元現鈔，旁邊放著價值四百美金、貼好郵票的信封。角落裡還有一個完好的大型保險箱。現場有四十五名左右的職員和祕書一臉驚訝，不知發生了什麼事。他們等著老闆發這一週的薪水，疑惑為何還沒收到支票？

當天晚上，估計有二千人湧至法蘭克林公司。他們不太緊張，反倒好奇不已。過了六點，許多人又開始把錢存入法蘭克林公司，有人存了五十美金，有人存了一百美金。的確，稍早之前人們要求退款，但現在更多人蜂擁而至，想把錢存進去。原有幾個人大呼小叫地要求退款，職員立刻退回全額；過沒多久，他們又不太好意思、一臉心虛地想把錢再存回去。他們連聲道歉，說自己不該如此衝動、不該懷疑法蘭克林公司。約有百名要求退款者，反而存入更多錢。

人們的信心不減，甚至激動護航。「為什麼要懷疑他？米勒先生從沒讓我們失望。」有個徘徊多時的女人說道。「他總是按時發放紅利。六週前我存了一百美金，目前為止我收到六十美金。都是那些報紙和銀行家暗中搗亂。沒人相信新聞啦！」她繼續說：「他們都嫉妒我們，也想大賺一票。」當地一名藥劑師烏利格一口斷言，和米勒一起投資是「有生以來」最棒的事。

一個說服了三位朋友投資的年輕女人同意烏利格的說法。她下午就來了一趟，想投資更多錢，有人警告她是被耍的笨蛋，她自信滿滿地駁斥：「不，才不是呢！米勒先生言出必行。」街角的馬車出租行裡，所有員工都投資了法蘭克林公司，一位年長的德國人正在安撫旁觀民眾。他告訴《紐約時報》：「米勒沒問題的，若他有什麼需求，我們隨傳隨到。若他想去法務機關，我們會送他過去。」亞道夫．布萊曼原是社區裡的裁縫師，但他已經停業了，因為米勒發的紅利就夠他生活，他連續兩週都領到七十五美金，相信之後也會持續領到。

星期六，大約有二百到四百位民眾聚在法蘭克林公司外。和以往一樣，門上掛著「週六公休」的告示。民眾安心不少，畢竟米勒先生從不在週六上班，又怎會在今天現身呢？卡爾頓太太在布魯克林的一家血汗工廠上班，每天辛勤工作十二個小時才賺到五十六分錢。她環視四周、眼神慌張，兩週前她交給米勒先生一百六十美金，這可是她畢生的積蓄。目前她收到共三十二美金的紅利。她的錢會不會一去不回？卡爾頓太太慌忙詢問旁觀民眾。他們肯定回答，才不會呢，這全是打壓「可憐的米勒先生」的陰謀。卡爾頓太太放心多了，她放下擔憂、離開現場。

下午時分，更多投資者出現了。卡爾．普若斯不良於行，他得意地出示前天存款的收執聯，上面寫著四百五十美金。他老神在在——不，先生，他一點也不擔心，他來只是瞧瞧為何發生這麼大的騷動。別懷疑，普若斯週一早上還會過來，領第一筆紅利。史強克同樣堅信不移，他投資了五百美金；他是馬路那一頭的雜貨店老闆，說米勒先生總是信守承諾。還有糖果店的法蘭克．溫斯坦，之前投資了五十美金，前一天還鼓吹把錢存在這裡最安全，說服表親投資二百美金。熟食店的奧古斯特．韋伯，同樣對米勒信心十足，也說服老婆和岳母一起出錢；他投資的金額太高，不願明講，他才不像其他人一樣招搖。韋伯說道：「我投資多少錢不關你的事，但我告訴你，若米勒先生星期一要我拿出五百美金，我絕對立刻掏出來！」

還有打算再加碼五十美金的渥福特小姐，想讓投資和獲利加倍。渥福特小姐不常讀報紙。什麼？米勒先生可能已經逃亡，她恐怕無法加碼投資？不可能，她啥也沒聽說。

相信米勒先生的人，可不只街坊鄰居而已。警員、消防隊員、警探和郵差全從米勒先生那兒拿過紅利，直到上週一切還很正常。「如果連警察都不緊張了，」人群中有人出聲，「我們又何必窮擔心呢？」

星期一早上，當投資民眾緊張地聚在法蘭克林公司前等著發放紅利時，警方已占領辦公室了。

即使如此，他們仍然保持冷靜。米勒技巧高超，而出自閱歷與必要，民眾信心堅強，他們抱持著宛如宗教信徒的虔誠信念，深信米勒將會現身。米勒將證明這一切都只是場誤會。店老闆、鄰里間的主婦、教堂信眾……全都聚集在佛洛依德街，等著迎接米勒先生的歸來。人們反覆說著都是報紙的錯，那些記者才是幕後的主使者。他們嚴重誹謗米勒先生，他迫不得已才會逃跑。十一月二十七日，米勒已離開四天，《紐約時報》的報導中寫道：「昨天聚集在此的民眾，大部分都熱切等著米勒回來，等著他宣布法蘭克林公司恢復運作，而他將打倒那些敵人。」

李斯隊長（Captain Lees）是此轄區的警局隊長，很早就對米勒的公司起了疑心，卻找不到願意舉發的民眾，沒人懷疑米勒的公司不合法。「我還沒聽說過有哪個客戶對他不滿的。他們全都相信他童叟無欺，不相信米勒的經營模式很可疑。」李斯說。布魯克林的警探詹姆斯．雷諾斯（James Reynolds）補充：「這一區的民眾都相信他誠實清白，即使現在，許多商店老闆也還是願意收下他公司開立的支票。他們義憤填膺，認為全是報紙的錯，報社想摧毀人們的『正當生意』。」

十一月二十八日，米勒已失蹤五天。新聞媒體爭相報導，警方搜捕行動也如火如荼進行，而米勒的投資者依舊虔誠一如往昔。人們深信米勒終將回來，法蘭克林公司也會重新營運，因此布魯克林郵局仍不斷收到一堆執迷不誤的投資者寄來的信件，信封裡裝了要給米勒的現金；投資者依然想投資法蘭克林公司。在百老匯和葛拉漢的郵務局裡堆了超過一千二百封信，等著史上最厲害的股市大師回來領取。附近的郵務總局則累積一萬美金以上的郵政匯票。十幾位警探分頭搜索，並擴大到紐約以外的地區，監測前往歐洲的貨船和紐澤西的火車，努力追查米勒下落；與此同時，民眾聚在佛洛依德街，等待法蘭克林公司重新盛大開幕。

錯失良機或是抽身機會？

對未來不切實際的樂觀態度，讓我們在嘗到獲利誘餌時相信好運將持續，甚至讓我們自鳴得意而錯失抽身良機。看看米勒的投資者原本要求退款，領到錢後卻又存回去。這種行動背後的邏輯其實很簡單。你心生怯意，懷疑自己是不是把一切想得太美好了？然而，當米勒暗中布下的樁腳要求退款後又立刻把錢存回去，你立刻重拾信心。（這是詐騙達人的得意伎倆：結夥合作，扮成受害者的樁腳其實拿了大把的錢，演出戲碼確保受害者牢牢上鉤。）於是，投資人心中又掉進老套的思考迴圈：怎麼做會讓我後悔莫及？明知我不會有損失，難道該在此時放棄大好機會？還是放手一搏，只要獲利持續，我就會和大家一起變成富翁？

預期情緒（anticipated emotion），也就是預期某項行動造成的心情變化，讓我們想要保持現狀。預期未來會後悔，讓我們堅持不懈；預想到壓力，讓我們積極行動，因為消極可能會造成未來壓力；想到罪惡感，我們就想辦法避免它。

康納曼和特維斯基做了一個知名的思想實驗。他們描述兩個玩股票的人都在一檔股票上輸掉一千二百美金，不過輸掉的方式不太一樣。第一個人先買了一支股票，後來經過考慮，出手賣掉、轉買另一支，沒想到卻輸了錢。第二個人則因股價下跌時遲遲不願脫手造成損失，從頭到尾都沒有轉買另一支行情看漲的股票。誰的心情會比較差？受試者聽完這兩種劇情後，幾乎全認為第一位投資者會後悔不已：他原本勝券在握，賣掉之後卻買到籤王。因為人們無法承受「事後發現自己原本是對的，如果堅持下去就會成功」的事實。

十年之後，瑪雅・巴爾─希勒爾（Maya Bar-Hillel）與埃伏拉特・納特（Efrat Neter）聯手研究，發現人們面對現金的心態也是如此。研究人員在實驗開始時先發給參與者樂透彩券，每張彩券得獎機率相同，接著請大家交換彩券，同意交換的人還能獲得美味的松露巧克力。然而，五分之三的人拒絕交換。心理學家決定增加誘因，不但發送新的樂透彩券，而且願意交換彩券的人能拿到現金獎勵。即使如此，只有不到百分之四十的參與者同意交換。若參與者感到後悔的機會明顯提高，比如中獎號碼將在現場公開抽出，因此原本握有中獎彩券的人會當場知道自己錯失機會，此時，只有約四分之一（百分之二十七）的人願意交換。即使手上的彩券被研究人員告知不可能中獎，也只有不到一半的人願意與別人交換。

希勒爾和納特認為，這不只是所謂的稟賦效應（endowment effect）而已。稟賦效應指的是我們認為自己手上的東西比別的東西更有價值。[3] **後悔的可能性在我們心中盤旋不去，錯失良機的恐懼戰勝一切理性考量**。當研究人員把樂透彩券換成沒有明確價值的筆，超過百分之九十的人欣然交換。因此，人們並非不願意放棄手上原有的東西，而是害怕錯失贏錢的機會，擔心將悔恨一生。

二〇〇七年的一項追蹤實驗中發現，人們不只不願交換彩券，若交換了彩券，就會認定那張被換走的彩券極有可能贏得大獎。真相是，人們認為按部就班照著原定計畫走，很可能會到達成功彼岸。如果我們嚇到、逃跑或半途放棄，將因一時膽怯後悔不已。到時誰是輸家？俗話說得好：不入虎穴，焉得虎子。

詐騙專家拋出獲利誘餌，就是要引發這種心理模式。你心中有個想法蠢蠢欲動：如果你受了影響斷定這是詐騙，後來真相大白，發現自己錯失賺錢機會，那該怎麼辦？

源源不絕的投資詐騙

米勒的蹤跡遍及全美，許多地方都有人宣稱目擊他的身影。十二月上旬，墨西哥蒙特雷（Monterrey）的希拉格飯店員工發誓親眼看到米勒帶著兩只大型行李箱入住，接著前往坦皮科（Tampico），再搭船前往中美洲。接著，他被逮捕並回到紐約。最後才知道這人根本不是米勒，而是一名當地記者。

米勒的投資人終於認清現實。有人給了伊莉莎白・提蒙斯（Elizabeth Timmons）一千美金幫

---

3 當一個人擁有某項物品，就會高估該物品價值。如果其他人要求換取你手上的物件時，你就希望是更高價值的物件作為交換。

米勒支付保釋金，但此時她已不想再和米勒扯上關係。米勒的第一位受害者伯格斯敦，出聲控告米勒，要求拿回一百五十美元。

二月八日，米勒本尊終於現身，他在蒙特婁被雷諾斯隊長逮捕。星期二傍晚七點左右，米勒和友人走在街上時，雷諾斯在人群認出他的長相。他走向這位著名逃犯，不忘自我介紹：「你好，米勒，我是紐約的雷諾斯隊長。」米勒舉帽致意：「怎麼回事？隊長，你好嗎？」雙方握手，米勒面帶微笑，接著雷諾斯告訴米勒，他得立刻趕回美國，而且米勒必須和他一起回去。晚上八點時，兩人已一同搭乘回美快車，穿越加拿大與美國邊界。隔天下午不到兩點，雷諾斯和米勒就抵達紐約中央車站。

「米勒，現在我們已回到紐約，」雷諾斯對米勒說道，「我非逮捕你不可。」米勒露出微笑：「沒問題，我瞭解。」

即使時運不濟，米勒仍不為所動、嬉皮笑臉：「有常識的人都知道這裡不是加拿大。」當一位記者想盡辦法和米勒的律師一同到拘留所採訪米勒時，米勒大言不慚地說道：「自從我和這公司扯上關係，就被警方、律師和記者抓著不放，他們打壓我，把我當足球踢。」米勒自稱是真正的受害者，他不過是幫上千人發財，哪有做錯什麼。

下午剛過四點，米勒抵達布魯克林市政大樓。他依舊打扮時髦，頭上戴著圓頂硬禮帽，穿著灰色大衣和切維奧特羊毛黑西裝。市政廳外，群眾熱烈等候。米勒低著頭步上階梯，站在身材高大的雷諾斯旁邊，米勒顯得十分矮小。他身後緊跟著人群。此時，法庭已座無虛席，連走道上也站滿了人。當米勒登上法庭，荷德法官（Judge Hurd）讀出訴狀：米勒被控兩項重大一級竊盜罪及一項重大二級竊盜罪。

法蘭克林公司不存在，不曾發行過股票。米勒從未在股票市場進行投資，甚至不是證券交易所成員。不過這不是實情，米勒投資過一次。當法蘭克林公司生意興隆時，米勒似乎也被自己的謊言說服，投資一千美金，買了些他認為一定會上漲的股票。畢竟，他掌握內線情報，是名聞遐邇的華爾街天才，不是嗎？當週收盤時，這筆投資的確大有變化；他買的股票只值五美金三十六分錢。

米勒做的是史上最早也最成功的投資詐騙，現今被稱為龐氏騙局；只不過，當時的龐茲還是個十七歲的小毛頭。把從彼得手中拿到的錢，轉給保羅。只要資本源源不絕地進來，就能順利把錢轉給另一人，但若沒人繼續投資，問題立刻浮現。米勒募集的錢，相當於今天的二千五百萬美金。法院文件形容這筆生意「不但是種詐欺，而且心狠手辣」，米勒的動機就是「投機詐取」，他犯下重大竊盜罪和「冒充欺詐罪」。

米勒抗辯，宣稱自己無罪。

當法庭人群散去，米勒被帶到隔壁的小監獄。接下來一小時，他安靜地坐在牢籠一角的椅子上，讀報之餘不時和警衛說笑。六點一過，他就被帶回雷蒙街監獄，B級六號牢房。

四月三十日，法庭宣判米勒得到新新監獄服十年徒刑，這可是法律規定的刑期上限。米勒大為震驚，他的律師請求法官減輕刑罰，但法官不為所動。「這人建立的犯罪王國究竟該不該嚴加懲戒？這問題難以回答，但我認為該用重刑懲罰他。」

簡克斯・赫修伯格法官（Judge Jenks Herschberg）說道，這些受害者的確「非常無知、欠缺思考」。有誰會相信一個宣稱能達到「百分之五百二十」報酬率的人？用膝蓋想也知道這是詐欺。但米勒依然罪無可赦，他得付出代價。

一九〇三年六月，再次登上法庭的米勒不再是那個從數千人身上騙走上百萬美金、呼風喚雨又時髦有型的紳士。長期深受病痛折磨的他駝著背，一咳嗽全身就不停晃動；上週前他在牢房裡大出血，差點一命嗚呼。米勒竭盡全力才能撐完長達三天的聽證會。現在他出庭指控他的搭檔和律師羅伯特・阿蒙上校（Colonel Robert Ammon），希望能藉此縮短刑期、早日出獄。

當米勒如人們所說的跨過嘆息橋（Bridge of Sighs）[4]，最後一次現身法庭時已非常虛弱，得靠兩名警衛攙扶才能前進。「雖然我對阿蒙先生心懷怨恨，但一想到在獄中的各種痛苦，一切就如過往雲煙。」米勒的證詞結語是：「不管我所說的話到底會讓阿蒙先生被判無罪或有罪，我來此只為說出真相。」

一九〇五年二月十日星期五，米勒獲得赦免，輪到阿蒙去新新監獄坐牢。

接下來十年間，米勒低調地住在洛克維爾中心，當個平凡的雜貨店老闆。他借用老婆兄弟的姓，自稱「威廉斯・舒密特」（Williams Schmidt）。沒人發現他就是臭名遠播的米勒，直到他和舒密特吵了一架，讓舒密特因攻擊罪名被捕後，舒密特才決定向鄰居和新聞媒體告發米勒的真實身分。米勒後來解釋：「我非得化名不可，不然永遠無法像一般人正當工作、賺錢過活。沒人會相信米勒說的話，但身為舒密特，我過得還可以。」

米勒的詭計依然存在，只不過主事者換了別人。有家華盛頓聯合企業公司（Washington Syndicate Company）和米勒一樣，保證投資人每週都能拿到百分之十的利潤。投資人難道還學不乖？他們沒從米勒的例子得到教訓嗎？一位資深記者向該公司新上任的經理詢問道：「你身為商人，難道不知道不管是在華爾街或其他地方，不可能有人每週都固定賺到百分之十的利潤？」

經理回答道：「我不明白你說的話，我聽說許多人在華爾街一天就能賺到雙倍的錢，而且還親眼見證過，只是我自己辦不到，因為我不懂股票市場。我猜拉蒙先生您自有辦法。」

那他該怎麼解釋整家公司的架構和法蘭克林公司如出一轍？「嗯，二者其實不太一樣，」經理回答。「就算一樣又如何？沒有人確定米勒不會回來並重操舊業。我聽說直到今天，米勒發行的存款憑證每一美金還值五十分錢。我想，不管新聞怎麼報導，還是有人相信他。」

4 威尼斯的嘆息橋連接法院與監獄，因犯審判後走過嘆息橋前往監獄服刑，而死刑犯走過橋後就將被處決，只能在此處看人世最後一眼，掩面嘆息，因此得名。

連騙子也會沉迷於騙局

人類的認知偏誤中，樂觀偏誤最為強烈。就像受害者無法抗拒獲利誘餌的誘惑，這也是騙子的弱點。成功的滋味甜美、魅力強大，許多詐欺犯的騙局歷時數年甚至數十年。的確，米勒爬得快，也跌得快。不過，米勒的後輩馬多夫，雖然同樣玩著「把彼得的錢分給保羅」的遊戲，但保守估計，他至少玩了十年而無人發覺。至於我們的老朋友戴瑪哈則從五〇、六〇到七〇年代一路叱吒風雲，直到現實迫使他棄暗投明。**騙子行騙的時間愈久，就愈敢睜眼說瞎話。**

我們聽到詐欺案時，總覺得情節不可思議，難以相信有人以為自己招搖撞騙還能輕易脫身，但獲利誘餌的邏輯往往讓騙子愈陷愈深。要厚顏無恥、面不改色地到處騙人並非易事，騙子也要花時間鼓起勇氣，米勒正是絕佳教材。古德瑞屈法官（Judge Goodrich）對米勒的上訴抱持異議：「這騙局一開始只是想耍點小聰明，但隨著時間增加與資本累積，規模愈來愈大。」騙走十美金稱不上厚顏無恥，但騙走一百二十萬美金可是天理不容。那位因假造與扭曲事實而被出版社取消兩本著作合約的記者約拿·萊勒，之所以露出馬腳是因為他居然虛構巴布·狄倫（Bob Dylan）說過的話。狄倫本人不但還健在，還有一幫超級死忠的粉絲，對一代大師說的每句話都倒背如流。萊勒被揭發後，世人無法置信：怎麼有人膽敢說這種謊？

萊勒做的事和米勒如出一轍。萊勒並非一開始就虛構狄倫的言論，他原先只是撒些無傷大雅的小謊，就像米勒本來只想騙個十美金。但好幾年過去，沒人發現萊勒的謊言，於是他的胃口愈養愈大，當他偽造狄倫說的話時，多年成功經驗讓他自信滿滿，不相信會被人揭穿。騙子和受害者一樣變得志得意滿，相信幸運之神會一直眷顧。我辦得到，我幹得好，萬事順利，不會有問題。想抓我？你倒試試看。有時，就是這種自信讓他們一敗塗地。如果他們小心、謙虛一點，就不會淪落至此，但這都只是事後諸葛。

米勒住在長島時，雖然不能說是一貧如洗，但日子也過得非常清苦。怎麼會這樣？那些錢去了哪裡？他騙走的大把現金至今下落不明，投資者從沒拿回所有的存款。（根據作家米歇爾・祖克夫〔Mitchell Zuckoff〕所說，平均下來，他們投入每一美金，只拿回二十八分錢。）

米勒過度自信，直到他自己也誤信別人、落入圈套。米勒動身前往加拿大前，簽名同意把企業所賺的錢全交給律師阿蒙，包括價值約二十萬美金的債券——後來，他在法庭上宣稱總值約二十五萬五千美金。相信我，阿蒙跟米勒說過，因為基於律師客戶機密特權保護規範（attorney-client privilege），這些錢絕對安全，阿蒙保證會把一切處理妥當。

米勒只拿到五千美金。阿蒙宣稱花了超過五千美金「處理」幾個麻煩人物，另外又花了五千美金賄賂一名法官。除了依言「保管」款項外，阿蒙也同意照料米勒當時仍在布魯克林的妻子，他非常慷慨地每週給她五美金過活。

一開始只是一個字、一句話、一幕場景，或一則美化過的事實，又或者一筆修改過的資料。有人注意到嗎？沒人發現？那麼我們何必停手。很快地，小小詭計擴大規模，一發不可收拾，而你創造了整個虛構世界，牽扯的人愈來愈多。你沒有心理病態，甚至不是病態說謊者。你只是個騙子，被自己創造的騙局迷倒，深信成功之神將一直眷顧，自以為永遠不會失誤。

那被抓到的時候呢？你依然無法相信自己被人識破，就像米勒的受害者，直到最後仍拒絕相信那些錢一去無回。**獲利誘餌的功能太過強大，不管是騙子還是受害者都無法抗拒**。成敗的賭注太大，一切原本很順利的，這一定是誤會，一切還沒結束。人們堅信米勒誠實無欺，騙子也落入自己編織的謊言之網。你堅持自己清白無罪，直到你完全與現實脫節。

騙子想獲得的不只是金錢，而是占上風的成功滋味。他們的確想在財務上賺一票，但也想在智識、名聲和個人私心上贏一把。當成功近在眼前，我們緊緊抓住希望不肯放手。

7 破局失利

傻子燒傷手指，上了繃帶，仍情不自禁向火焰伸出手。

——英國作家魯德亞德·吉卜林（Rudyard Kipling）

十一月上旬，詹姆斯·富蘭克林·諾福利特來到阿道弗斯飯店大廳，一頭栽進長毛絨椅。這幾天緊湊漫長，諾福利特身心俱疲。兩天前他抵達拉斯並住進聖喬治飯店，打算賣掉一座農場。諾福利特身材矮壯結實，不穿鞋的話只有一百六十五公分，寬臉上的藍眼睛炯炯有神，講話時語調平穩嚴肅但不時開懷大笑；他身手矯捷，人們總把他和牛、馬或武器相比，有個朋友形容他是「掏槍利索、正中紅心的神槍手」。諾福利特是土生土長的德州牧人，在拉伯克北方的黑爾郡（Hale County）有塊長形土地，他來達拉斯想賣掉其中二千英畝，以便買下一塊更大的地——迪克·史勞特隊長（Captain Dick Slaughter）想賣掉附近一塊一萬英畝的地。

五十四歲的諾福利特生意興隆，來達拉斯的路上已賣掉好幾頭騾子，現在他希望這塊地順利脫手，好買下另一塊地。諾福利特痛恨貸款欠債、信用賒帳，喜歡一手交錢一手交貨；賣掉土地，他才有足夠現金做下一筆交易。諾福利特已經感到寂寞，歸心似箭；他不喜歡大城市，希望這筆生意盡快談成，盡快返家。

前兩天，諾福利特在聖喬治認識了米勒（可不是法蘭克林公司那位米勒）。米勒來自離達拉斯不遠的希爾郡（Hill County），他向諾福利特買了騾子。米勒告訴諾福利特曾見過不少從德州西部來的騾子和糧車，但從未親自去過德州。那是個怎樣的地方？於是，諾福利特向米勒形容西部的平原、沙漠與乾鹽湖，土壤肥沃，一座座牧場毗鄰相連到天邊。諾福利特也不忘提到他打算賣掉一塊土地。

經過一些引介、牽線和試探後，米勒確信自己的直覺精準，有個叫史賓瑟的人想買諾福利特的土地。諾福利特開心極了，一見到史賓瑟就很欣賞他。史賓瑟年約三十五歲，穿著簡單大方的商務西裝，優雅而不浮誇。諾福利特很喜歡史賓瑟直截了當的作風，他常期許自己也能具備這股氣魄，因此，他很開心能和史賓瑟談生意。因為對史賓瑟的印象很好，諾福利特甚至退掉聖喬治飯店的房間，搬來和史賓瑟同住；史賓瑟說他住在附近傑佛遜飯店的雙人房，原本要一同前來的友人臨時有事，現在史賓瑟單獨住在極為寬敞的客房間裡。對諾福利特來說，這似乎是再自然不過的決定。他本身是個節省的人，和史賓瑟同住既可省錢又有人作伴；人如果不精打細算就無法致富。再說，諾福利特衷心欣賞史賓瑟，他想把握機會多瞭解史賓瑟。在陌生的大城市裡，有人陪總比隻身一人有趣得多。

高潮迭起的詐騙故事

當天稍晚，諾福利特和史賓瑟一同前往阿道弗斯飯店，和史賓瑟的老闆見面商談土地買賣。就在這裡，諾福利特開心地坐進長毛絨椅喘口氣。

諾福利特感覺背後不對勁，八成是哪個粗心的人將雜誌丟在椅子上。他轉身想移開東西，沒想到椅子上放著的不是雜誌，而是皮夾。皮夾厚實、裝滿現鈔，裡面有超過現金二百美金，真是一大筆錢啊！不只如此，還放了一張價值不菲、高達十萬美金的債券。前袋裡有張共濟會的會員卡，上面的名字是J．B．史戴森（J. B. Stetson）。從其他東西看來，皮夾失主應該就是這位史戴森先生；他還有張聯合證券經紀人的會員卡，而債券上承諾擔保獲利者也是同一個名字。不管此人到底是誰，拾金不昧的諾福利特打算找出史戴森，物歸原主。

諾福利特詢問飯店櫃台人員，的確有位史戴森先生入住，現在正在房裡。諾福利特和史賓瑟一同上樓，諾福利特在門上輕敲，門打開一道縫隙時，他出聲問道：「抱歉打擾，你是不是丟了東西？」

「沒有。」對方厲聲回答就甩上房門，留下一臉驚訝的諾福利特。諾福利特轉身走向電梯。

諾福利特和史賓瑟走到長廊盡頭時，有人從身後大喊：「先生們！先生們！我剛發現弄丟一個非常珍貴的皮夾！」諾福利特和史賓瑟應聲停步，接受史戴森邀請進入房內。

史戴森立刻道歉，他誤以為諾福利特和史賓瑟是記者，而他整個下午都被那群混蛋追著跑。他很開心能遇到好心的諾福利特和史賓瑟，能毫無損失地拿回皮夾的確值得慶祝，但他更在意的是那張共濟會會員卡。史戴森將會員卡重新安放在口袋裡，心滿意足地鬆了口氣。諾福利特瞭解他的心情，巧的是他也是共濟會會員。

找回錢包、心情大好的史戴森主動要給兩人各一百美元當作賞金。諾福利特很意外史賓瑟居然二話不說便收下；他自己有禮地回絕了史戴森。沒錯，賞金十分豐厚，但他只是盡一己本分。對諾福利特而言，史戴森一臉喜悅就是最好的回報。但史戴森堅持要給諾福利特一些回報好表達謝意。該怎麼做好呢？他提議以諾福利特的名義投資一百美金。投資是史戴森的本業，他在這行賺了很多錢，若想獲得他的專業投資建議可得付上大筆諮詢費，但這次他決定破個例提供免費服務。他剛得知一條小道消息，正好派得上用場。若這筆投資賺到錢，諾福利特願意收下利潤嗎？諾福利特同意了，折衷辦法聽來不錯。史戴森抽身去打了幾通電話、進行幾筆交易。

史賓瑟在書桌前坐下，諾福利特則在房間裡來回踱步，隨意看著裡面的擺設。史戴森的衣櫃琳瑯滿目，全是質料上好的服飾和鞋子。厚重的書桌上放滿文件、股票報告、加密電報和鑰匙；史戴森之前解釋，由於經手許多機密資訊，他和公司成員有一套複雜隱密的溝通方式。此時，史賓瑟突然開口說道，他們真是幸運，誤打誤撞認識了一個位高權重的人。

過不久，史戴森回到房裡，遞給諾福利特一疊八百美金的鈔票。史戴森說這是諾福利特贏的錢，他剛在股市裡成功賺了一筆。這一回，諾福利特把錢收下。何必拒絕呢？新朋友以他的名義做了好投資而賺回一筆利潤。諾福利特拿著現金正要離開時，史戴森比個手勢，阻止了他。史戴森把手放在諾福利特肩上，問他明早願不願意見個面；史戴森正在等棉花市場的消息，他希望延續兩人緣分，也許他會給諾福利特一些投資建議。畢竟，諾福利特幫了他大忙，保住他的投資與聲譽。諾福利特默默接受。

當天下午，諾福利特為了購地，前去與史勞特隊長面談，兩人擬了一份合約草稿。一切都那麼順利：諾福利特的土地已找到買主，他的投資也可能會實現。諾福利特自信滿滿地告訴史勞特，說不定他在四十五天內就能付清九萬美金的款項。今天，他先付五千美元當訂金，並和史勞特握手定案。辦完正事，他終於有時間放鬆一下。達拉斯的街道突然變得友善多了。

隔天清早，諾福利特偕同史賓瑟回到阿道弗斯飯店。趁著史賓瑟去買早報時，史戴森向諾福利特提出一項計畫。史戴森解釋，每個月有幾天，他的公司能夠操控市場上的幾支股票。同事會告訴他最理想的買進和賣出時機，只要依序行事，就能賺到一大筆錢。史戴森需要一個聰明謹慎又坦蕩直接、值得信任的人，好用他的名義做幾筆交易。既然諾福利特和史戴森同是共濟會的成員，一定能信得過。

諾福利特從沒玩過股票，完全不瞭解股市運作方式，但他是個聰明的生意人，深知在商場上沒有無本生意。靠別人不曉得的小道消息來賺錢，也許算得上機警聰明，但也可能代表情況可疑。諾福利特向史戴森問道：「這合法嗎？」他可不想惹上任何麻煩。

「當然合法，」史戴森向他保證，「這是筆正當生意，我們每天都這麼賺錢。」

諾福利特接受了，他覺得史戴森很可靠；共濟會的連結關係影響深遠。只不過有個難題。

「我沒錢。」諾福利特對兩名男士說（此時，史賓瑟買到早報回來了，也聽說了這項生意的來龍去脈）。

史戴森安撫諾福利特，沒問題，諾福利特不用出錢。史戴森是聯合證券經紀人的會員，他有十萬美金的資本可以進行股票交易。

證券交易所很壯麗，雄偉的石造大樓全是辦公室和公司行號，門廳繁多，人聲嘈雜，鈔票滿天飛。這幾位男士走到一扇玻璃窗前，史戴森解釋這裡就是下單和領錢的地方。

突然有人把手放到諾福利特肩上。「對不起，你們是證券交易所的會員嗎？」一位表情嚴肅的人說道。他名叫Ｅ．Ｊ．華德（E. J. Ward），是這裡的祕書。

諾福利特不是會員。

「我很抱歉，但你必須離開，這裡僅限會員出入。」

諾福利特馬上離開，他向祕書保證無意違反任何規定。史戴森請諾福利特去飯店等他。諾福利特拒絕了，他不想參與這筆生意，覺得整件事有點邪門。

這時史賓瑟開口了。他知道如何操作股票，會陪在史戴森旁邊，諾福利特只要等他們就好了。史戴森馬上提議道，諾福利特何不把前一天賺到的八百美金拿來投資？

一日將盡。大半個下午，諾福利特都在城裡四處閒逛，看看牲口，在心裡和別人較量一番。現在他回到傑佛遜飯店，悠閒地坐在窗邊思量高潮迭起的幾天。新朋友、新體驗、新的金融交易；雖然他還搞不太清楚，但一切都讓他印象深刻。這時房門開了。

史賓瑟興奮地衝進房裡，將六萬八千美金丟到床上，全是白花花的現鈔。史戴森隨後進來，態度依舊一派從容，臉上帶著微笑。他仔細算出諾福利特的利潤，他的八百美金變成二萬八千美金，真是值得慶祝的勝利。

諾福利特大吃一驚，喜出望外。他只是做了件正派的人都會做的事，而此刻他比二十四小時前富有得多。他真的發財了。

此時有人敲門，進來的是華德——那個早先請諾福利特離開證券所的祕書。他詢問三人，若他們在市場失利，是否有足夠的資金付清欠款？非會員在每筆交易前都得先付保證金。

史賓瑟和諾福利特同聲否認。他們手上付不出保證金。

史戴森從椅子上起身，提醒祕書，根據證券交易規範，他們只要在下星期一前準備好保證金即可。

華德同意了，不過在付清保證金前，剛賺到的這筆款項得由華德保管。華德會給他們一張收據，但他們無法現在就把錢領出。

三人七嘴八舌討論著該如何籌措資金，最後，他們達成共識。史賓瑟會籌到三萬五千美金，他的公司業務蒸蒸日上——「像我這樣剛下軍隊的年輕人，目前幹得還算有聲有色，不是嗎？」——很快就能把這筆錢拿到手。諾福利特則負責籌措二萬美金，史戴森會拿出剩餘款項。諾福利特得向往來多年的銀行借錢，銀行信任他的為人。

隔天，史賓瑟陪同諾福利特動身回家。史賓瑟的錢快送到了，而他想藉此機會看看農地。

三天後，諾福利特準備領回上次的利潤。

然而，三人在沃斯堡棉花交易大樓的運氣沒那麼好了；或者不如說，史賓瑟幹了蠢事。史戴森要史賓瑟把「墨西哥石油」在兩點差額時賣出[1]，但史賓瑟搞混了。他弄丟史戴森的指示單，只憑記憶下單，誤把賣出當成買進。史戴森的消息正確，史賓瑟卻一時粗心大意犯了錯。

三人才認識一週，諾福利特第一次見到史戴森生氣失控。「史賓瑟，你毀了大家！」史戴森尖叫，生氣地把交易收據丟到史賓瑟臉。他氣得臉色發紫、雙眼凸出，每個毛細孔都噴發著怒火。「你把我們的錢都輸光了！所有的錢！和我們原本能賺到的錢！」

史賓瑟變得歇斯底里，大叫著自己把母親的家產都敗光了。諾福利特還不太能接受現實，二萬美金全沒了，全因為一個蠢到極點的失誤。

過一陣子後，史戴森終於冷靜下來，誓言將討回一切，他要回交易所，想辦法減輕損失。諾福利特和史賓瑟一言不發地等待，想著一切都完了。此時，期盼史戴森力挽狂瀾似乎是天方夜譚。

然而，幸運女神再度降臨。史戴森回來時一臉得意，他想辦法出脫持股，彌補了損失。過沒多久，交易所的祕書來了。他們拿到十六萬美金，這是他們一開始的資本外加一點盈餘。不過和之前一樣，他們必須以現金支付一筆保證金才行。

十一月二十日早上，諾福利特又趕回家鄉。他的確輸掉了二萬美金，但若能再籌到二萬五千美金，就能設法打平損失，甚至賺上一筆。不過，他已不能再憑信用向銀行借款，於是轉而向連襟開口。

破局失利：確認受騙程度的最佳利器

不管輕重程度為何，所有和未來相關的決定，多少算是種賭博。未來的本質難以預料，因此風險很大。在渾沌不明的過渡期——我們做了決定，結果尚未明朗之時——我們等待、觀察、權衡手上握有的證據，計算事情如預想發展的機率。換句話說，我們建立期望，想像事情如何發展。期望的範圍廣泛，可能很基本，比如我選好今晚的餐廳，幻想晚餐一定十分美味；也可能很複雜，比如我決定投資一筆房地產，預計在二〇一五年開工、年底完工，成本約

1 原文sell at a two-point margin中，point指點，價錢移動的單位。margin可指差額，或代表融資帳戶買進可融資證券需要的最低資產額度。

二千萬美金，預計二〇一七年時每年能達到一千萬的收益。（顯然，我這輩子從未投資過房地產。）**最初訂下的期望會改變我們接下來的思考模式、想法感受，以及面對新證據的反應和應變方式**。期望也會改變我們解讀評估證據的角度。

深陷詐騙遊戲之中的人建立特別的期望，相信自己終將成功。詐騙進行到此階段，一切都符合原先期待，我們以為計畫無懈可擊。我們贏得一筆大錢，賺到豐厚利潤，實驗數據完美，得到值得報導的情報，或者拿到十分稀有的珍釀或藝品。我們和騙子建立信任關係——到目前為止，他信守承諾，言出必行。獲利誘餌也發揮功用。我們認為終點線近在眼前，只要再加把勁，維持自信、保持信念，就能證明選擇正確。

從騙子的角度來看，此時正是從我們身上大肆挖錢的最佳時機；受害人百分之百信任騙子，言聽計從。受害人已嘗過勝利滋味，深信自己明辨情勢、能力高超。他已乖乖上鉤；此時騙子再讓他贏更多錢，也沒什麼用處。畢竟，給受害者愈多好處，騙子拿到的利益愈少。此時，若騙子反而讓受害者遭受挫敗打擊、淺嘗失敗滋味？也就是說，當事與願違，我們會怎麼做？

「破局失利」步驟就是讓詐欺犯測試一下受害者陷入程度有多深、有多相信他說的話，以確認能從受害者身上撈多少好處。鎖定目標時，騙子在人群中仔細端詳每個人，找出最適合的下手目標。接著到了詐騙前戲，透過安排好的感情牽動和專家級的故事鋪陳，騙子和受害者間建立情感連結。而在圈套階段，騙子鼓動長舌，對我們渴望聆聽的耳朵強力放送話術。藉由編排好的詐騙童話，騙子描繪成功願景，利用優越感的人性偏誤，讓我們相信自己能一舉獲利。接著騙子奉上獲利誘餌，讓我們贏了一回，我們更相信跟著騙子走準沒錯。接著來到破局失利，我們開始輸錢，而騙子做到什麼地步，我們才會翻臉走人？我們能夠承受多少挫敗與打擊？雖然還沒走到絕境——不然我們會立刻閃人，遊戲太快終結——但裂痕浮現，破綻若隱若現。我們損失了點錢，事情沒照計畫進行，出了點差錯，數字沒標好，一支酒瓶有「缺陷」。重要的課題是：我們是驚覺不妙、趕緊抽身，還是加碼下注、期待翻身？獲利誘餌讓我們萬分樂觀、勇往直前，深信蒙受幸運女神眷顧，因此我們往往決定選擇後者，寧願加碼不願放棄。明明應該設立停損點，受害者卻更加投入；「破局失利」就是要我們飛蛾撲火、栽得更深。

降低認知失調：改變認知、期望或身體力行

里昂・費斯廷格（Leon Festinger）在一九五七年率先提出的認知失調理論（cognitive dissonance），已是當今心理學上最著名的概念之一。他認為，和先前期待相反的狀況會對我們造成難以應付的壓力；至少我們在不自覺的情況下，無法同時處理兩種對立的信念。費斯廷格在《認知失調論》（*A Theory of Cognitive Dissonance*）裡寫道：「個人內心達到一致性，才能茁壯發展。」雖然偶有例外，但整體而言，「個人的相關意見或態度確實會維持一致性。各種研究報告指出，個人的政治態度、社會態度和其他思想都存在著一致性。」費斯廷格繼續寫道：

「個人知道或相信的理念，也會和行為達成一致性。」如果我們相信教育有益，就會送孩子去上大學。如果孩童明知一件事有害卻又無法抗拒誘惑，就會在做壞事時想辦法不讓別人抓到。當人走偏了，比如明知抽菸有害，卻仍繼續抽菸，就會想辦法降低其中的矛盾，費斯廷格稱這個過程為降低認知失調（dissonance reduction）。

費斯廷格一開始並非透過實驗發現人的降低認知失調傾向。有一陣子，他密切追蹤一個異教崇拜團體的活動；他們相信外星人存在，認為在特定日期的某個時間，外星人帶來的狂喜會引領信徒前往外星世界，給予信徒最終獎賞。但是日子來了又去，沒有外星人降臨，費斯廷格以為這個團體會隨之瓦解。和他想的正好相反，信徒很快修正說辭，為食言的外星人辯解。

費斯廷格大感意外，其實這不是什麼新鮮事，詐騙就和異教信仰一樣力量強大，讓人做出相同反應。幾個世紀前，這種事才不會令英國哲學家法蘭西斯·培根（Francis Bacon）感到驚奇，他能準確預測人心的變化。「這就是迷信的運作方式，不管是占星學、預知夢、預兆或神諭等，」培根寫道，「人們沉浸在虛幻中，藉此獲得快樂。預言成真時，人心鼓舞；雖然預言多半失誤，但人們充耳不聞、刻意忽略。」也就是說，人們透過忽略警訊，消滅心理上的不協調——這就是費斯廷格所說的降低認知失調論。

費斯廷格認為，人們會做出幾種行為來降低認知失調。第一，換個方式解讀現實：告訴自己一切都很合理，只是思考角度有問題。我們選擇性地尋找新證據且忽視相反資訊，好確認原本的信念無誤。我們會想，關於抽菸的研究並不準確，實驗樣本有偏誤，不適用於我的情況。

第二，改變早先的期望：其實我早就覺得這會發生，沒什麼不合情理。我知道他們一直說服我抽菸有害，我早知道他們會提出這些證據。我早知道有這種危險，但照抽不誤，我相信我能挑戰得病機率。第三，身體力行、改變現實：停止抽菸。一般說來，前兩項方法比較容易執行。**改變你的認知或記憶，比改變自身行為模式要容易得多**；找出開脫理由、改變你對抽菸的想法比戒菸簡單多了。

面對和自身想法矛盾的證據，我們並不會改變期望，特別是當期望曾經實現過。心理學家尼爾・羅斯（Neal Roese）和傑佛瑞・薛曼（Jeffrey Sherman）寫道：「一旦建立有實際效用的期望，我們的認知系統就不願做修正或改變。」我們不會完全忽略新證據、新跡象，因為那根本是不接受現實、太過愚昧，但會靠向自己選的一邊，想辦法自我辯解。畢竟，我們費了千辛萬苦才達成結論，不願前功盡棄，任意改變想法。而且，信念會影響看待新事件的角度：即使注意到矛盾訊息，我們也會想辦法合理化，好讓它符合我們的期待。

期望有點類似捷思法，它提供一套基本認知地圖，告訴我們該如何面對事情，如此，我們便不需要一得知新資訊，就大費周章地改變原有的想法概念。人的期望愈強、情況愈模稜兩可，我們就愈容易達成所謂的「期望類化效應」（expectancy assimilation），也就是改造新資訊好符合舊觀點，而不用費力改變舊觀點。

查爾斯・麥基（Charles Mackay）在一八五二年發表《異常流行幻象與群眾瘋狂》

（*Extraordinary Popular Delusions and the Madness of Crowds*），其中描繪他的狡猾同胞使出的各種騙局：「他們扭曲現實，無所不用其極，讓現實合乎他們的想像！」心理學家稱此為驗證性偏誤（confirmation bias），**我們選擇性接受特定跡象和證據，好讓現實看來符合期待。**避免認知失調的需要影響了我們如何評估眼前發生的一切，也影響我們忽略哪些事情。我們在無意之間做著和律師一樣的工作：收集證據，將它們以最有利自身立場的方式陳列，展現特定視角，提供一個最簡潔明瞭且具說服力的詮釋方式。

信念強大便能改變現實？

弗蘭茨．費德瑞希．安東．梅斯梅爾（Franz Friedrich Anton Mesmer）擅長表演神蹟。他是位專業醫生，多年來發展出一套能治好各種宿疾的療法。梅斯梅爾宣稱，自然生成的磁流對身心都有顯著功效，而且他在治療法蘭莎．歐斯特林（Franzl Oesterline）時得到重大突破。歐斯特林得了一種痙攣症，需要二十四小時的照顧，各種傳統醫療對她的病情毫無效用。梅斯梅爾決定藉此機會測試自己的理論，安置了能夠改變「引力潮」（gravitational tides）的磁石，引力潮正是造成這位年輕女子生病的原因。治療成功了！法蘭莎回憶道，她感覺好像有種液體從身體流光了，接著立刻康復。梅斯梅爾在維也納的診所隨即聲名大噪，人人都知道他有一套神奇療法；一位瞎眼的鋼琴師接受治療後，雙眼重獲光明，原本癱瘓不起的病人又能走路了。

接下來，梅斯梅爾到巴黎宣傳他的療法，成了瑪麗・安東妮（Marie Antoinette）和莫札特的寵信。他氣氛迷醉的沙龍成為城裡最熱門的聚會場所。有時他使用磁石治療，有時請病人坐在磁化水中或握住磁化的杆子。他能同時催眠一屋子的人，這些人暈倒後突然獲得天啟，困擾已久的病痛都隨之消失。過沒多久，他成立了磁學機構。

不過，路易十六心存懷疑，他任命法國科學學院成立委員會調查梅斯梅爾的說辭。當時巴黎最受敬重的科學家如班傑明・富蘭克林、約瑟夫・吉爾丁（Joseph Guillotin）、讓・貝里（Jean Bailly）和安東・拉瓦錫（Antoine Lavoisier）等人著手調查「梅斯梅爾療法」（mesmerism）[2]。富蘭克林正好生了場大病，於是大家決定在他家中進行測試。梅斯梅爾本人沒到現場，反倒派了助理前來，或者不如說，他送來一頭代罪羔羊，若事情不順利，剛好可以藉此推託；真是一步好棋。當晚，助理「磁化」一棵樹，要一名蒙上眼睛的十二歲孩童指出磁化的是哪棵樹，但孩童指不出來。因此，委員會報告動物磁流學說毫無證據，至少就科學的角度而言，這整件事全是胡說八道。

換個角度來看，梅斯梅爾療法真的沒用嗎？如果這是一場騙局，那磁力為什麼治好那麼多人呢？梅斯梅爾療法可說是史上最早的「信念足以改變現實」例子，現稱安慰劑效果（placebo

2 此字有兩義，一為梅斯梅爾的療法，二為後世的催眠術。

effect）[3]，也可說是降低認知失調效應的究極力量。我們相信磁力療法真的有效，於是意志力讓它真的發生效用。人類的心理力量足以改變身體健康狀況，梅斯梅爾顯然具有非常強大的誘導能力，讓接觸他的人相信自己真的被治好了。就科學而言，就算他所做的一切沒有實質效用，但人們相信他說的話，他的成功愈廣為人知，那些沒治好的病人也愈容易被世人遺忘。他的名聲扶搖直上。

另外一項信念足以改變現實的科學證明也不是發生在實驗室，而是在教室裡。一九六五年，哈佛大學心理學家羅伯特·羅森塔爾（Robert Rosenthal）和小學校長李諾爾·雅格布森（Lenore Jacobson）攜手合作，研究老師對學生的期待是否會影響老師看待學生的角度。羅森塔爾和雅格布森在橡樹小學裡找了幾位老師，告訴他們一項能夠測量智力的哈佛學習變化測驗。兩人聲稱已測試了該校學生，老師將拿到測驗結果，依此因材施教。研究人員向老師說明有些學生是「快速成長者」，這些學生將會在本學年度展現明顯的進步。實際上，這些快速成長者乃是隨機挑選，所謂的哈佛測驗根本不存在。

正如研究人員猜測，教師們從「快速成長的」學生身上看到顯著進步；這些學生特別有好奇心，很快就能吸收新知，也比較少犯錯。羅森塔爾和雅格布森稱此為畢馬龍效應（Pygmalion effect），現在也稱為「自我應驗預言」（self-fulfilling prophecy）。等到學年度結束，這些「快速成長的」學生確實比其他孩子進步太多了。他們備受期待，教師們花許多心思在他們身上，於是奇蹟應驗，使得隨機選中的學生表現得更好。

儘管比起驗證性偏誤，羅森塔爾的實驗結果較常被自我應驗預言的相關文獻引用，但羅森塔爾的實驗結果都指出了偏誤長存人心的原因之一。它體現了選擇性的訊息處理——經典的驗證性偏誤——因此，明明和同儕一樣普通的學生，在老師眼中變得與眾不同。老師輕而易舉就找到一堆證據，心裡更確定這些學生高人一等，忽略其他矛盾跡象。於是，驗證性偏誤影響了現實走向。教師們藉由選擇性分析資訊降低認知失調，也就是學生本身資質和研究人員宣稱的差異；教師行為的改變，也改變了學生實際表現，達成原本達不到的結果。在這個例子中，教師的行為對現實的影響甚鉅，讓學生表現朝教師期望的方向發展：教師錯誤的期待不但實現，也改變了世界。正處在智力發展階段的孩子往往具有很高的可塑性，環境裡的各種微小變因都能產生重大影響。只要多花點心思在一名學生身上，他就會不斷進步，遭到忽略的學生則會退步。教師們相信「快速成長者」天賦異稟，於是特別重視這些學生，並傷及其他學生的進步空間，於是信念成真，現實隨之改變。正因如此，在許多例子中，我們的信念影響實際行為，說明驗證性偏誤有破壞性的潛力，讓我們難以抗拒。畢竟，**思想有時確實能點石成金、化虛為實**。

---

3 安慰劑效果，又名偽藥效應、假藥效應或代設劑效應，指病人雖然獲得無效的治療，卻「預料」或「相信」治療有效，而讓症狀得到舒緩的現象。

諾福利特相信能賺回投資損失，很瘋狂嗎？但他剛嘗過成功滋味，而史戴森對股市瞭若指掌。他深信不疑，很快就忘記一時失誤造成的損失。那一疊疊現金似乎近在眼前、唾手可得。

一、二年級的小學生可塑性很高，要改變個人發展程度十分容易。若沒有智力測驗，判斷誰的潛力高並非易事，而且這種判斷往往非常主觀。再者，教師不一定能準確判斷學生的資質，他們可沒有在學生身投下賭注。（從孩童的角度來看，情況大為不同。對教師無害的實驗，對學生有深遠影響，甚至足以危害一生。人們不禁想像那些不受重視的非快速成長學生過得如何。）換個案例，如果我們手上握有清楚證據，且事關重大個人利益，人們也會做一樣的事嗎？面對不符預期的證據，我們還是會選擇性評估，相信自己的期待終將實現嗎？人們為何敢加碼下注？如果受害者輸了這一把，難道不會就此清醒、趕緊落跑？說起來，破局失利根本毫無勝算。俗話說得好：「騙我一次，是你無恥；騙我兩次，算我活該。」既然如此，為什麼騙子故意讓受害者損失，受害者卻仍執迷不悟？

囿於定見更易陷入騙局

一九九四年，哥倫比亞大學一群心理學家決定進行一項以準確判讀證據為重點的實驗：陪審團的邏輯思考。我們通常會希望陪審員在審判案子時都能抱持開放的心胸，公正地聆聽各方證詞、考量證據，慢慢拼湊真相，每聽到一項重要事實就做下筆記。接著觀察所有線索，看誰的說辭（被告或檢察官）有最多的證據支持。不過，工作還沒結束。他們得專心研究證據最充分的說辭，尋找是否有說不通的地方或反證，確認任何疑慮都不足以推翻整套說辭。此時，他們才能做下決定。

然而，迪安娜·庫恩（Deanna Kuhn）和同事發現陪審團實際的運作方式和理想大不相同。首先，本實驗的模擬陪審團成員先聽一段「麻州控告強生」一案的現場錄音，包括開庭與最後陳述、目擊證人與被告的交叉詢問，並聆聽法官給陪審團的指示。法蘭克·強生（Frank Johnson）被控一級謀殺。一天午後，強生在酒吧裡和艾倫·卡德威爾（Alan Caldwell）一言不和，情況變得相當火爆，卡德威爾從口袋掏出剃刀作勢威脅，要強生最好小心點。當天接近傍晚時，兩個男人又在酒吧裡碰面，他們決定到酒吧外解決爭執。無人目擊當時兩人在外頭做了什麼，但結果不容置疑：強生用小刀刺了卡德威爾，卡德威爾因此喪命。卡德威爾是否又拿出剃刀威脅強生？強生是不是蓄意攻擊卡德威爾，或者只是亮出刀子，讓卡德威爾知道他也不是好惹的？還是他在第一次吵架後特地回家拿了刀子，蓄意傷人？他為什麼又回到酒吧？為什麼兩個男人在第一次吵架後，還同意到外面解決紛爭？

錄音中，法官詢問陪審團相信誰的證言？基於哪些原因？是否有明確證據？陪審團有幾分把握？是否有證據足以顯示陪審團的裁決可能有誤？

庫恩發現，陪審團的思考過程，往往和理想模式大相逕庭。陪審員們幾乎馬上對事件有其看法，並找出各種線索填補遺漏細節，好加深自己的定見。他們心中對「事實」的理解往往有很大的分歧。「卡德威爾先往強生的臉上揍了一拳，強生倒在地上，然後卡德威爾拿出剃刀；」一位陪審員這麼寫，「此時強生認為卡德威爾會攻擊他，所以拿出魚刀自衛。」另一人寫道：「因為卡德威爾當天二度威脅強生，並在傍晚時做出攻擊，因此強生只是想自衛。他隨身帶著魚刀應該是打算去釣魚。因此，當卡德威爾從口袋中掏出剃刀並開始……你知道的，強生只是想自衛，所以拿刀保護自己。」陪審員自己製造了很多「事實」，而現實證據非常不足。但在他們心中，他們的故事版本才是實際的事發經過。

模擬陪審員中，只有不到百分之四十的人自發性地提出不和自身論點違背的反證；大部分不管是自己提出或別人提及的反方觀點，都稱不上真的反證。三分之二的人只是提出不同意見的證據，並非不支持自身論點的證據。換句話說，大部分的案件中，人們根本不明白真正的反證為何。

更令人嘆為觀止的是，陪審員間對於裁決結果顯然欠缺明確共識，也就是說，許多資料都模稜兩可，有數種可能性。然而，大部分的陪審員自信十足，認為自己的裁決「正確」。陪審團分為兩派人馬，彼此人數相當，約百分之五十的陪審員選擇一級謀殺或自衛，而百分之四十八的人認為是非預謀殺人或二級謀殺。大家都自信滿滿：將近三分之二的陪審員非常或極為確定自己的選擇。

庫恩的受試者在年齡分布、教育水準、背景、交遊社群和職業種類都很廣泛。然而不管是誰，每個人都深受驗證性偏誤影響：聽來真實性頗高的證詞，配上選擇性衡量證據，補上一片片適宜的拼圖，不支持論點的證據則被棄如敝屣。照理說，身為陪審員應該有強烈動機與鬥志，力求準確、找出真相，畢竟陪審員手中操著生殺大權。然而，充分有力的證據顯然不是打贏官司的要件，你只要提供動人故事，吸引陪審員注意，讓他們深深入戲，就有機會打贏。講一個好故事，或一個足以勝過其他版本的故事，比證據更重要。因此，一場精心策畫的破局失利不會讓騙局戛然而止，反而將騙局帶往下一個高潮。我們已聽了詐騙童話，受到獲利誘餌的鼓舞，此時驗證性偏誤大施魔法：雖然證據透露一些疑點，但驗證性偏誤讓我們視而不見、聽而不聞，反而更進一步陷入騙局。我們已無法客觀評斷現實了。

莫・勒文（Moe Levine）是名傳奇律師。勒文在一九六〇年代直到一九七四年過世前，經手過數十位委託人的傷害訴訟，全都運用他稱之為「全人」（whole man）的說服策略。這策略背後的邏輯是，沒有人能傷害他人的部分身體，當你傷害別人時，你傷害的是他整個人。面臨重大傷殘後，人生再也無法回復原貌。這是他訴訟時的中心思想，也為他在有生之年贏得當代最佳演說家的美譽。他在一次雙手截肢案中為客戶爭取高額賠償金，在總結時陳述道：

一小時前，大家都休庭去吃午飯。我注意到一位法警過來帶全體陪審員去休息室用餐。接著我看到被告律師哈洛維茲先生和被告一同去吃午餐，法官與法院書記官也相偕用餐。因此，我轉身對委託人哈洛先生說道：「我們何不一起去吃頓午飯？」於是，我們去馬路那頭的小餐館用餐（勒文在此嚴肅地停頓一下）。各位先生女士，我和委託人一起用餐了。失去雙臂的他得像隻狗一樣吃飯。謝謝各位。

根據當時的報導指出，勒文贏得紐約史上最高額的和解金。

這個例子指出為何詐騙「破局失利」可以成功。人們在乎的並不是眼前的客觀證據，不管面對的是財務損失、懷疑是否被騙，還是決定怎樣的傷勢足以獲得賠償費用。勒文的故事賺人熱淚，客觀的考量在無意識間被一一駁回。史戴森和史賓瑟掰出合理說辭，解釋投資為何失利。**詐騙專家是說故事大師，當苗頭不對時，他們早已選好最佳守備位置，讓我們對故事深信不移、不致轉身離開**，即使照理來說，有點理智的人都知道該收手。詐騙專家不只編出創意十足的故事，還知道如何把不利證據變成讓受害者更加信任的利器，說服受害者計畫天衣無縫、終會成功。

拿諾福利特的例子來說，他認為史戴森與史賓瑟很誠實，他們不只幫過自己，甚至幫忙賺了一大筆錢，而且史賓瑟有意買下諾福利特的土地。諾福利特對他們的理解主宰了他的判斷，唯有事後回想時，才注意到警訊：史賓瑟丟失史戴森的買賣票據，還犯下難以置信的大錯，自行寫了新票據。諾福利特心中已建立特定期望，他相信史戴森是金融神童，知道萬無一失的賺錢辦法，從未要求任何回報。再加上，諾福利特覺得自己和史賓瑟有很多共同點。諾福利特說服老婆支持，向孩子吹噓他將買下大牧場、投入所有資金，對這筆生意信心十足；而史賓瑟也是如此。更何況史戴森還努力彌補損失，因此，這到底是個陰謀，抑或一個粗心失誤？對諾福利特而言，這故事堅不可摧、無可質疑。畢竟，他們的敘述很有說服力、證據充足。

「當人心有定見（不管是接收到或自行得出），就會認為周圍的一切都證明他的意見很有道理。」培根寫過：「即使明明有更多更重要的反證，人總是忽略或輕視，或者置之不理。人不計一切代價只想確認原本的想法正確，不管這種想法多麼危險。」後代科學實驗一再證明培根的話字字珠璣、絲毫不假。

改寫能力與事後諸葛

此時，三個男人再次聚首沃斯堡。他們籌措了七萬美金，仍短缺一萬美金。不用擔心，史戴森會想辦法補足差額，好把上次賺的錢領回來。

不過諾福利特心生猶疑，他可不是笨蛋，除非確認所有錢都已備妥，知道錢的流向，不然他可不想白白把錢交出去。史戴森向他再三保證，夾著現金就開門要走。

等等！諾福利特突然掏出一把槍。這是把聯動式擊發的史密斯威森手槍。這些可是真鈔，他不打算不明不白就讓錢消失在眼前。

但這違背了史戴森做生意的方式。他臉上寫滿不屑厭惡，把錢丟回床上，衝口而出：「如果你無法接受我們的約定，那就帶著你的錢滾吧！」

信守承諾的諾福利特從未在交易中途突然反悔。不過，他有點懷疑史戴森和史賓瑟的話。

諾福利特說道：「你們根本是狐群狗黨，全是吃人不眨眼的騙子。」

史賓瑟低聲啜泣起來，史戴森則瞪著諾福利特，做了個手勢；那是共濟會會長落難時的暗號。這手勢可不能隨便亂比，於是諾福利特把槍放下。

「兄弟，」史戴森面露微笑對諾福利特說道，「你明知我信任你，我把六萬美金和七萬美金留在你房裡過夜時，我從未懷疑過你的正直仁義。」史戴森繼續說：「我現在不過是遵照我們的協議帶錢離開。」

氣氛冷靜不少，三個男人又重新坐下。他們說好了，史賓瑟會籌到一萬美金，把錢匯給諾福利特。接著史戴森和諾福利特一起去證券交易所領回十六萬美金。說定後，史賓瑟便起身前往奧斯汀，賣掉一些自由公債（Liberty Bonds）好換得現金，而史戴森帶著七萬美金前往達拉斯，留點時間在達拉斯交易所確認買賣手續。史戴森和諾福利特約好隔天早上十點在凱迪拉克飯店會面。

當天早上九點半，諾福利特就到了凱迪拉克飯店，他不想因遲到而錯過史戴森。然而十點過去，接著十一點了，諾福利特愈來愈擔心。他在櫃台留了字條，接著跑了一家又一家的飯店，到處尋找史戴森的蹤跡。也許史戴森在別的飯店等他？最後諾福利特又回到凱迪拉克飯店。先生，你等的人沒來，也沒有叫史戴森的人打電話來。此時，諾福利特終於大夢初醒，意識到自己不只賠了畢生積蓄，而且牧場買主也消失無蹤。諾福利特不只損失四萬五千美金，還欠下九萬美金債務。他該如何付錢買下史勞特的土地呢？他不只被騙一次，而是兩次——儘管心裡有個聲音告訴他事有蹊蹺。這種事怎會發生在他身上？諾福利特的生意頭腦有目共睹，現在卻成了世人笑柄。沒過多久，一家報紙戲稱他為「一錯再錯先生」，人往往被騙一次就學乖，他居然被騙兩次。這就是令人嘆為觀止的「詐騙破局失利」手法。

當現實和人的期望相左，選擇性認知並非我們的唯一選擇。費斯廷格認為，我們也可以改變自己先前的期待，也就是說，我們能改寫歷史。

俗話說得好，事後諸葛人人都會。然而，**即使我們事後清醒，無可奈何地自嘲犯下愚昧的錯誤，我們仍忽略自己常改寫記憶**，假裝不是在放馬後炮，而是早就察覺事情會朝反方向發展。我早發現他心懷不軌，我早知道他在扯我後腿，我早料到他會這麼做；我早就知道，早就發現，早就想到了。但是，如果我們真的早就知道，怎麼沒有改變計畫和作為呢？康納曼說：「每天股市結束交易前一小時，專家們總在電台上自信滿滿地跟股民解釋為何市場走向會是如此。聽眾往往被誤導，以為市場運作遵循一定趨勢，因此在前一天預測隔天股市走向也很合理。」

一九七二年秋天，尼克森總統即將前往中國訪問，政府忙著做最後準備。眾所皆知，兩人的會面將是歷史的轉捩點，但沒人知道會發生什麼事。媒體做出各種預測。這場出訪會成功嗎？會達成什麼協議？雙方會討論哪些事宜？希伯來大學教授巴魯克·費斯科霍夫（Baruch Fischhoff）和同事茹絲·貝斯（Ruth Beyth）認為這是等待已久的大好機會。多年來，兩位專家研究人類事前與事後判斷力的特性。他們發現人性的一種傾向，並命名為「潛在決定論」（creeping determinism），也就是後見之明會回溯影響先前的預期想法。他們一直沒有機會為這項假說進行實測，直到尼克森出訪中國，他們不但可以記錄人們對實際事件的預測，並能在結果公布後，測試受試者的記憶。

一天下午，兩位心理學家請班上學生做出幾項預測。他們向學生說明，尼克森總統快要出訪中國，許多人已針對這次訪問做出各種預測，包括美國會在北京建立常設外交使節團，但不會承認中國的外交地位；尼克森總統至少會和毛澤東見一次面等。心理學家請學生判斷每項預測的可能性高低，並以零（絕無可能）到一百（絕對會發生）評分。兩週後，尼克森的出訪之行結束，心理學家再給學生一份問卷。這次，他們對學生做出不同要求，請學生重建之前答案，回憶自己兩週前對每項預測的評分為何，同時也請學生回答自己對新聞動態的關心程度為何、是否知道每項預測的實際結果。

第二次調查顯示，針對後來實現的預測，有四分之三的學生都給了高於第一次的評分。而沒實現的預測，百分之五十七的學生則給了低於先前的評分。

費斯科霍夫和貝斯不只測驗一個班級，而是好幾個班級，並且在不同時間點發放問卷（有些問卷主題是尼克森出訪俄羅斯的預測）。部分學生做兩次測驗的間隔只有兩週，而有的受試者兩次測驗的時間間隔長達半年。心理學家發現，隨著時間推移，人類的記憶力大為衰退：在三到六個月的測驗組中，百分之八十四的人記錯之前的預測。人們不只在事後才說早知如此何必當初，事實上，人們宣稱自己事前早已料到。

所以，第一次賠錢的諾福利特會怎麼做？他可以承認自己錯了，遇上神奇錢包詐騙案（這是詐騙史上最古老的手法之一）。或者，他可以宣稱自己自始至終都知道投資必定有風險，但仍決定放手一搏，因為這個計畫很牢靠。如果他選擇後者，那何不加碼投資、展示信念？事後看來，諾福利特實在蠢到極點；但在當下，他經歷強烈的後見之明偏誤。

史戴森受辱後怒不可遏，其實只是場精心演出的戲碼，以便加深諾福利特的認知偏誤：史戴森提醒諾福利特兩人同是共濟會成員，藉此喚醒諾福利特的情感連結，同時述說自己對諾福利特的付出，解釋他多麼信任諾福利特，大方交付鉅款。史戴森使出騙子的看家本領：為我們篩選資訊，讓我們只注意騙子提醒的事，忘記對騙子不利的證據，比如史戴森一拿到錢就起身離開。而且，用正面樂觀的角度去看，一切都說得通，不是嗎？史戴森說，他只是遵照三人共識罷了，諾福利特怎能懷疑他呢？

當諾福利特再度把錢交出去，收起槍讓史戴森帶著錢離開，他用了費斯廷格的第三項改變策略：試圖透過行動改變現實。現實是他輸掉了一大把錢，但若他做的是筆好投資，怎會輸錢？這一定是個意外，不過是運氣背一點罷了。改運最好的辦法就是再加點錢，好在下一回合賺回來。加倍投資，這正是詐騙專家進行詐騙「破局失利」時希望造成的效果。

理性思考的大敵：賭徒謬誤

一七九六年，拉普拉斯侯爵（Marquis de Laplace）在《概率哲學論》（*Essai philosophique sur les probabilities*）中提到：「機率遊戲中，最重要的是各種支持希望的假象，假象戰勝失敗的可能性。」近年來，認知心理學界熱中研究的認知偏誤之一「賭徒謬誤」（gambler's fallacy）[4]，就是始於這句話。賭徒謬誤的名字取自機率聖殿：賭場。一個賭徒剛輸了一手，接著又輸一回，再輸一回，為什麼他還執迷不悟地玩下去？為什麼他不認賠停損，趁著自己還沒輸光前趕緊停手？我們相信機率講求公平，如果投擲硬幣時，背面朝上八次，那下次一定會是正面朝上。對我們來說，很難理解機率並不在乎時機、不在乎我們的想法、也不在乎前一次結果為何。每個事件都完全獨立，和前次事件毫不相關，也不會影響下次事件。但是，賭徒堅信下一回他就會是幸運贏家。雖然這是場艱苦漫長的等待，但成功之神就在下個轉角守候，就在骰子再次被擲出的時刻，就在俄羅斯輪盤下一次的轉動，就在撲克牌下一回的發牌。

人生並非賭場，賭徒謬誤也不只是錯誤的推理，而是隨著事件發生次數來精確調適的效應。哈佛大學心理學家史迪芬・平克（Steven Pinker）在其著作《心智探奇》（*How the Mind Works*）中提到：「若一整週的雲層密布代表即將雲破日出，或者鐵路上出現有軌電車第一百節車廂，比第三節車廂更強烈預示了守車[5]出現，我也毫不意外。」不管是玩雙骰子或是股市進出這種機率決定勝負的情況，或者是像金融投資這種和機率無關但不確定性非常高的事件，我們的賭徒謬誤傾向更為顯著，往往因而犯下錯誤。畢竟，有時我們不僅僅是錯判情勢而已。

加州大學洛杉磯分校精神藥理學家莫瑞・賈維克（Murray Jarvik）是尼古丁貼片發明者，也檢驗過早期的數種迷幻藥。一九五一年，他做了一項實驗，要受試者盡其所能想像未來。每四秒鐘，賈維克就會說「勾號」或「加號」。而在這之前，賈維克會先說「現在！」，此時，每位受試者得猜接下來賈維克會說勾號或加號，並標示下來。賈維克接著會告訴他們「正確」答案，受試者則將結果記錄在原先猜測的答案旁邊。

賈維克測試了三組學生。每組進行實驗時，勾號與加號的次數並非隨機決定，勾號次數比較多。研究人員將每組勾號的頻率分別設定為：百分之六十、六十七和七十五。如果受試者透過經驗學習、修正並回饋，那麼應該很快就能發現勾號出現的次數遠大於加號，因此他們應該多猜勾號。

調查結果的確和預測相差不遠，勾號出現的頻率愈高，受試者學習修正的速度就愈快。但同時也有個重大例外：當受試者遇到連續兩個以上的勾號，大部分的人接下來都會猜加號。不

4 賭徒謬誤亦稱為蒙地卡羅謬誤（The Monte Carlo Fallacy），是一種機率謬誤，主張由於某事發生了很多次，因此接下來不太可能發生；或者由於某事很久沒發生，因此接下來很可能會發生。

5 守車通常是火車最後一節車廂。

管是哪個實驗組，也不管勾號出現的頻率為何，**人們就是不相信同樣的事會一再發生**。下回一定是加號，是時候了。賈維克稱此為負性近因效應（negative recency effect）。「負性近因效應嚴重阻礙受試者的經驗學習，在三到四次的勾號之後，不管前面的狀況為何，受試者都不會再考慮實際發生的機率。」他寫道，「而在四到五次的勾號之後，絕大多數的人都相信下一個出現的絕對是加號。」

負性近因效應首度實地驗證了賭徒謬誤。即使機率高低落差明顯，賭徒謬誤仍然戰勝邏輯思考。賈維克做了這項實驗後的數十年間，類似的結果一再出現在不同對象和不同情況中，包括賭徒在賭場的行為、各州辦的樂透遊戲、撲克牌局、硬幣正反猜測，以及股市交易，在在證明人們深受負性近因效應影響。

諾福利特剛輸掉二萬美金，但只要再做一筆投資、再下一次賭注，就能把一切贏回來，甚至還多賺一點。因此，他和所有賭徒一樣，不管表面上看來多麼冷靜理性，終究決定再次放手一搏。

一流的詐騙達人知道，一次損失並不會讓到手的大魚溜走，因此，面對破局失利，受害者只會陷得愈深，不會轉身逃走。在騙子的掌控下，損失只讓受害者更一廂情願地付出。證據顯示人們在特別痛苦的情況下，比方損失一大筆錢，接著成功克服難關，或者藉由付出更多金錢、自以為成功克服的人，會感受到強烈的成就感。而且詭異的是，我們還會對痛苦來源產生強烈的忠誠感。在一項早期研究中，哈洛德・傑哈德（Harold Gerard）和葛洛佛・馬修森

（Grover Mathewson）發現，當人們必須接受強烈電擊才能加入某一團體時，反而認為這個團體比其他團體更吸引人。我們也許會輸，但一切都值得：承擔痛苦是美德，我們對痛苦獻出忠誠，不管痛苦是來自肉體（電擊）或心理（財務損失）。

回想一下克萊頓多年來對戴瑪哈忠心不貳。克萊頓多次為偉大的冒充達人「金盆洗手」背書，卻總是淪落被騙的下場。他一再為戴瑪哈的新冒險賭上自己的名聲，每當戴瑪哈露出馬腳，克萊頓就信譽掃地。同樣劇情上演了好幾回。克萊頓花了數千美金幫助戴瑪哈棄暗投明，不但沒有任何回報，還被戴瑪哈告上法院。戴瑪哈不但聲稱自己被克萊頓騙了，還說克萊頓欠他錢。戴瑪哈一再占克萊頓便宜，克萊頓卻仍舊信任戴瑪哈，相信兩人友情深厚。戴瑪哈技巧高超，成功演出一次又一次的破局失利：我又犯錯了，但這次，我發誓會痛改前非，只要你相信我。你怎能說不呢？

很不幸地，對我們來說，損失愈大愈容易跌得更深。心理學家謝麗．泰勒注意到**人們面對險惡情勢時，往往會自行製造樂觀假象，這是我們的保衛機制**。即使我們沒發現自己的世界岌岌可危，也會過度保護它。在意識到自己被騙之前，我們加倍自我說服騙局的可靠性，只為了守護「未來會更好」的信念。

❧

每位受害者各不相同。對諾福利特來說，他不容許自己被騙兩次，誓言報復。接下來的四年間，諾福利特往來跋涉超過三萬英里，在全國各地明查暗訪，不但去了墨西哥與古巴，甚至還跑到加拿大的林野搜索詐騙集團成員的下落。他的妻子告訴他：「去捉拿這群卑鄙的混蛋，記得要活捉。」諾福利特也完美地達成任務。

諾福利特於一九六七年十月辭世時，已不再是那個「一錯再錯先生」，而是人人稱道的「黑爾郡小猛虎」，一手擊破全國最大犯罪集團。

8

目標一敗塗地，騙子達陣

人們以為詐騙是門新舞步，其實不然；詐騙是最古老的生意門路。

——美國作家芙蘭．雷伯維茲（Fran Lebowitz）

將近二十年來，現代藝術界見識到許多前所未聞的大師藝作浮現市面，全是二十世紀抽象表現畫派（Abstract Expressionist）的作品。包括傑克遜．帕洛克（Jackson Pollock）、馬克．羅斯科、羅伯特．馬瑟韋爾（Robert Motherwell）、克利福德．史蒂爾（Clyfford Still）、威廉．杜庫寧（Willem de Kooning）、巴奈特．紐曼（Barnett Newman）、弗朗茨．克萊恩（Franz Kline）和山姆．法蘭西斯（Sam Francis），作品非常多元，品質令人驚豔。公開這些大師巨作的藝品經紀人格拉菲拉．洛賽斯和一位匿名收藏家關係匪淺，收藏家的父親留下豐富的藝術珍藏，現在他將這些撼動藝術界的作品都公諸於世。而負責經手公關事宜的則是曼哈頓歷史最悠久的科諾德勒畫廊公司。

聞風而至的買家含括了當今最知名的藝術收藏家，有耳熟能詳的商業鉅子、知名演員及藝術愛好者。抽象表現主義大師的畫作在世界各地巡迴展覽，從當地藝廊到著名的巴耶勒基金會（Fondation Beyeler）和古根漢展覽廳。

專家們紛紛現身說法。大衛・安法姆（David Anfam）出版的馬克・羅斯科作品全集是藝術圈公認最完善也廣受官方使用的羅斯科作品名錄。他表示這幾幅新問世的羅斯科畫作令人屏息，絕對是大師作品無誤。而正在著手編纂羅斯科作品全集的國家藝廊，注意到這些剛問世的作品，表示將把它們列入全集目錄中。一位專家看到一幅帕洛克畫作後評論：「這值得登上大都會藝術博物館的殿堂。」但是，這些稀世珍寶究竟來自何處？

天外飛來的曠世巨作

當時，洛賽斯剛在美國嶄露頭角。她出生於墨西哥一個虔誠的天主教家庭，來往顯貴；許多藝術家、收藏家和領導人都是家裡常客，他們和年幼的洛賽斯閒聊家常，向她的主教叔叔尋求建言。她還記得家族朋友中有對來自歐洲的猶太老夫妻，兩人都十分愛好藝術，洛賽斯總凝神聆聽老夫妻述說和藝術家交遊的故事、討論買下的藝術作品，讓洛賽斯嚮往不已。自此，洛賽斯就決心踏入藝術圈。

長大後，洛賽斯環遊世界到處旅行，在西班牙遇見一位男子，隨即陷入熱戀。男子名叫何塞・卡洛斯・伯甘迪奧斯・迪亞茲（Jose Carlos Bergantiños Diaz），他誓言長伴洛賽斯左右。洛賽斯和迪亞茲決定一同到美國發展，因為美國是移民發跡的天堂。他們在郊區買了棟房子，也生了一個女兒。終於，洛賽斯成立夢想已久的「金斯藝術藝廊」（King's Fine Arts）。洛賽斯盡情徜徉於藝品之間，迪亞茲則從事慈善與人道工作，生活愜意，比洛賽斯想得還順利。一九八六年，洛賽斯得到美國的永久居留權。

一九九〇年代頭幾年，洛賽斯收到遠從墨西哥捎來的消息：一位洛賽斯家族老友兼藝術收藏家過世了。繼承家產的第二代對藝術毫無興趣，只想把老爸的收藏品脫手出售，節省空間。對他們而言，賣掉畫作的收益遠比畫作本身有價值得多。聽說洛賽斯已躋身美國藝術圈，也許她能幫忙為這些畫作找到新主人？售價不重要，全權交由洛賽斯決定，這是洛賽斯的工作。而且，洛賽斯不能洩露家族身分，相信有世交的洛賽斯應會謹言慎行，守口如瓶。

繼承人強調，洛賽斯絕不能洩漏畫作來源，因為父親是位未公開的同性戀者，只有少數人知道內情；而父親取得稀世畫作的管道，仰賴許多圈內朋友的牽線。他們和畫家們往來密切，常在畫作公開前，直接從畫室帶走作品。因此，這些畫作從未正式收錄到目錄中，也規避了麻煩的買賣藝品稅務法規。考量到家族顏面（他們不想正式公開父親是同性戀的事實），以及家族形象（不想被世人揣測他們逃漏稅），因此，他們再三堅持匿名。

洛賽斯同意守住祕密。但有個問題：她要如何賣掉這些畫作？洛賽斯的藝廊規模很小、名不見經傳，得由富有經驗的大型畫廊接手才行。再說，她的專長並不是抽象表現主義。洛賽斯不清楚畫作的市場價值，也不知道抽象表現畫派的重要收藏家名單，因此，她得想辦法找到專家。

一九八〇年代中期開始，洛賽斯就在紐約藝術圈裡努力往上爬，頻繁參加拍賣會和開幕酒會，透過社交場合經營人脈。在眾人面前她總是笑容可掬，手中端杯香檳，穿梭於紐約的各項活動與派對間。洛賽斯在這類社交場合裡認識了暱稱吉米的傑米・安德拉德（Jaime Andrade），兩人一拍即合，相談甚歡。安德拉德和洛賽斯一樣會講西班牙文，他比較年長，高雅世故，具有傳統紳士風度。洛賽斯也很喜歡安德拉德的伴侶，理查・布朗・貝克（Richard Brown Baker），貝克是知名當代藝術收藏家，眼光獨到又為人慷慨。每次洛賽斯遇見安德拉德，兩人就像多年老友一樣，交換飛吻、談笑風生。洛賽斯知道安德拉德以前在科諾德勒畫廊工作了數十年，而科諾德勒畫廊名聲響亮，正是讓她新入手的大師畫作亮相的好地方。

洛賽斯打電話給安德拉德。之前洛賽斯拿到幾幅理查・迪本科恩（Richard Diebenkorn）的素描作品時，安德拉德就曾安排她到科諾德勒畫廊。不過這次她告訴安德拉德，她取得非常重要的珍藏品，詢問安德拉德能否牽線安排，讓她和畫廊總監安・弗瑞曼見個面？洛賽斯相信有幅畫作會引起弗瑞曼的興趣。

弗瑞曼記不清第一次和洛賽斯見面的情形。當時，她覺得那場會面無關緊要，不過是安德拉德帶些朋友來藝廊看看，只是些微不足道的小事。那時也許是一九九一或一九九二年，甚至可能是一九九三年？弗瑞曼無法確定。有個人帶了幾幅畫作來到藝廊，如此而已。

但這一回，弗瑞曼對洛賽斯印象深刻。令弗瑞曼難忘的並不是洛賽斯本身，而是她帶來的畫。以一抹淡淡的蜜桃粉為背景，襯著兩朵染上顏色的雲彩。「那幅絕美的羅斯科畫作美得令人嘆息。」弗瑞曼在我面前閉上雙眼回憶道。弗瑞曼個子高䠷纖細，濃密灰色的短鬈髮襯著瘦削臉龐，鼻上戴著無框眼鏡，雖然她不穿高跟鞋而偏好運動鞋，但無損她端莊高雅的氣質。對弗瑞曼來說，這是段不願回憶的苦痛過去。人們議論，那次會面最終造成了弗瑞曼的沒落；她被科諾德勒畫廊開除，被控告詐騙，而她畢生鍾愛的藝廊，也在她的注視下關門大吉。（洛賽斯在自白時並未說弗瑞曼是共犯。終至本書完稿時，弗瑞曼在法律上完全清白。）弗瑞曼失去朋友也失去客戶，失去多年來眾人對她的信任與尊敬。當時，弗瑞曼對未來一無所知，只被眼前的珍貴畫作迷住了。這幅畫怎麼會是假的，或是藝術圈所說「仿的」？

弗瑞曼詢問洛賽斯如何取得這幅作品。的確，這是幅絕美畫作，但她得知道明確的來源出處，畫作不會憑空出現。洛賽斯解釋，這來自私人收藏家，對方堅持匿名，而她已向家族保證會保護他們的身分。他們私下購得這幅畫作，從未留下買賣紀錄，而且在儲藏室裡待了數十年；五十多年間，沒人知道這些畫作的存在。洛賽斯只能透露，當年抽象表現主義正火紅時，這位不願具名的X先生和幾位後來聲名大噪的藝術家往來密切。他們以現金交易，沒留下紀錄，直接從畫家的畫室把作品帶回家。沒有紀錄是因為當時藝術家根本還沒開始以書面記錄畫作流向。洛賽斯說，就算當時有留下任何紙本收據，也很可能在X先生過世後就被女兒丟掉了，而X先生的兒子現在打算把畫作賣掉。

那洛賽斯又怎麼解釋這位兒子的身分呢？他是東歐移民後代，在瑞士和墨西哥都有住處。經不起弗瑞曼百般探詢，兩人合作多年後，洛賽斯約莫在二〇〇一年告訴科諾德勒畫廊這個家族的名諱。很巧地，史上的確有位同姓的墨西哥畫家，也是歐洲人後代，曾長住瑞士，最後在墨西哥過世，也交由兒子處理所有藝術遺物。不過，這一家人後來澄清沒有請洛賽斯經手任何父親的收藏品。可惜的是，這些事實很久以後才浮上檯面。

當時，洛賽斯只願意透露X先生有幾名子女，而子女不像他愛好藝術。弗瑞曼告訴洛賽斯她得知道更多詳情，才能處理這幅畫作，並請洛賽斯將畫作留下，交由專家鑑定。至此，洛賽斯先行離開。

專家認證為騙局加分

洛賽斯可說是福星高照，世界級的羅斯科專家大衛．安法姆剛好從英國飛來紐約。安法姆來到科諾德勒畫廊一探究竟，此時他宣布這幅畫正是羅斯科風格的完美展現，並向弗瑞曼保證那一定是真跡。專家認同弗瑞曼的直覺判斷，當然，一名專家的說辭還不足以驗明這幅畫的身分，也無法確認畫作流傳來歷。不過接下來數名專家口徑一致，確認這幅畫出自羅斯科之手，包括抽象表現主義藝術史專家史蒂芬．波卡利（Stephen Polcari），他曾在史密森尼學會（Smithsonian）的美國藝術文獻庫擔任館長；國家藝廊二十世紀美國藝術部門的前任策展人E．A．卡敏（E. A. Carmean），現在擔任沃斯堡的現代藝術博物館館長；還有一票時常往來科諾德勒畫廊的專家學者。羅斯科的兒子克里斯多弗（Christopher）一看到畫作就愛上它，專家們也都愛這幅畫。何況不願透露身分的收藏家很常見，藝術圈是個深門重地，許多圈內人偏好隱姓埋名，而許多買賣交易都在桌下進行。洛賽斯手上握有合法的簽名授權書，有權出售畫作，而弗瑞曼的團隊也沒找到任何不合情理的跡象。弗瑞曼有眾多專家背書當後盾，決定經手銷售事宜。

更多X先生收藏的畫作浮出檯面。洛賽斯說，意外得到畫作的繼承者想把它們全賣掉。弗瑞曼大喜過望，雖然每幅畫都通過專家仔細鑑定，但她告訴洛賽斯她得知道所有人的背景，「匿名」和「X先生」實在無法取信於人。當中有人提出一個名字，但弗瑞曼記不清是誰說的，說不定是她旗下的研究人員推測的：知名抽象表現主義畫家阿方索．奧索里奧（Alfonso Ossorio）曾是許多藝術愛好者買賣畫作的顧問或牽線人。奧索里奧和這些大師往來的時間點頗為吻合，因此這猜測更增加幾分可信度。洛賽斯則說她會和畫作主人確認看看。

洛賽斯和賣家聯絡後告訴弗瑞曼，奧索里奧的確和這些畫作有幾分關係。奧索里奧的名字出現不久後，一位有意以二百萬美金購買帕洛克畫作的買主傑克．勒維，要求國際藝術品研究基金會（International Foundation for Art Research）確認畫作真假，如果確定是真跡，買賣合約才會成立。弗瑞曼立刻同意，她知道，畫作價值不言自明。

但國際藝術品研究基金會不太有把握，認為這幅畫的來歷隱晦不明，不太可信。奧索里奧不可能是畫作買賣的經手人，因為證據不足，而基金會非常重視畫作來源流向，因此無法確認這幅畫作的真偽。交易失敗了。

弗瑞曼把基金會報告書拿給各方專家看，大家異口同聲地說，全是一派胡言，太不合理了。他們認為報告結果不足採信。這對畫作本身毫無影響，蛛絲馬跡都透露奧索里奧肯定有插一腳。看看這份報告內容：畫作應是出自帕洛克之手。雖然有些鑑定家無法肯定評斷，但報告書提出的重大疑慮，總是繞著畫作來歷證明不足。弗瑞曼被說服了，她自己出手買回這幅畫，知名加拿大收藏家大衛・莫爾維許（David Mirvish）和她一起分擔費用。弗瑞曼的信念深厚，願意承擔財務風險。莫爾維許也讀了基金會的報告書，但他決定和弗瑞曼攜手合作，相信她的選擇。

弗瑞曼詢問洛賽斯，她不是說奧索里奧曾經手買賣嗎？洛賽斯說，奧索里奧的確有介入，但他不是真正的經手人。這只是一場溝通上的誤會。

過不久，又出現新線索。這一回，多半是科諾德勒畫廊內部自行推斷的結果：著名的藝術經紀人大衛・赫伯特（David Herbert）不但和許多畫家有深厚私交，且和X先生一樣，也是未公開出櫃的同性戀者，他似乎就是那片失落已久的拼圖。洛賽斯證明這消息無誤。沒錯，大衛・赫伯特曾幫忙過。

這說法可信度很高。卡敏立刻著手調查，而種種線索似乎都和說辭吻合。赫伯特的行蹤點與時間線和畫作流向一致。調查人員認為眾人尋找已久的線索終於水落石出。

畫作一一出售，科諾德勒畫廊從中賺了不少錢。曾在科諾德勒工作到一九九七年的朱利安・韋斯曼（Julian Weissman），離職後自己開了藝廊，也從中賺了一筆。弗瑞曼和科諾德勒畫廊都不知道洛賽斯也給了韋斯曼幾幅畫作。科諾德勒畫廊賣掉總額六千三百七十萬美金的畫作，而韋斯曼賣掉價值一千七百萬美金的畫作。洛賽斯拿到的錢也不少：光是二〇〇六年到二〇〇八年，洛賽斯從買賣這些稀世收藏中賺了一千四百萬美金。而她在一九九四年到二〇〇八年間賣掉六十三幅畫作，其中四十幅透過科諾德勒畫廊售出，而二十三幅透過韋斯曼藝廊售出。洛賽斯宣稱她只拿了一部分的佣金，其他都交給原賣主。

雖然弗瑞曼努力追問更多情報，但總是很快陷入死胡同。弗瑞曼詢問能否到墨西哥和X先生見一面？她為助理買了機票，把他送上飛機。洛賽斯大為驚慌，責問弗瑞曼怎能如此背信忘義。不，他們不可能見面。

二〇〇九年，洛賽斯剛成為美國公民不久，專門研究馬瑟韋爾畫作的戴德勒斯基金會（Dedalus Foundation）針對洛賽斯手上一幅馬瑟韋爾畫作發表報告。一開始，基金會的專家認為這幅畫是真品。但是，當愈來愈多的馬瑟韋爾畫作流出市面，基金會起了疑心。因此報告上宣布，戴德勒斯基金會不再為這幅畫背書，認為這幅畫並非出自馬瑟韋爾之手。

同年，聯邦調查局開始調查來路不明的藝術品，這過程耗時費力。二〇一二年，美國國家稅務局犯罪調查部的艾瑞克・瓊格探員（Eric Jonke）接手調查事務，立刻深入挖掘真相，直搗問題核心。

終於，洛賽斯被告上法庭，罪名是逃漏稅，就和艾爾・卡彭等許多重大罪犯一樣。一開始，洛賽斯的同名藝品公司被控未誠實申報營業所得，也未明列個人銷售所得，並且低報個人所得總額。她也沒有誠實列出個人財產，如馬德里儲蓄銀行（Caja Madrid）的個人帳戶；美國公民如果在海外帳戶持有超過一萬美金的存款，就得依法申報，而洛賽斯的海外帳戶超過一萬美金。事實上，許多銷售收益在申報前就直接流往海外。洛賽斯在二〇〇六至二〇〇八年間賺了一千四百七十四萬美金，其中至少有一千二百五十萬美金的收入未向政府申報。洛賽斯立刻被捕。

接下來，各項訴訟層出不窮。皮耶・拉格朗日（Pierre Lagrange）在二〇〇七年從科諾德勒畫廊花了一百七十萬美金買下一幅帕洛克畫作，現在拉格朗日要求退款。他說，一位法院專家鑑定畫作後，認為這是贗品。弗瑞曼被開除了，科諾德勒畫廊關門大吉。但弗瑞曼仍堅信那些畫作是真的。「當時我信心滿滿，相信有天事實終將還我清白，到時就能證明他們才是傻子。」弗瑞曼對我說，「我一心一意地相信那些畫是大師遺珠。」

接著，醜聞爆發，洛賽斯自白了；她的確犯了罪，把假畫當真畫來賣。洛賽斯的丈夫迪亞茲和他的兄弟是共犯，還牽扯了一名從中國移居到紐約皇后區的老畫家錢培琛。每一幅抽象表現大師名作都出自錢培琛之手，全都是偽造仿作。

洛賽斯後來承認，她知道自己犯下詐騙罪。她表示：「我自始至終都知道所謂的洛賽斯珍藏是假的，也知道那些畫全是偽造的。」

一敗塗地：投入愈多，愈難收手

藝術圈赫赫有名的大師級人物，全都栽在這個歷時甚久又牽涉甚廣的騙局裡，到底為什麼？為何沒人發現一堆偽作正悄悄登上聲名卓著的藝術殿堂？

到了「一敗塗地」（the send）階段，身陷騙局裡的受害者執迷不悟，再次付出，也就是說，受害者在騙局中投入更多時間與資源。而在「騙子達陣」（the touch）階段，騙子收網享受成功果實，將受害者吃乾抹淨。雖然弗瑞曼覺得畫作來歷不清有點麻煩，但她還是讓洛賽斯一次又一次把畫帶來（一敗塗地），洛賽斯讓弗瑞曼想辦法賣掉畫作，開價愈來愈高，與此同時洛賽斯設定脫身計畫，讓弗瑞曼和科諾德勒畫廊面對苦果（也就是達陣）。可惜的是，在洛賽斯的例子裡，事情出了差錯。她太過貪心一直不願收網，以致來不及脫身，若她早幾年就收手，下場截然不同）。乍聽之下，不給人好處又要對方不斷付出似乎是件難事；其實，讓人死心塌地一再付出且不求回報，可比想像中簡單多了。弗瑞曼反覆要求詳細的來歷出處卻不斷碰壁，但她仍持續賣掉一幅又一幅的畫；她忽略可疑跡象，一直深信手上的畫是真跡。**當受害者已一敗塗地，渾然不覺並不斷加碼付出，騙子要順利達陣根本不是難事**。我們深陷騙局無可自拔，願意賭上一切。

一九七六年六月三日傍晚，愛達荷州東部堤頓水壩（Teton Dam）的工作人員在做例行檢查時，發現兩個地方輕微漏水，分別在水壩底部下游一千三百英尺和一千五百英尺處。淨水從兩處裂縫湧出，每分鐘約分別流出六十加崙和四十加崙的水，檢查員有點擔心並向當局回報。管理經理們認為這兩處漏水並不嚴重。而且，直到隔天晚上九點，都沒有其他重大情況。

隔一天早上約七點時，吉布森與瑞德公司的幾名承包工人到堤頓水壩工作，發現有座橋台有水流出。七點四十五分，一群來自墾務局的勘測人員來到現場。此時，在水壩底部發現另一處漏水，而在高一點的地方，也有一處漏水，他們立刻通知主管。八點十五分，專案施工工程師和業務工程師，羅伯特·羅賓森（Robert Robison）和彼得·阿貝爾（Peter Aberle）得知漏水消息。九點時兩位工程師都已到達水壩現場，橋台又出現一處漏水，這回是從橋座與土石壩連接處流出來。兩位工程師針對疏導漏水下了指示。

十點半，水壩下游坡面顏色逐漸變深，一片潮溼痕跡擴散開了。羅賓森事後回憶道，突然聽到像劇烈撞擊或爆炸的震天巨響，宛如驚天動地的怒號，接著是瀑布奔瀉的聲音。水快速奔流，同時沖走土石壩的碎片。很快地，兩台堆土機趕到現場，努力用石頭塞住快速變大的洞。羅賓森向洞中瞧了一眼，一個可能長達三十或四十英尺、約六英尺寬的大洞在堤防上裂了開來。他回憶：「急流夾帶大量土石，非常泥濘，從離橋台十五到二十英尺處堤防上的洞傾瀉而出。」堆土機堆了二十分鐘之後，地面變得溼滑不堪。不久，兩台堆土機就重心不穩往下滑去。水面上出現漩渦，像是慢動作播放的恐怖片，漩渦緩緩擴大，隨著水流愈來愈寬也愈來愈急。他們試圖用石頭阻止水流，但無濟於事。接著陷孔出現了，堤頂傾倒。十一點五十七分，正午前三分鐘，水壩潰堤了。不過五小時，早上的小漏水演變成整個水壩全面坍塌。

堤頓水壩潰決事件是全美史上損失最為慘重的災難之一。建造工程耗資八千五百六十萬美金，而在五小時內，就在現場造成四千萬美金的損失，占造價一半。但它造成的破壞不只如此，堤頓河與蛇河（Snake River）下游三百平方英里，一直到美國瀑布水庫（American Falls Reservoir）全都淹水，四處汪洋一片。十一人死亡，超過二萬五千人無家可歸。光是雷克斯堡（Rexburg）和糖城（Sugar City），在急流蔓延時損失了一萬六千到二萬頭牲畜，和密西西比河洪水高峰期的毀滅力不相上下；不只如此，超過十萬英畝的農地無法使用，全被遲遲不退的洪水淹沒。到一九七七年三月十六日為止，損失賠償要求高達二億五千萬美金，而且預計賠償總額將高達四億美金，其中還不包括水壩本身的工程損失。最終付了三億美元的賠償金，而有人估計損失總額為二十億美金。簡而言之，水壩潰堤造成的損失是建造成本的二十三倍之多。

到底出了什麼差錯？有沒有預防辦法？國會議員里奧・瑞恩（Leo Ryan）被任命為美國眾議院的委員會主席，負責調查堤頓水壩事故的實際情況。一九七六年八月，瑞恩發起事故聽證會，而在聽證會上，令人意外的證據一一浮出檯面。很久以前，建造地本身是否適合蓋水壩就曾引起疑慮，而水壩構造的穩定度和工程進行狀況，也有人起過疑心。蒙大拿大學的地質學家羅伯特・凱利（Robert Curry）指出，墾務局在一九六一年的評估報告中幾乎沒提到滲透率，然而高滲透率的地質是水壩崩塌的主因之一。他認為，推動水壩建造計畫的評估資料根本「不夠充分完備」。

美國地質調查局（U.S. Geological Survey）的地質學家哈洛・波洛斯卡（Harold Proska）更進一步宣稱，水壩所在地區的地質「年輕且不穩定」。波洛斯卡指出，事實上在一九七三年一月，失事前三年，美國地質調查團隊就寄了份備忘錄給墾務局，其中明確提到「堤頓水壩計畫的安全性疑慮是燃眉之急」。然而，當時建造工程已經展開，而這份備忘錄也被草草丟在一旁。設計與建造負責人哈洛・亞瑟（Harold Arthur）承認建造時「有許多工程接縫，以及岩石破裂的情況或破裂的可能性」，但他認為沒有必要停工。

到底是什麼原因讓人們明知不可為卻硬要為之呢？委員會會長自有理論。他稱此為「動量原理」（momentum theory），他認為建造工程一動工，恐怕什麼事也無法阻止工程持續進行。「也就是說，因為動量原理傾向，墾務局堅持繼續建造水壩。一旦動工，即使在施工時發現危險性，也在所不惜。」他解釋道。亞瑟強硬反駁，不管是堤頓水壩或是別的工程，安全性是首要考量，絕沒有發生這種事。不過，當瑞恩咄咄進逼時，亞瑟終於鬆口承認：墾務局自成立以來，所有計畫一旦施工，至今尚未有半路停工的例子。

堤頓水壩事件看來和詐騙完全無關，但二者有一項重大共同點：**我們一旦做出重大投資與選擇，就無法理性評估，不管潛在損失有多麼嚴重**。我們投資的可能是金錢、時間或名聲，但只要投入大量資源後，一切事後看來清楚明瞭的警訊，往往在當下被我們置若罔聞，堅信毫無影響。不管我們交易的是藝術品或面對攸關人命的風險，即使可能毀掉無辜民眾的生計並造成數十億損失，對整個地區生態造成倒退數十年的災難，人們依然執迷不悟。就常識而言，能夠產生巨額收益的大型基礎建設往往也有高度風險，建造時務必小心謹慎。這些人怎會不知道呢？他們為何沒注意到？怎能忽視警訊，一意孤行？這正是受害者一敗塗地、騙子達陣的原因：我們付出太多，變得盲目而固執己見，直到一切崩塌毀滅。不管是實質的毀滅（水壩）或是喻意上的毀滅（藝廊）。

堤頓水壩災難的受害者和洛賽斯藝品詐騙案的受害者一樣，認為這樁騙局早該有人發現。瞧瞧國際藝術品研究基金會的報告，還有戴德勒斯基金會的報告，更別提那神祕的X先生，根本是騙三歲小孩的故事。你太愚蠢才沒發現手上賣的是贗品。瞧瞧地質報告書，那些警告的信件。建造工程早該停止；弗瑞曼早該警覺，就算一時瞎了眼，也該在洛賽斯拿出一幅又一幅畫作時，發覺事有蹊蹺。這些都是警訊，它們清楚明瞭地擺在那兒，甚至招手引起我們的注意。人們全瞎了眼，不會吧？的確，人們視而不見。當投入愈多、付出愈多，愈看不清真相。

迷惑人心的沉沒成本謬誤

一九八〇年前期，保羅．斯洛維克和理查．塞勒討論人們的買賣決定多麼瘋狂。在旁觀者看來，人們投資和撤資的方式完全不合邏輯。比方來說，為什麼一個家庭會在暴風雪中開六十英里的車，去看場他們根本不熱中的籃球賽？斯洛維克認為，這和堤頓水壩的狀況異曲同工，堤頓事件可說是最佳例子。這一家人花了錢買票，如果票是免費的，在惡劣天氣下，他們應該會放棄去看球賽、待在家裡。但他們付錢買票，放棄球賽就會有損失，他們寧願在風雪中開三小時的車去看球賽。因為他們已經有所付出，不願中途放棄認賠。堤頓水壩的建造工程人員也是如此。如果在開工前就發現警訊，也許會放棄建造計畫；一旦動土開工，中途停工的損失太大。一位參議員在田納西—湯比格比水道（Tennessee-Tombigbee Waterway）計畫的討論中這麼說過：「中斷耗資十一億的建設計畫，代表我們承認昧著良心亂花納稅人的錢。」塞勒把這種情況命名為沉沒成本謬誤（sunk-cost fallacy）。

沉沒成本效應讓我們堅持下去，激勵我們保持信念，即使投資後才發現實情與預測有所出入。理論上，我們應該小心新出現的增量成本（incremental cost），不該那麼在乎已經投入的成本；付出就付出了，不管付出的是時間、金錢、精力，或其他任何東西。當新證據浮現，應該謹慎評估再決定是否堅持下去。即使水壩已經動工，若我們得到不同的新資訊，就該評估是否停工，設立停損點。的確，我們已投資許多錢，但如果真有風險，固執己見只會走向毀滅災難。既然已經注定賠錢，又何必再投入更多？如果我們發現錯看了合夥的收藏家，就該中止合作關係。的確，我們已賣了不少畫，但若種種跡象準確無誤，一意孤行只會對自身聲譽造成無法挽回的打擊。何不承認自己是錯的，在醜聞爆發前，想辦法脫身自救？

唉，這就是人類心理的運作方式。**我們在一件事上投注的心力愈多，花的時間愈久，沉沒成本的效應愈強烈**，它戰勝理智，迷惑我們的認知。我們不是忽略警訊，而是根本看不到警訊；即使警訊近在眼前，但我們的雙眼看不見潛在危險。丹尼爾・西蒙斯（Daniel Simons）和克里斯・查布利斯（Christopher Chabris）做了一項著名的不注意盲視（inattentional blindness）實驗，請受試者觀看一段籃球影片，並計算特定球員間的傳球次數。西蒙斯和查布利斯發現，大多數的受試者都沒注意到影片中間夾了一段大猩猩捶胸的片段。受試者太專心數算傳球，根本沒看到如此顯眼的一段插曲。當我們一敗塗地、騙子達陣時，我們也一樣視而不見：當我們應該逃跑時，卻對警訊渾然不覺，反而付出更多，直到一無所有。對不受影響的旁觀者而言，在毫不投入也沒有預想成見之下，人人都看到大猩猩的片段。然而，對深深專注在特定事件或深陷騙局情節之中的人來說，身旁一切都被他們視若無物。

一九八五年，哈爾・阿克斯（Hal Arkes）和凱薩琳・布魯默（Catherine Blumer）做了一系列十項實驗，研究沉沒成本如何影響我們的行為，好瞭解不理智、毫無邏輯的行為背後藏了什麼原因。如果明確警告受試者，清楚指出警訊與錯誤，結果是否會不同？在現實狀況下，到底沉沒成本有什麼樣的影響？就像對墾務局的主管們指出每項證據，詳述潛在災難危險，明列一切理由並附上紀錄證明；或者告訴弗瑞曼為何洛賽斯的說辭漏洞百出，她可能撒了大謊，他們是否會就此清醒？

研究人員先從古典行為經濟問題下手。受試者被告知有兩個不同地點的滑雪旅行票券：一張票是密西根的滑雪行程，要價一百美金；另一張則前往威斯康辛，價值五十美金。其中，威斯康辛之行比較有吸引力。可惜這兩張票的使用日期在同一個週末，而且無法退票取消。受試者會留下哪一張票？超過半數的人選擇比較貴的行程，即使明知自己比較喜歡另一個行程。就算沒有花錢購買、透過電台促銷免費取得票券，人們仍會選擇比較貴的票券。

接著，阿克斯和布魯默請當地的俄亥俄大學劇院幫忙。阿克斯和布魯默詢問劇場是否願意幫助實驗，向部分隨機抽中的季票購買者兜售一些特價票？劇院欣然同意，配合宣稱正在進行精選促銷活動。當季，有些季票持有人以一張票十五美金的平日價格買到座位；有些人每張票都能拿到二美金的折扣；還有些人拿到七美金的折扣。票券依據折扣標示不同顏色，當觀眾在開演前到櫃台取票時，研究人員就可計算每種票券有多少人領取，到場觀看表演。

一九八二年到一九八三年的下半年表演季結束了，而阿克斯和布魯默把收據結果列成表格。想知道付比較多錢的人，是否也看了比較多場表演？結果證明，正是如此。買票後的六個月間，比起拿到折扣票的人，付全額票價的人出席率高得多，平均每五場表演，他們就看了四點一場，而另兩組拿到折扣票券的觀眾只出席了三點三場。

若價格改成百萬美金呢？結果仍然一樣。研究人員請受試者想像他們是航空公司的董事長，花了一千萬美金發展一架雷達偵測不到的飛機。當計畫進行至百分之九十時，得知對手公司發表了更為先進的機種。此時，大多數的受試者仍建議公司應該完成這項計畫，而不是立刻認賠，把剩下資金用到別處。整整有百分之八十五的受試者認為應該堅持不懈。不僅如此，受試者堅持繼續投入資金，還相信即使情況不利，仍有百分之四十一成功獲利的機會。這項百分比遠高於旁觀者做出的評估值。研究人員轉換實驗場景，這次受試者成了顧問，對不同公司或尚未開始的計畫提出建議；受試者成了實際計畫的旁觀者，此時他們立刻注意到計畫失敗的機率很高，決策很蠢。但當他們身處其中，卻認為成功的可能性遠高於失敗機率。

阿克斯和布魯默換了一個又一個情境，發現沉沒成本謬誤牢牢印在人們心中。他們甚至找了經濟學的學生來實驗。照理來說，這些學生早已學過沉沒成本效應。然而，他們的實驗結果和對沉沒成本一無所知的普通受測者如出一轍。心理學家認為這代表的意義昭然若揭：**減少損失代表承認錯誤，而承認錯誤所要付出的心理成本實在太高了**。「一想到坦白承認金錢損失，就讓人心裡不爽快。」心理學家們寫道：「只要繼續假裝之前的支出都是合理決定，就能避開承認失誤的痛苦不快。藉此，他們還會決定增加投資。」此話不假。西北大學的心理學家貝利・史鐸（Barry Staw）發現，就算實話實說，告訴受試者某項投資決定有害無益，仍不足以改變人心，他們仍會執迷不悟。當商學院的學生被問及如何對一項失敗投資負責，他們寧願繼續投資、放棄其他選項。

就像其他謬誤一樣，沉沒成本的心理過程——即使不斷損失，仍堅持等候不離場——並非全無道理可言。在陷入泥淖效應（entrapment effect）中，人們為了等待目標實現，能夠忍受數次小額損失。比如通勤者已經等了一小時公車，他們不會招計程車，因為公車可能就快到了。的確，有時在漫長等待後，目標終究出現。我們寧願承擔不斷增加的風險，期待可能更多的獎賞或回饋。一個地區需要水壩已久，水壩建成將增加數十億的經濟收益；一份價值不菲的藝術遺產，將讓你成為重要畫作的發現者，你的名聲將流傳千古，成為抽象表現主義史上的大人物。唯一問題是，我們沒有宏觀視野，看不清現實，因此我們既低估風險又高估成功機率。在騙局中陷身愈久，付出愈多，損失也愈慘重，同時會堅持更久，相信終將苦盡甘來。遇上詐騙破局失利時，我們便已損失了，當時早該收手走人，但我們仍努力不懈，更加投入，直到騙子獲利收網，沒有預警就閃人脫身。

為何過去總是比現在美好？

我們不只對風險視而不見，而且總為過去染上美好光輝。後來成為最高法院大法官的奧利佛．溫戴爾．霍姆司（Oliver Wendell Holmes），一八九七年在《哈佛法學論叢》（*Harvard Law Review*）寫道：「這是人心本性。你長久以來擁有或使用已久的事物，不管是某件物品或某種想法，都深深植入自身；當你被迫與其分離時，不管情況為何，你都會不滿怨恨且試圖自我辯護。人性的直覺本能，就是法律所能尋求的最好答案。」在心理學領域裡，這就叫稟賦效應。塞勒在一九八〇年首次提出稟賦效應，指的是自身的一切，包括行動、思想、所有物和信念，都對我們散發著與眾不同的迷人光輝，和不屬於我們的事物截然不同。**沉沒成本謬誤讓我們不願發現自己的錯誤，也不想偏離預定的路徑。稟賦效應鼓勵保持現狀，不要改變自身作為，讓**

我們相信一切看來樂觀正面，前景美好順遂。它讓我們對先前的決定緊抓不放，信任自己的判斷並為之鞠躬盡瘁。那些來歷不明的畫，在自家牆上掛起來變得更加迷人、更為真實——弗瑞曼買了兩幅洛賽斯手上的畫作，氣派地掛在自宅門廳裡。你絕對沒看走眼！瞧瞧它們多麼動人心弦！俗話說得好，空談不如實證，百聞不如一見！

一九九一年，康納曼、塞勒和傑克・克尼區（Jack Knetsch）提出一則驚人例證，主角是他們的一位經濟學同仁。熱愛法國葡萄酒的他在數年前買了幾箱產自波爾多的葡萄酒。當時每瓶酒售價十美金，正好是他心目中酒價的甜蜜點（sweet spot）；他的原則是盡量不買一瓶超過三十美金的酒。過了幾年，這幾箱酒的價格漲了很多，在拍賣會上，每瓶價格超過二百美金。許多潛在買主聯絡經濟學者，出高價要買他的酒，他都拒絕了。不過，他也不願意再購買價格飆漲的同款葡萄酒，認為此時囤貨也不會讓酒更芳醇甘美，帶給他更多享受。對他來說，現在的價格實在太高了。行為經濟學家作出結論，認為這位愛酒人一方面有稟賦效應——對他來說，一瓶身價超過二百美元的葡萄酒，只在他擁有這瓶酒時有意義，而尚未買到的酒比不上手上的酒；同時，他也有維持現狀偏誤（status quo bias）——傾向保持現狀，不買也不賣，只要不變即可。

許多稟賦效應實驗都有詳盡紀錄。這類實驗中常用筆或馬克杯為例，當人們面對自己沒有的東西，往往只願付出較低的價格買進。但當要賣自己的筆或杯子時，卻會提出較高的價格。以康納曼和塞勒各種研究之一為例：研究人員給受試者一張價格清單，上面標出零點二五美金到九點二五美金的各種價格，並給受試者三種情境。在第一種「賣家」實驗中，研究人員給受試者從學校買來的馬克杯，接著詢問受試者願意出售的價格範圍為何？第二種則是「買家」情況，研究人員向受試者徵詢各種價格，看他們願意以什麼價格買下馬克杯。而在第三種「選擇者」實驗中，研究人員詢問受試者在不同價格下，想要的是現金還是馬克杯。以客觀角度看來，賣家和選擇者處在類似情境：拿到的不是現金就是馬克杯，價格由他們決定。但研究人員發現，選擇者和買家的行為模式比較接近；平均而言，選擇者願意花三點一二美金來買馬克杯（買家願意花二點八七美金），一旦超過價格，他們寧願選擇現金。相較之下，賣家的賣價較高，不願以低於七點一二美金的價格出售馬克杯。我們一旦擁有一件物品，它的價值就因「擁有權」而上漲。我們不再客觀看待它的價值；就像下了賭注的賭徒看不清現實。

孩童直覺的行為模式如出一轍：自己的玩具遠比別的玩具重要。和「野花總比家花香、這山望向那山高」剛好相反。我們很理性地珍惜當下所擁有的，因此覺得擁有物的價值比較高。

維持現狀偏誤讓事態更為惡化。我們喜歡固守不變。孩童們知道自己的玩具很好玩，何必冒著風險交換，若換得的玩具沒有舊的好該怎麼辦？新的方向充滿了不確定，而眼前的路途，我們已握有地圖且熟知路況。問問推出「新可樂」（New Coke）的可口可樂總監吧，他會告訴你消費者多麼喜歡堅守現狀。看看身邊的例子，不管是玩具還是選戰（現任在職效應〔the incumbent effect〕），人或者因為慣性而懶得改變，遲遲不離開無趣工作或不願告別漸行漸遠的感情，總認為現狀比較好。塞繆爾・約翰生（Samuel Johnson）曾說過：「人人都能一事無成。」詐騙的最後階段，已經付出的血汗讓我們無法客觀面對過去證據；發生投資破局失利時，我們忽略損失，進一步陷入一敗塗地的境地，這一切都因我們拒絕承認犯錯。即使眾多跡象顯示我們應該改變方向，我們仍故步自封，堅守原本的計畫。至此，騙局大功告成：毫無預警，騙子成功脫身，我們血本無歸。

維持現狀的傾向，讓人放下理性思考

威廉·薩謬森（William Samuelson）和理查·澤克豪瑟（Richard Zeckhauser）進行了最早證明維持現狀偏誤的實驗之一。他們請受試者分別扮演幾個角色：外行人士、經理和政府決策制定人。五百名受過金融訓練且注意市場動向的經濟系學生假裝對投資毫無經驗，此時某位親戚過世留下一大筆遺產，學生們會怎麼投資運用這筆意外之財呢？被告知部分款項已用來投資某家公司的學生，和另一群能自由運用遺產的學生所做的選擇大不相同。單獨來看，這家公司沒什麼吸引力，不是好的投資標的，但若學生得知已有一大筆錢投入該公司，多半決定維持現狀。

即使資料顯示不該維持現狀，大多數人仍甘願堅持下去。這回，學生扮演當地航空公司裡的高級主管，決定第一年和第二年使用的飛機種類型號與數量。研究人員告訴學生，改變第二年的飛機租約不會增加成本。當學生要為第一年與第二年做決策時，分別收到當年度經濟狀況的預測報告；預測報告可能是「優」（票價穩定，市場需求高）或是「劣」（削價戰爭，市場需求下降）。有些學生收到的預測報告第一年為優、第二年為劣，其他學生則收到正好相反的報告。

照理來說，拿到優異經濟預測的人應該多租幾架飛機，而收到負面預測的人應該減少飛機數量。如果預測改變，經濟狀況變差的公司，其經理應該降低成本，反之則該擴展業務。不過，受試者的決策選擇並非如此。在狀況一裡（先優後劣），百分之六十四的學生選擇陣容龐大的機隊，其中百分之五十的人選擇在第二年維持不變，總共有百分之七十九的人選擇維持第一年的決策。在狀況二裡（先劣後優），百分之五十七的學生在第一年選擇較少的飛機數目，到了第二年，雖然預測報告為優，卻有百分之四十三的人不願多租飛機，明知會錯失獲利機會，仍保持數目不變。整體而言，百分之八十六的人不在乎環境改變、忽視重要資訊，決心遵循第一年的決策。雖然現實已物換星移，但人們保持現狀的心態從不改變。

薩謬森和澤克豪瑟接著在真實生活中重現維持現狀效應。一開始他們先檢視哈佛大學教職員的健康醫療計畫，接著研究美國教師退休基金會的退休計畫。兩項計畫中，他們都發現強烈的維持現狀效應。即使出現新的、較好的方案，人們還是寧願維持已知的原先方案。薩謬森和澤克豪澤的結論是：「人們選擇維持現狀的可能原因包括方便性、懶得改變習慣、政策（公司或政府）或慣例，都源自恐懼或內在保守心態，或者只是想要保持簡單。」不管原因為何，人們的維持現狀偏誤強而有力。若研究者試圖說理來改變他們呢？「大多數人都能理解人類整體行為模式有此傾向（及背後動機原因），但他們不認為（或有點懷疑）自己也是維持現狀偏誤的受害者。」

在騙局中，**維持現狀對騙子有利可圖、讓受害者損失慘重**。這是觀感問題。我是弗瑞曼，為了這些畫我以自身名譽為賭注。我賣掉這些畫，自己也買了幾幅，還辦公開展覽；顯然我相信這些畫作是真的，別人也知道我的想法。如果我態度不變，別人會怎麼看我？話說回來，只要我們堅持己見，時間愈久，愈覺得自己想得沒錯，沒什麼好擔心的。騙我一日，是你無恥；騙我數月數年，甚至數十年，好吧，那完全是另一回事。我可沒那麼好騙，我不可能被蒙在鼓裡那麼久！就是這種邏輯讓我們一敗塗地：我們無止境地付出，好證實自己是「客觀的」，做了對的決定。等到我們終於明白事情有鬼（如果我們有所警覺），騙子已經準備好脫身，錢也被拿走了。

一旦陷入騙局，固守方向勇往直前總是容易得多。堅持讓我們目前付出的一切看來合理，轉換方向費時費力，繼續前行最為容易。我們陷得愈深，心理上也愈依賴，因此難以離開，甚至沒發現一切情勢都對我們不利，自己得趕緊脫逃。

還記得戴瑪哈的卡雲加冒險記嗎？當卡雲加號船長得知戴瑪哈不是外科醫生而是個冒牌貨，他完全不相信，反而認為另一位西爾醫生才是騙子。他才不可能被戴瑪哈的花招矇騙那麼久。當船長和戴瑪哈告別時，他說隨時都歡迎戴瑪哈回來當駐船醫生，為他的船員看病。船長對戴瑪哈的開刀技巧佩服得五體投地。

自信與高估只是一線之隔

我們總是告訴自己，只要我驚覺不對就會立刻退出。我隨時可以抽身，這是我的選擇，我的人生，我的未來，由我掌控。我尚未放棄的原因在於根本沒有警訊，沒有理由頭洗了一半就半途而廢。只要有明確原因，我就會改變主意。畢竟，聰明能幹如我，天生機警，不會盲從。

唉，可惜這種自信全是幻影。你深信能夠控制獲利了結的出場時機，就像明明辦不到，卻自認有能力控制許多事情，這只是控制錯覺（the illusion of control）罷了。我們一再付出，讓別人挖走一切，直到一敗塗地而騙子收成，都因來不及抽身停損。我們老是以為自己掌握一切，卻錯過斷開鎖鏈的時機。

一九七五年，心理學家艾倫・蘭格（Ellen Langer）嘗試一項簡單實驗：請受試者投擲硬幣並預測哪一面會朝上。但是，錢幣並非隨機落地，蘭格刻意操縱了每次結果的排列順序。有些人很快就猜中好幾次；有些人一開始都猜錯，實驗快結束時，又突然猜中；有些人的正反順序則由機率決定。在每個情況中，正反面的次數相同，蘭格操控的是正反面的順序排列。

硬幣投擲結果全是運氣，除非硬幣動過手腳，不然每次都有一半的機會猜對。你無法控制結果，也不是靠練習能學會的技巧，沒有人擅長猜硬幣，也沒有人不會猜硬幣，簡單明瞭。但人們並不這麼認為。那些一開始就猜對好幾次的人自認很會猜硬幣，把這當作一項技能，不認為是運氣問題，甚至相信只要多練習就能愈猜愈準。蘭格詢問他們認為自己猜對幾次，他們往往高估猜中次數。蘭格把這種現象稱為控制錯覺：就算我們明知一切都只是機率，我們還是認為自己能影響實際上不受控制的事情。正如蘭格為她的論文下的標題：〈正面向上算我贏；反面純屬運氣不佳〉（Heads, I Win; Tails, It's Chance）。

我們高估自己的程度非常誇張，甚至誤以為成功都靠一己之力得來，即使事實並非如此。當事情出了差錯，我們馬上歸咎時運不濟；一旦成功，卻不相信運氣助了一臂之力。數項研究發現，學生表現大有進步時，老師認為是自己的功勞，但學生表現差強人意時，則是學生本身的問題。人們投資時也有類似的心態：選股後若股價上揚，那是我們獨具慧眼；如果股價下跌，那是市場太愚昧。

不管陷入的是騙局或無傷大雅的善意謊言裡，時間愈久，控制錯覺就愈強烈。蘭格後來在一項研究中發現，受試者若對樂透彩瞭解愈多，就愈有自信能贏，忽略樂透彩全由機率決定；甚至當別人握有客觀中獎機率較高的彩券時，受試者仍拒絕交換。更有甚者，當受試者有時間進一步瞭解機率與運氣，也透過演練明白運氣的道理，他們自認能夠掌握成功的機率仍然顯著增加。也就是說，即使明知一件事成功與否完全取決運氣，人們也不會因此改變看法。當他們知道愈多，反而愈自信能夠左右結果，特別是自己擲骰子的時候。

最可怕的地方是，**當人反省自身時，有加強現有信念的傾向。蘭格發現一開始的樂觀信心在經過「理智」考量後，只會更為茁壯**，人們思考後更確定自己就是那麼強。換句話說，假使弗瑞曼停下來思索透過抽象表現主義獲得的利益，她只會更自信地做出結論，自認是位頂尖傑出的藝廊總監，具備明辨藝術價值的鷹眼；她才不會想到自己被精心策畫的騙局騙得團團轉。弗瑞曼一頭栽下去，賣出愈來愈多幅畫，直到騙子成功達陣，而她得自行面對苦果，成了眾矢之的。

控制錯覺不只在人們玩賭彩時出現。在一項控制錯覺效應的經典實驗中，研究人員請臨床心理學家對人格特徵報告做出判斷並評估信心程度。受試者收到一份根據實際案例分成四部分的個案報告書，每看完一部分之後，研究人員請心理學家回答一系列個案的人格問題，包括個案的行為模式、興趣、對人生事件的典型反應。同時，心理學家也必須評估對自己的回答有多少信心。每一個實驗階段，心理學家都會得知更多個案的背景資料。當心理學家得到愈多資訊，信心也隨之高漲，然而實際上他們的評估正確度停滯不前。結果顯示，除了兩個人，其他的臨床心理學家都太過自信。當全體心理學家的信心平均值從第一階段的百分之三十三增加到第四階段的百分之五十三，準確度卻一直低於百分之二十八（而且問題設定中，有百分之二十的準確度受機率影響）。

為什麼控制錯覺的力量如此驚人？其實，**控制錯覺多數時候對身心健康大有益處，甚至幫助我們獲得成功**。控制錯覺讓人們面對壓力並持續向前，不會一遇挫折就半途而廢。自認握有掌控權的人，生病時比別人康復得快，有更健康的身心。控制錯覺和其他樂觀偏誤一樣，為我們帶來正面的強心劑。

不幸的是，毫無根據的控制錯覺有反效果：它會讓我們陷入更惡劣不利的處境，做出不理智的行為。一項調查追蹤四家倫敦銀行的一百零七名交易員，請經理為交易員的表現評分，同時記錄交易員所得到的佣金。結果發現控制錯覺愈強烈的人，工作表現愈差。而在另一項研究中，控制錯覺愈高的人，愈會選擇差勁的投資組合策略。在第三項研究裡，控制錯覺愈強烈的金融分析師愈有自信，但做出愈多錯誤的市場預測。

別忘了，受害者總以為能及時脫身，這全是幻覺一場。我們投資愈多就愈難退場。心理上的自信讓我們更加投入，直到自己截斷後路，退無可退。雖然事態根本不由我們控制，我們仍一意孤行。控制錯覺讓我們自信萬分，卻用在錯誤地方。

弗瑞曼對我說，若她曾注意到警訊必會趕緊取消交易。但她從未懷疑——一次也沒有——直到為時已晚。為藝術奉獻一生的弗瑞曼絕不會公開展覽可疑的藝術品。但她根本沒發現任何警訊，找不到懷疑洛賽斯的理由。她相信畫作本身的價值，認為它們是真跡。

弗瑞曼仍然忘不了那一天早上，律師來電告知洛賽斯已經自白，承認那些畫全是贗品。放下話筒，弗瑞曼震驚不已，說不出話來。不可能，那些畫絕對是真的，她心裡明白。不然的話，她早就發現了，她一定會察覺，一定看得出來。但她無法控制洛賽斯的自白，而且，後來證明洛賽斯所言不假。這麼多年來，那麼多幅作品，每一幅都是絕世巨作；但全是謊言一場。弗瑞曼根本不知道自己身陷騙局，直到一敗塗地，騙子成功達陣。

弗瑞曼生日的前一晚，孑然一身在聖路易市的飯店裡，獨自坐在床上。她為了參加華盛頓大學校友會來此，一如往常住進麗池酒店。她緊盯著手機螢幕。自一九九五年起，每年洛賽斯都會致電祝她生日快樂。洛賽斯準備的生日禮物總是既有格調又不誇張浮華，每項禮物都有特殊意涵。律師再三警告弗瑞曼不能和洛賽斯聯絡，但她沒辦法阻止自己，她想和洛賽斯談一談。

電話鈴聲一響，洛賽斯立刻接起。聽到洛賽斯的聲音，弗瑞曼有點意外。弗瑞曼知道律師一定也警告洛賽斯兩人不該私下聯絡，畢竟她們身陷刑事訴訟。

「你毀了我的人生，」弗瑞曼只想說這句話，「我希望你明白，你一手毀掉我的所有。我相信你，而你毀了我。」洛賽斯沒說話。她低聲喃喃幾個不連貫的單詞，聽來像是道歉，也許吧。弗瑞曼彷彿聽到一聲啜泣，接著電話就掛斷了。

9

排除障礙，買通內線

好名聲是你能夠擁有最珍貴的珠寶。

——古希臘哲學家蘇格拉底

一九一五年，炙熱的夏季午後，蘇蒂・惠特克（Sudie Whiteaker）和米羅・路易斯（Milo F.Lewis）緩緩走向愛荷華州鄉野間的一座農場。這裡是狄蒙市西南方的麥迪遜郡，赫茲爾太太遠遠就瞧見這兩個衣著體面、一臉正派的人，好奇他們要去哪兒？顯然他們不是農人。

他們上門請赫茲爾太太提供些許飲水。他們遠道而來，想告訴她一門有利可圖的生意。不過天氣酷熱難當，他們又長途跋涉，因而口乾舌燥。

赫茲爾太太請兩位客人在簡陋的客廳裡坐下，並叫來在屋後工作的兒子奧斯卡和坎菲爾，全家聚在一起聽兩人表明來意。他們有個絕佳提議。你知道，在十六世紀晚期——精確說來是一五九六年一月二十八日——著名的法蘭西斯・德瑞克爵士（Sir Francis Drake）在自己的船上過世。那艘船名叫反抗號（Defiance），就停在諾姆布雷德迪奧斯港（Nombre de Dios）。兩人特別強調，這可是「那位鼎鼎大名」的德瑞克爵士，那位以伊麗莎白女王之名稱霸海上的海盜！

而且，惠特克和路易斯知道一個許多歷史學家也不知道的祕密。德瑞克死後留下多年四處掠奪積累的驚人財富，價值難以想像。有趣的事還在後頭。兩人繼續說道，德瑞克有個子嗣，人們謠傳他沒有後代是想隱藏一個驚天動地的大祕密：他不但有個私生子，而且生下這名私生子的不是別人，正是女王陛下。

想當然爾，為了避免醜聞，私生子身分從未公開，也沒拿到德瑞克的遺產。過了幾世紀，遺產爭奪戰現正打得如火如荼。只要你投資這項法律戰爭，就能得到高額報償；因為遺產戰快打贏了，現任繼承人將會慷慨回報資助他打贏官司的人。惠特克和路易斯繼續說道：「繼承人取得遺產後，你每投資一美金就能拿回一百美金的報酬。」沉睡數百年的寶藏即將掙脫重重官僚限制，抓緊機會的投資人將大賺一筆。

變本加厲：當受害者搖身成為大騙子

長日已盡，夜幕低垂，這對搭檔仍說個沒完。他們透露的細節愈多，愈令人心動。赫茲爾太太看著兒子，他們默默點頭。她要奧斯卡去閣樓把那個錫盒子拿下來；盒子裡放了全家人攢了一輩子的六千美金。這六千美金全交到了兩位客人手裡——機會來敲門時，不該吝嗇。路易斯寫了一張收據，兩人再三保證法律程序一有進展一定立刻回報，接著轉身離開。

故事原該到此結束——又一個在歷史上不斷重演的老套騙局，向世人保證一筆誘人的假遺產，引誘輕信的傻子上當。如果惠特克和路易斯更謹慎地挑選受害者，本不會有後續發展。然而，這對搭檔忘了騙局中最重要的一課：謹慎選擇下手目標。他們本應仔細觀察蛛絲馬跡，使盡渾身解數判讀潛在目標，卻被金錢迷惑雙眼。他們的確輕鬆騙倒女主人，可惜當時她兒子也在場。所有詐騙達人都會告訴你，在場的旁觀者同樣也得小心應付。

奧斯卡．梅瑞爾．赫茲爾（Oscar Merrill Hartzell）是個精明的銷售員，有著明顯的雙下，以及大而凸出的雙眼。雖然其貌不揚，但他深知如何討客戶歡心。在奧斯卡轉行加入警局前，兩兄弟常做農家生意，在家鄉愛荷華四處兜售器材和種子，還把事業擴展到伊利諾、威斯康辛、內布拉斯加和達科塔州，他一看就知道一場交易會不會成功。奧斯卡默默忖度，愈來愈覺得德瑞克之寶聽來不大對勁。

隔天，奧斯卡去了離家二百英里遠的蘇城。雖然路途遙遠，但蘇城是附近唯一有圖書館的城市，而他非去圖書館不可。他花了四個多小時翻遍每個書櫃，找尋所有與德瑞克相關的資料，想弄清楚事情的來龍去脈。很快地，他證實心中疑惑，德瑞克沒有直系子孫，也沒有什麼失落的財產。德瑞克辭世時並不富有，他的表親接收了僅存的一點遺產。奧斯卡就想知道這些事。

奧斯卡立刻集結警界人脈，身為副警長，他可是認識一、兩位有力人士。他得找出騙走全家財產的雙人搭檔。奧斯卡打探一番，立刻鎖定狄蒙市；惠特克和路易斯就住在那裡。很幸運地，奧斯卡回程時會經過狄蒙市，他立即搭上下班列車出發。

奧斯卡藉著這裡問幾個問題，那裡花點小錢打點，再加上一點運氣，他不但找到惠特克小姐與路易斯先生本人，而且目擊他們正向一個凝神聆聽的五金商人敘述驚人的寶藏。當他們發現前幾天的受害者竟然站在眼前，緊張得連話都說不清楚。他們可不想和受害者撞個正著。

惠特克立刻開口說道：「我們正打算寄信通知你遺產的消息。」

奧斯卡打斷她：「我知道那筆遺產的詳情。」暗示兩人隨他到隱密的地方談談。

沒多久，雙人搭檔坦承一切。這兩個月來，他們已在愛荷華騙到六萬五千美金。他們向奧斯卡再三保證自己沒有惡意，只要他願意……

接下來的故事出人意料。奧斯卡放聲大笑，譏諷他們是「土包子」；奧斯卡知道「德瑞克之寶」的一些歷史，惠特克和路易斯卻一無所知，只是信口開河。奧斯卡對他們說：「這是塊新大陸，你們居然只賺些蠅頭小利。」奧斯卡無意拿回他的錢：「何必呢，我媽還相信你們說的計畫呢。其他人也沒有起疑心。」這對搭檔賺個幾萬美金就心滿意足，但只要謹慎謀略，德瑞克之寶是場能夠賺進百萬美金的絕佳騙局。

德瑞克騙局可不是新花招。自德瑞克過世後，隨即便有人在英格蘭行這種騙局，並在一八三五年傳到美國。一八八〇年代，出使英國的美國大使羅伯特・托德・林肯（Robert Todd

Lincoln）甚至曾發文提醒潛在投資者，所謂的寶藏持份根本毫無價值，德瑞克之寶全是子虛烏有。然而，**騙局太吸引人了。即使再三警告，世人仍難以拒絕神祕寶藏的誘惑**。不過，奧斯卡精心改造騙局，讓成果更上一層樓。

過沒多久，奧斯卡搖身一變，成為「法蘭西斯・德瑞克爵士協會」負責人。這協會聽來有模有樣，奧斯卡又具備詳盡的背景知識，很快就賺進數十萬美金。接下來十五年間，他說服海內外共七萬民眾掏錢投資。他宣稱為了在現場見證遺產爭奪戰，所以在倫敦住了九年（其實，他不過是想出國邊玩邊賺）。奧斯卡很早就甩掉惠特克和路易斯，稱兩人是「一對恬不知恥的騙子，一直偷偷把老百姓的捐款揣進自己口袋」。奧斯卡靠這行賺了二百萬美金，自己拿了一半以上的錢。他騙了整個城鎮，許多人沒拿到半毛利潤仍反覆投資。奧斯卡的故事太有說服力，人們等待多年，深信最終將大賺一筆。

騙局的下場比騙局本身更讓人驚訝：儘管奧斯卡的受害者什麼也沒拿到，但多年來仍衷心相信他所說的一切。七萬人中幾乎沒人報警，甚至斷然否認自己被騙。奧斯卡被捕時，輕輕鬆鬆就拿出七萬八千美金交保並雇用辯護律師；每一分錢，都是受害人為他募集的。在漫長的審判期間，受害者付了超過三十五萬美金為他全力辯護，相信警方誤解了奧斯卡。

名聲是我們最重要的寶物。名聲不只影響別人如何看待我們，也影響雙方互動關係。他們信任我們嗎？他們想和我們做生意嗎？他們是否認為我們有責任感、值得信任、討人喜歡、做事俐落？在中世紀的歐洲，「菲瑪」（fama）一詞有兩個意義：一是人們如何形容某人的作為，二是名聲。這個複義詞指出一個重要事實：我們的名聲來自別人的描述。騙局往往不考量財務損失，事實上，許多騙子圖的並不是錢。名譽受損才是我們受傷最重的時刻；別人如何看待我們關係重大，足以左右我們的未來。

騙子仰賴名譽維生，有時他們的目的就是獲得名聲。即使我們努力自我欺騙，但事實擺在眼前，受害者只是騙子爭名逐利時順便撈一票的對象，而且，我們往往為了面子保持沉默。當騙子達陣，我們落得一敗塗地：騙子拿走所要的一切，準備消失在我們的生命中。但騙子該怎麼做才能躲開法律制裁，好繼續使用相同騙局引誘新目標上當？在「排除障礙」階段，騙子的目的只有一個：既然已經成功達陣，現在得盡速處理掉目標，以免將來被扯後腿。騙子最怕有人發現苗頭不對，把詐騙大計公諸於世。排除障礙通常是騙局的最後一步；詐騙遊戲終結，騙子悄然消失。不過，有時受害者心有不滿，沒那麼容易擺脫。若遇上這種情況，騙子就會使出另一招：買通相關單位的內線，從中作梗，防止受害者尋求法律協助。

八卦閒話讓社會運作更順暢？

狹鼻猿家族（catarrhines）包含舊世界猴和猿，是注重社會關係的靈長類，而人類也是狹鼻猿的一分子。我們和靈長類祖先一樣都仰賴群體；若不彼此幫忙，個體無法獨自生存。但是社會性也有代價：我們互相競爭戰鬥。我們取代別人又被別人取代，在相對食物鏈中爭奪。我們撒謊、欺騙、偷竊、爭執、彼此背叛、在背後互捅，不管是互捅一刀還是互捅妻子。英國政治哲學家湯瑪斯・霍布斯（Thomas Hobbes）曾說，生命的自然狀態既下流又野蠻，而且為時短暫。因此，我們必須彼此照應，保持社會群體正常運作，好成功避開掠奪者並安然存活。

對人以外的靈長類動物而言，團體照護主要透過理毛來進行。梳毛時，猴子互相觸摸、輕撫並挑出毛髮裡的蟲子（真是美妙的雞蛋裡挑骨頭），顯示彼此關係密切。理毛能夠加深雙方關係；肢體接觸會產生腦內啡（endorphins），而腦內啡為我們帶來喜悅滿足、溫暖與幸福感。彼此撫觸代表重視雙方關係。事實上，靈長類動物花愈多時間理毛，潛在社會團體就愈大。牛津大學人類學家和演化心理學家羅賓・鄧巴（Robin Dunbar）四十年來寫了許多關於靈長類如何聯繫社會感情的著作。鄧巴發現理毛時間和新皮質（neocortex，指的是腦部處理高級功能的所在）的大小完美反映了社會群體的大小。

新皮質的大小意涵深遠。非人類的社會群體成員約為八十名，而人類的密切社會關係在質量上大為增加，平均每人有一百五十名緊密往來的對象——此數目也稱作鄧巴數字。理論而言，社會團體成員增加，理毛所需的時間也會隨之增加。我們的靈長類弟兄除了睡覺以外，五分之一的時間都用來互相理毛。因此，理論上說來，人類的人際圈增加時，理毛時間也得等比例增加。但是，鄧巴發現這種假設並不合乎人類社會的真實情況。相反地，我們也約略花五分之一的時間維持人際關係，從事人類版的「理毛」行為。究竟是什麼造成理論與現實的差異呢？

長話短說，主要原因是「語言」。人類不需要靠理毛維持強烈的社交關係，並藉此形成大型的功能團體來面對生活壓力。我們用交談取代理毛。理毛代表投入心力與彼此信任，理毛者與被理毛者創造相互義務；同樣地，我們的話語（當然連帶加上我們的行為）傳達特定訊息，影響別人對我們的看法。我們聊天時，不只為對方梳理毛髮（我對你投入心力，願意為你付出、幫你忙），同時分享別人的消息（誰做了什麼，誰的為人如何，誰說了什麼）。說來，這根本就是聊八卦說閒話。**八卦本身並非壞事，我們透過與人互動來分享相關社會消息，資訊流通讓社會運作得更為流暢**。「換句話說，八卦是讓人類社會進步的方法，」鄧巴如此說道。然而，八卦也讓騙子輕易排除障礙，無需使出買通這步棋。

我們道人長短時傳遞別人行為的消息，讓不在場的人也能知道事情發展。就某方面來說，我們藉由社交網絡得到千里眼和順風耳，還能增加經驗值。現代人的網絡功能遠超過所謂一百五十名「朋友圈」。我們談論誰行事光明、誰作惡多端、誰受人尊敬，而誰不可靠；我們討論能信任誰又該懼怕誰，該避開哪些人或親近哪些人。我們傳遞情報、得知事實的同時，也能懲罰行為不符合社會規範的人。比方說，那些站出來戳破德瑞克之寶的人，對整個事業造成「損害」。奧斯卡的計謀很簡單：他告訴投資人一旦把消息傳出去，很可能就領不到錢。

世界並不全是謊言、欺騙和偷竊，而生命也不那麼下流野蠻又短暫，歸功於我們明白別人會知道我們的作為，做了壞事就會自食惡果。我們在乎別人的想法，而別人的想法影響我們的人生際遇。若我們不分享社會資訊，失去八卦閒話的能力，就無法建立符合社會觀感的行為準則和約束力，社會將充斥人人強取豪奪的亂象。

一九九七年，鄧巴和同事做了一件我們自幼就被叮嚀要避免的事：竊聽。他們在大學的自助餐廳、酒吧和火車上，謹慎地竊聽他人對談。鄧巴和同事特別注意朋友間的對話，或是非正式、雙方放鬆自在的聊天內容。每三十秒，竊聽人員記下對話的大略主題，把聽到的內容濃縮成數個種類，例如「技術／指導」（有人解釋某件事情，像選舉的功能與過程，或車子引擎的運作方式）、「工作／學術」（抱怨課業或惱人會議）、「運動／休閒」（那場比賽，尼克隊的表現有夠爛……）等等。

接著研究人員分析各種談話中出現過的主題，意外發現類似模式。不管說話的人是誰、場合在哪、年紀性別、學生或社會人士，超過百分之六十五的對話內容和社交主題脫不了關係；絕大部分都在討論他人行為和分析比較自己的優點，或者談論他人舉止和自己為人。其他主題，包括工作、學業、運動、文化、藝術、音樂和各種話題，加總起來只占日常對話的三分之一。最常見的話題總是或多或少與名聲相關，不管是別人或我們的名聲。在一些文化中，社交話題的比例更高，一項以墨西哥的西納康坦（Zinacantán）印第安人為對象的研究中，社交話題在將近二千段的紀錄對話裡占了百分之七十八。

名聲的兩難局面

一九九四年，經濟學家與諾貝爾獎得主伊莉諾．歐斯壯（Elinor Ostrom）請受試者在電腦前投資兩個不同市場。受試者交易時也能同步看到別人的交易狀況，只不過，他們所看到的並非其他受試者真正的投資。實驗中，一個市場不管發展如何，保證固定利潤；另一個市場則隨投資者增加，產生更高利潤。如果只能選擇一項投資標的，受試者會投資哪一個市場呢？

這是典型的公地難題（dilemma of the commons），也是歐斯壯的專長。（公地難題的名稱源自羊群在公用草地上吃草的問題。如果只有一隻羊在公地上吃草，一切都很好。但若每個牧羊人都讓羊在公地上吃草，那麼草很快就會被吃光，最後無人得利。）如果每個人都投資第二個市場，人人都會得到最大收益，一起變富有。但若有人選擇收益穩定不變、沒有風險的一號市場，那麼二號市場在缺少投資人的情況下，收益表現可能低於一號市場。歐斯壯發現，當人們孤軍奮戰、無法交換意見時，會不太信任別人的作為。因此，許多人寧願選擇第一個穩定收益的市場。此時，和全部人都加入第二市場、達到最佳利潤的狀況相比，人們最後獲得的利潤只達最大值的五分之一。換句話說，許多人寧願當荒野一匹狼，確保個人利潤，不會信任別人；而那些相信團結力量大的人，反而得到最低利潤。

接著歐斯壯改變規則。這一回遊戲進行一半時，歐斯壯請參與者暫停，大家一起休息片刻，喝點飲料。此時，所有參與者都能面對面交談，不再是互不相識的陌生人。在接下來的遊戲中，螢幕上代碼閃過時，他們會知道代碼代表的人是誰。休息終了、回到電腦前，人們變得願意互相合作。這次他們得到的利潤約為最大值的百分之八十，短短的社交立刻造成顯著效果。歐斯壯發現若進一步修正，讓受試者能夠找出「逃兵」，也就是選擇一號市場的人，並向這些人要求罰款，就能讓利潤表現達到高峰。

經濟學家羅伯特·阿克塞爾羅（Robert Axelrod）發現在沒有溝通管道下（也就是遊戲者對彼此一無所知），最成功的遊戲策略是投桃報李策略（tit-for-tat）。一開始你先與人合作，接著仿照夥伴的行為。如果對方合作，你就跟著合作；若對方背信忘義，你也跟著背叛對方。這樣一來，雙方都先以禮示人，建立合作的平衡狀態。也就是說，遊戲者邊玩邊建立自己的聲譽。不過這種情況只能在重複玩遊戲時進行，比如歐斯壯的遊戲實驗。不然的話，你必須剛開始就有一定名聲，才能建立合作平衡，但匿名制根本無法達成這種狀況。幸好，在真實世界裡，匿名性幾乎不存在。

名聲是條捷徑。即使我們素昧平生，不曾相處過也不知對方的人格特質，**名聲讓我們預測別人的行為，並決定我們該如何回應**。著名的囚徒困境是個有用實例：若兩名囚犯合作、保持沉默，雙方就能無罪釋放；若有人背叛一方開口作證，那麼沉默的囚犯將受刑罰、嘗到苦果。解決困境的辦法之一是讓兩名囚犯交換意見，但困境本質就是要探討雙方完全無法溝通時會怎麼做。如果雙方都同意不告密，兩人皆可無罪脫身，不過在彼此沒有機會討論的情況下該怎麼辦？

當我們有了名聲，名聲代替我們溝通。如果我們從未出賣過別人，那麼現在也不太可能這麼做。若別人認為我們是牆頭草，就不會信任我們。凱薩琳・提絲蕾（Catherine Tinsley）和研究同仁在一項實驗中發現，團體中若有人以好勝著稱，在協商談判時往往會遭遇比較棘手的情況。因為人們知道他們的名聲而有所提防，雙方無法輕易達成共識。人們依照對我們的認識改變對待我們的方式。

奧斯卡一開始在騙局裡就設想好排除障礙的辦法，確保不用買通就能阻止受害者拆穿騙局。他告訴受害者，若想從德瑞克之寶分一杯羹就得保持低調，免得有人先下手為強。因此受害者保持沉默，深怕分不到寶藏。你得守口如瓶、取得信任才能參與這場投資。如果別人不信任你，就可能舉發你，讓你半毛也拿不到。

但這樣的內建強迫機制，並不一定是騙局的標準配備。大部分情況下，我們不需要外在動機就幫騙子排除障礙，騙子根本無需買通別人就能讓我們閉上嘴巴。我們總希望在別人心中留下好印象，害怕留下壞印象。弗瑞曼希望別人視她為藝術圈裡眼光獨到的女前輩，而非容易上當的傻子，因此即使證據明擺在眼前，她仍說服自己這不可能是場騙局。若整件事沒有戲劇化地公諸於世，許多現在急著控告畫廊和畫廊總監的買家多半會保持沉默，私下要求退款。人們不想被認為自己是個容易受騙的蠢蛋。（許多買下洛賽斯假畫的買家沒有提起訴訟，而決定打官司的買家全都拒絕接受我的採訪，不希望公開身分。）

即便我們不願承認，但沒有人能不受名聲影響。**我們都會說自己不在乎別人怎麼想，但實**

際上大家在乎得很。我們自己就是騙子排除障礙的最佳解答：我們不想讓別人知道自己上當了。因此，騙局往往不需要買通就順利畫下句點。何必勞師動眾、對簿公堂？大多時候，我們只想安靜地把事情處理掉，以免丟臉。

我們表現在外的是形象或假象？

行為成就人的名聲。名聲要花時間建立，而且我們必須依據渴望得到的名聲表現出相符的行為。若我們希望建立威勢，就得常常嚴厲責罰；想要受人愛戴，就得時常慷慨獎賞；想要別人相信我們是公平的生意人，就要正大光明地做生意——就像勒斯蒂格將五萬美金原封不動地還給卡彭先生。

薩里大學社會心理學家尼可拉斯．埃姆勒（Nicholas Emler）專門研究聲譽建立過程與八卦閒話。埃姆勒認為，為了形象而做出相符行為是人類社會認同感中很重要的一部分。「人們小心拼湊對他人所知的事實細節，特別是此人過往的人際關係，並參考第三者的看法，」埃姆勒認為，「聲譽同時也是種對人的善惡、優勢與弱點的判斷，依據社會不斷演進、再造過程中積累的證據來判定。」

我們希望在別人心中是某一種人，並依此做出相符行為。紐約大學社會心理學家薛麗．柴肯（Shelly Chaiken）在談判研究中，一再發現人們的行事策略與其名聲一致；人們會想好別人的可能回應並考量想要達成的效果，藉此作下決策。舉例來說，為了拿到較多折扣，人們會在談判時展現出強勢的態度。而在一項不相關的研究中，學者發現人們經常事先設想在某種情況中怎麼做會留下特定印象，得到心中想要的聲譽。人們會願意遵從特定準則，比如「為了讓對方覺得拿了個好價錢，因此表現得格外友善」。一旦奏效，對方就會告訴其他人我是個可靠的生意人，每個人都會對我留下好印象。

在這些例子中，不管人們做了什麼行為，都有項重要要素：有人在看。我們私下的行為不重要，重要的是別人看得到、會談論的行為，也就是鄧巴的八卦情境。匿名的慈善捐款人並不常見，而且大多時候，所謂的匿名根本只是做做樣子；眾人皆知某人常慷慨捐款，常會匿名捐款給某個機構，因此只要瞭解捐款機構是誰、金額為何，捐款者的身分便呼之欲出。「社會認同，」埃姆勒寫下，「不是個體自行認定的，而是集體賦予或同意的。」

我們不只在乎舉手投足要符合心中形象，還在乎旁人的眼光。埃姆勒與茱莉・佩爾（Julie Pehl）在研究中請學生想像剛遇上一件好事或壞事，有的學生需為事件負責，有的則無。比方說，受試者好運贏了比賽，或因表現優異得到獎學金，或者遇上一場交通意外，或是遭人誣告為小偷。研究人員告訴部分受試者，有位朋友見證了事情經過；其他人則無。受試者是否會告訴別人事情經過？若有，他們會多願意和別人分享？他們只會和親密友人討論，還是也會跟普通朋友說？

在沒有朋友見證的情況下，人們會努力散播提升自身好印象的消息，沒興致分享負面事件。人們只願意和至親好友分享負面事蹟，而想和全世界分享正面事蹟。但若有其他人在場見證，情況就改變了；這時，他們會到處宣揚負面經驗，說明自己的看法，解釋自身立場。他們認為目擊者會到處說閒話，因此得趕緊反擊，好降低別人造成的破壞力。

在乎名聲讓詐騙更加橫行

我們私下和公開的行為也大相逕庭。二〇一〇年，心理學家馬克・惠特利（Mark Whatley）和同事找了群學生參加藝術評估研究。每位學生到達現場後，另有一名假扮學生的研究人員加入，兩人一同觀賞不同畫作的幻燈片並發表意見。看完第六幅畫作後，研究人員把燈打開，讓學生們休息三分鐘以便習慣燈光。

休息時間結束後，兩人回到房裡。有時，假扮學生的研究人員會帶回兩包M&M巧克力，向受試學生說明從販賣機買了巧克力，並為他買了一包；有時則空手而回。接著兩人看完所有的幻燈片，各自被帶到不同房間填寫問卷。幾分鐘後，實驗人員回來向受試學生說明，整晚擔心打工遲到的假學生先離開了，並留下一些慈善捐款表。接著，實驗人員離開，留下受試學生獨自填寫假問卷表格和真的慈善捐款表格。

惠特利發現有兩個要素促使人們決定捐款與否、捐多少錢。實驗中有一半的情況，捐款是私下進行的，也就是匿名捐款，款項直接送往慈善機構「為孩童而跑」（Run for the Kids）。而另一半情況，捐款是公開的，學生得填上自己的姓名、地址，且捐款信封上的收件地址是慈善機構的地址，指名由假學生領收。這些條件明顯影響受試者的行為。在公開捐款的狀況中，比較多人願意樂捐，也捐出比較高的金額：三點九八美金；相比之下，受試者在私下捐款的狀況中，只捐了一點八七美金。

巧克力則是第二個影響要素。得到別人好意款待的受試者比較願意以捐款來回饋，平均捐了三點四五美金，而沒拿到巧克力的受試者，只願意捐出二點三二美金。

惠特利下了結論：公眾聲譽對人們意義重大。我們在乎如何被人看待，當我們認為受到注視時，會做出和私底下不同的行為。而且我們重視互惠原則，如果我們對別人好，也會期待別人反饋，同時我們願意對那些曾對自己好的人付出（比如那些餵我們美味糖果的人）。

當我二十幾歲才搬到紐約市不久時，有天我和一位剛畢業的校友約會。當天晚上，我們漫步走過華盛頓廣場公園。

「不好意思！」一位臉色憂鬱的男人朝我們走來。他打扮體面，薄外套下是領尖有鈕釦的襯衫，下身是寬鬆長褲。「很抱歉打擾你們，」他緊張地說，「我需要一點錢搭車。我掉了錢包，回不了紐澤西的家。求求你，我的家人等我回去。你若能給我點錢，就能幫我大忙。」身為世故的紐約人，我懷疑地挑了挑眉。「我一定會還錢，」他接著說，「只要給我你的地址，我一回家就寄錢給你。」我仍舊不信。然而，我的約會對象拿出皮夾並給他十元鈔票。他對那男人說道：「不用還了！」

這位無法搭車回家的紳士準確判讀了現場狀況。兩個正在約會的年輕人，說不定情竇初開，男方鐵定想把握機會留下好印象。接近他，提出請求，男方將會慷慨掏錢。他不希望女伴認為他冷漠無情，若女伴認為他小氣吝嗇那更糟糕。紳士刻意挑選故事版本，自稱是通勤於紐澤西與紐約的上班族，有家室，他只需要人幫點小忙。他並不要求別人幫他出車票全額，而且他聽來很可靠：保證會全額歸還。他並不是乞討，只是一時情急需要幫忙，我們怎能拒絕他？

是啊，我們怎麼能狠心拒絕？事後，我一直充滿罪惡感。為什麼我這麼懷疑人性？如果我丟了錢包，發現自己沒現金也沒手機，不知如何回家，難道不會希望別人幫我一把？當時，我住在離華盛頓廣場幾個路口的地方。隔天傍晚，我回到廣場並坐在長凳上等待，瞧瞧會發生什麼事。不出我所料，我聽到一個熟悉的聲音：「不好意思，很抱歉打擾你……」我立刻起身離開，心中的罪惡感消失無蹤。

名聲就是許多詐騙從未被人揭發的原因，也因此，排除障礙是詐騙遊戲中最簡單的回合，騙子根本不需要買通這關。德瑞克之寶已行騙數十年（其實是數百年），正因人們在投資多年後，不敢現身揭穿騙局。我們的朋友戴瑪哈的許多犯罪行為都沒有受到正式控告；人們不想和他有牽連，因此不願出面。海軍只對他說了一句話：安靜離開——你走吧，別引起注意，也別再回來。而那幾間修道院更誇張，他們不希望克萊頓寫下任何戴瑪哈待在修道院裡的事，有些修道院甚至寫了內容激動的信，要求克萊頓隻字不提。他們不希望作惡多端的冒牌貨讓上帝的殿堂蒙上陰影。

華倫・巴菲特（Warren Buffett）曾這麼說過：「人花二十年建立名聲，但五分鐘就能毀掉一切。」

聲譽帶來的壓力足以擊垮專家

就某些角度而言，公眾名聲讓我們力求表現，慈善團體因此募得更多錢，崇高的目標得到世人支持。心理學家伯特・布朗（Bert Brown）形容聲譽能讓人「寧願割鼻來挽回顏面」。布朗在一九七七年發現，人們不惜付出龐大代價留下好印象；只要是在公開場合，人們願意犧牲自己好證明自己多麼偉大無私。我們沒有錯，但騙子專門利用這種人性來達成不光彩的目標。丟了錢包、侷促不安的男子拿到十美金，而奧斯卡日復一日不斷騙人。

聲譽有黑暗的一面：**公眾認同鼓勵我們前進，也能帶來非常沉重的壓力**。有時雖然我們力有未逮，卻仍會屈服於聲譽的壓力之下。試想，若你是一位以研究為職的科學家或一名力求表現的記者，你夙夜匪懈、達到目標，終於在《科學》期刊（*Science*）上發表論文或在《紐約客》雜誌上刊載文章。你狂喜不已，沉醉在成功的喜悅裡。突然，未來一片光明，各種可能浮現眼前。這項研究將帶來的利益，你的故事所帶來的突破，各種獎項與同事的眼紅嫉妒……我們只注意到潛在利益，忘了自己是否真能不負眾望再次成功。

喜悅的光輝很快就褪去，接下來得面對完成下一篇論文、下一篇故事、下一本書的壓力。

你得不斷創作，不然就會消失在舞台上。你不只得繼續創作，還必須快馬加鞭，在被人遺忘前再次登台。你的作品還得隨著眾人期望增加而進步。你一鳴驚人，但路遙知馬力，人們對你的評價標準也已經改變。一開始，你只是初出茅廬的新手，現在，你是經驗豐富的老手。在學術界，當全世界嚴詞厲色地疾呼「發表文章，不然就消失吧」，你身上的擔子更重。生產，生產，生產。生產，不然就等著被吞噬吧！

你該怎麼辦？你花了好些時日才寫生第一篇讓世人刮目相看的曠世巨作。你現在小有名氣，不再像以前能花很多時間慢慢工作。許多旁觀者長嘆一聲，惋惜那次成就不過是驚鴻一瞥。你只能繼續勞心勞力並期許努力與運氣終有回報，等待再次成功。也許，你不再受人注目；也許，你的同事早你一步拿到終身教職。但你會潛心奮鬥，終將抵達成功彼岸。

許多人容易在重要人物面前因壓力而崩潰，或者因無法符合熱切期待而放棄。因此，他們決定抄捷徑來取勝。萊勒斷送記者生涯的原因之一——也是他自我辯解的說法——就是他承受了太大壓力。因此，他放棄生產新作，轉而借用自己之前的著作。接著，他借用別人的著作。下一步，他竄改事實，好讓故事更為動人。接下來就覆水難收了。馬克·豪瑟（Marc Hauser）和史塔波的故事也差不多，他們兩位是近年來最為人所知的學術詐騙案主角。一開始只是在資料數值上動些手腳，接著得想辦法保持如日中天的名聲，發表突破性的新論文。你不能單靠已成歷史的光榮存活下去。接下來，一切覆水難收。

聲譽的壓力對排除障礙和買通內線影響重大，甚至能讓人搖身一變成了詐騙專家；羞於承認被騙的壓力，能讓人們轉行當起騙子。

過去幾十年來，學術界經歷了戲劇化的改變。以前，你只要發表幾篇論文就能找到工作。有些人的畢業論文寫得很好，就能順利拿到第一份工作。不過，這一切都是過去式了。現在，低階職位的求職者往往有好幾頁滿滿的經歷，發表過數十篇大多為第一作者的論文，也常在頂尖期刊發表文章。在僧多粥少的狀況下，要嶄露頭角愈來愈難。

近年興起一個現象：撤銷學術論文，這代表有人經常在學術圈搞鬼。每年有超過一百四十萬篇論文發表，其中約莫有五百篇（百分之零點二五）後來遭到撤銷，其中有三分之二是作者刻意誤導或假造資料。這種案例有年年增加的趨勢。光看過去兩年，根據撤銷論文觀測站（Retraction Watch）資料，超過一百一十篇科學論文因同樣理由遭到撤銷：論文作者私下操縱同儕審查系統，好讓論文順利通過。其中至少有六個不相關的學術案件，受到影響的期刊出版社包括愛思唯爾（Elsevier）、施普林格（Springer）、泰勒與法蘭西斯出版集團（Taylor & Francis）、賽吉（SAGE）和威立（Wiley），全是科學研究界數一數二、名聲卓越的出版社。

台灣國立屏東教育大學學者陳震遠，自二〇一〇年起到處發表論文。看起來他多年潛心研究終於獲得成果，而《振動與控制期刊》（*Journal of Vibration and Control*）見證了他的成功。陳震遠於四年間在這份期刊上發表了六十多篇論文，但有個漏洞是：同儕審查裡附上的電郵地址全是假的。事實上，那都是陳震遠自己的電郵。根據賽吉出版社的調查，他假造一百三十個分身，形成一個「同儕審查與引用圈」，有些論文甚至沒把他列為作者。陳震遠也用假身分寫論文，好增加自己文章被引用的次數。

陳震遠差點就僥倖過關，但在二〇一三年五月，一位投稿《振動與控制期刊》的作者收到兩封信，寄信人自稱是論文審查人。這件事很不尋常，照理來說，審查人絕不會自行聯絡論文作者。不只如此，電郵地址看來更是疑點重重——電郵來自谷歌郵件系統，而非學術機構帳號。期刊主編阿里．納菲（Ali Nayfeh）將資料轉給出版社。賽吉出版社編輯部接著寫信給審查人，不過，他們是寄信到審查人任職的學術機構。一位科學家很快回覆他從未寄過這封信，也不熟悉這個領域。這個消息引發長達十四個月的調查，賽吉出版社的編輯部、法務部和出版部門動員超過二十人，深入了解內情。最終，他們確認一百三十個偽造的電郵地址，而賽吉出版社撤銷超過六十篇論文；這是科學史上最大的撤銷論文案之一。

網路可稱為罪惡的淵藪。拿英國著名歷史學家奧蘭多．費吉斯（Orland Figes）來說，他坦承利用假帳戶與假身分在亞馬遜網站上寫假書評，稱讚自己的著作之餘，不忘批評對手的作品。**樂於玩弄規則的人往往成為罪犯**。費吉斯後來被人控訴在著作《耳語者》（*The Whisperers*）中，捏造史達林時代「不精確與錯誤的史實」。原定譯為俄語版的計畫就此撤銷，很快地，他過去的作品也面臨內容不實的指控。聲譽是位頤指氣使的情婦，對聲譽的渴求讓你輕易淪陷，親手排除障礙，甚至當起騙子。

在騙子眼中，人們只是一串數字

詐騙專家並不是生來就心理病態，毫不在乎別人的生死存亡。只是對他們來說，我們不值得被當作常人看待；他們把我們當成目標，而不是獨立個體。我們對他們來說，只是一份統計數字，一連串業務中的「工作」之一罷了，而不是有血有肉的人。心理學家所謂的「可辨識受害者效應」（identifiable-victim effect）指的是人們面對獨立個體時，會比面對數字時更大方慷慨。比方說，當有人請你捐款給「無國界醫生」，或捐款給一個八歲衣索比亞孩童安妮克，好助她戰勝瘧疾，兩個例子相較，你寧願多捐點錢給後者。這是個詭異情況，因為前者需要的款項遠比後者多，而且捐錢給前者得到的效益比較大；然而，明確對象激發我們的情感，讓我們如歷其境、感同身受，聽從情感呼喚。

一九八七年，德州一位名叫「潔西卡寶寶」的女孩掉入井中，收到來自各方超過七十萬美金的捐款。一位陷入伊拉克戰火中的男孩阿里．阿巴斯在幾天內得到二十七萬五千英鎊的醫療照護。甚至連一隻困在太平洋船上的狗也拿到五萬美金的援助。當我們看到一個明確的名字、有張面孔浮現眼前，我們變得憂心如焚、同理心氾濫。我們難以抗拒這種感受。就連德蕾莎修女也曾說過：「如果我只注意到大眾，那我不會行動。但當我注意到個人困境，便捨身幫助。」騙子剛好相反，他們把我們當作無差別的群體；這樣一來，他就不受愧疚譴責，狠心把我們解決掉，甚至不惜買通相關單位的內線，讓我們血本無歸，而執法單位一無所知。

二〇〇五年，心理學家黛博拉．斯莫（Deborah Small）、喬治．羅文斯坦和保羅．斯洛維克，三人研究是否能夠藉由邏輯破解可辨識受害者效應。透過一系列四次實地研究，他們有條有理地向民眾解釋，人們看到一位受害者與看到受害者統計數值的腦中反應有何不同。接著，他們統計每個人願意對慈善團體或個人捐多少錢。研究結果和學者們的預測剛好相反。人們的確對單一受害者減少捐款數目，但他們並未因此就多捐錢給慈善組織，好幫助更多無名的受害者。整體而言，人們變得更小氣。可辨識受害者效應太難破除了，人們總是寧願多給個人一點錢，而不願意出錢幫助統計數字代表的龐大受害者。那麼，如果把明確受害者和統計數字並列的話呢？這是安妮克，她深受瘧疾之苦，而且百分之六十七的人口，相當於六千一百四十萬人和她一樣受瘧疾折磨。即便如此，捐款數目依舊下降。

洛賽斯成功多年的原因之一，是她從未想過自己毀掉多少人的名聲。奧斯卡行騙天下數十載則是因為他騙了數萬人，受害者對他而言，只是個模糊的數字，並非個體。騙人後自圓其說並不難——反正他們也是共犯。俗話說，一個真正誠實的人永不會被騙；當然這句話不是真的，但這種邏輯非常有說服力，屢試不爽。它讓騙子順利進行騙局，輕鬆解決掉受害者，並消失在夜色中；有必要的話，算好時機買通內線。接著騙子拿著同樣的騙局到處行騙，每次成功後一轉身就繼續行騙。

但對我們來說，我們並不只是一個統計數字。**我們對世界的觀點以自我為中心，深信自己對別人來說，也一樣重要**。因此，我們無法了解為何別人不在乎自己的經歷與感受。也因此，我們只好把自己的名聲緊抓不放。我們相信別人注意我們的每一個行為、所說的每一句話、所犯的每一個失誤。我們對面子和名聲的重視讓騙局得以延續下去，一再騙倒更多的人；騙子成功排除障礙、買通內線，然後安全退場。我們默不作聲，而命運的轉輪再次啟動。玩家一成不變，受害者一成不變，手法技巧也一成不變。我們需要信念，所以騙局生生不息。我們不只需要相信世界是美好的，也需要相信自己是個好人，不是笨蛋。

10 最古老的行業㊤

騙子與無賴主宰世界。惡棍統治一切。

——美國作家保羅・奧斯特（Paul Auster）

貝貝・派頓（Bebe Patten）豔光四射，她身材高䠷、亭亭玉立，穿著曳地的白色絲袍，髮際點綴著玫瑰花朵。畢竟，她向最精於此道的人學過。派頓還是青春少女時，閨名叫貝貝・哈里森（Bebe Harrison），曾在國際四方福音協會（International Institute of Four-Square Evangelism）向艾美修女（Sister Aimee）修習。此刻，她站在上千人面前，身體款款擺動；她自認表現完美，青出於藍更勝於藍。她說自己正種下一棵樹，而眾人起聲回應：「阿們。」她接著呼喚，他們將採收樹上的果實。眾人再度回應：「阿們。」她從事上帝的工作，拯救罪人。就算她的拯救有價碼，也理所當然。

台下，貝貝的丈夫派頓忙著收款。貝貝在加州奧克蘭認識了卡爾・湯瑪斯・派頓（Carl

Thomas Patten），他總自稱C・湯瑪斯，自嘲那個C代表的是現金（cash）。派頓身材魁梧，身高一百八十三公分、體重九十九公斤。別人一站在他身邊就顯得嬌小，特別是他寬大的腰圍無人能敵。派頓很注重打扮，深得貝貝欣賞。派頓特別鍾愛手作牛仔靴，只有最佳品質才入得了他的眼，頭上總是戴著史戴森牛仔帽，頸間打著絲質領帶。派頓白手起家終有成就，這是貝貝傾心的另一個原因。他的父親是田納西州的私酒販，派頓高中時因為在地下室偷偷釀酒而被學校開除，沒能念完高中。雖然如此，他想辦法謀生，殺出一條活路。當他因為跨州運送贓車被判刑時，甚至讓法官把他的二年刑期判了緩刑。派頓一開口，人們便側耳凝聽。貝貝心想，這位田納西牛仔會是個完美的福音教徒。

沒多久，派頓得到基本傳教協會（Fundamental Ministerial Association）任命，自此人生一帆風順。十年來，他們舉辦培靈會（revival meeting），藉此賺得不小財富，大半的錢都進了私人帳戶，並未如他們承諾用來布道。此刻，他們終於準備好定下來。

鼓動人心的信仰詐騙

自一九四四年起，貝貝和派頓在經濟不佳的奧克蘭榆樹堂（Elm Tabernacle）待了六年。他們從當地教堂的小講壇起家，前來聽道的信眾連一張長凳也坐不滿。派頓夫妻一心布道，傳頌善與真。信眾們聽到他們的呼喚——不如說是看到派頓在各家報章雜誌刊登的廣告，他每週花

五、六千美金提醒世人：「綠色棕櫚！白衣唱詩少女！音樂！奇蹟！賜福！療癒！」短短幾週內人群湧進教堂，擠得水洩不通。於是他們轉移陣地到奧克蘭女子都會俱樂部。很快地，連那邊也無法容納與日俱增的信眾。接下來，他們讓足以容納八千人的奧克蘭體育場爆滿。不到五個月，派頓夫妻賺了三萬五千美金，買下都會俱樂部。這城市非常虔誠，而派頓夫妻很喜歡這裡，決定在此定居。

貝貝的布道遵循著五旬節教派（Pentecostalism）的傳統。當她和信徒從「與惡魔的艱苦對抗」中倖存下來，派頓則忙著收錢。派頓和天父非常親密，救世主總是清楚指明當天會發生什麼事情、會拿到多少錢。一九五九年，伯納．泰普（Bernard Taper）在《紐約客》發表文章，他回憶著派頓的聲音迴盪在大廳中：「好極了，現在，弟兄姊妹們，上帝說祂今天的工作值五千二百四十元五十五分錢，上帝說的話總會成真。」派頓繼續說：「既然上帝告訴我會有這麼多錢，那就一定有這麼多錢。這是真的。你們同不同意？阿們。」眾人齊聲呼喊阿們。「哈利路亞！以祂的光榮之名！這可是一大筆錢，但兄弟姊妹們，不管你們信不信，你們之中將有三個人聽到神的呼喚，並分別貢獻一千美金。多麼幸運啊！大家一同呼喚，阿們！」阿們。「你們有多少人相信上帝說的話？相信祂說會有三個人各捐一千元？舉起你們的手，」眾人又齊聲呼應。「現在，誰會是第一個人？他是不是坐在後面？」一隻羞怯的手舉了起來。「為他禱告，兄弟姊妹們！他舉起了手，這是利里安兄弟！祝福你，上帝和天使們高聲歡唱！多麼美好啊！現在，另外兩人將感到聖靈充滿，就在今天，還會有兩個人……」就這樣繼續下去。如果上帝感到信眾的抗拒，就會憤怒不已：「上帝會在兩分鐘內懲罰你們，把你打得鼻青臉腫！太精采了……」

派頓夫妻只花了二十五萬美金就買下整間俱樂部。派頓告訴信徒，他們才是俱樂部的擁有者，這裡是人民的教堂。「教堂屬於人民，它將在此直到耶穌降臨，直到門上鉸鏈都已生鏽。」貝貝唱道。不過，想當然爾，建築物實質上歸在派頓夫妻名下。

接著他們成立學校，並計畫建造禮拜堂（實際上未曾動工）。人生一切看好，信徒愈來愈多。派頓夫妻的銀行帳戶裡的錢逼近百萬之譜。貝貝的洋裝是由好萊塢的明星裁縫師艾德里安親手縫製。派頓總共有二百雙手工靴，每雙要價二百美金。兩人的車庫裡停了四輛凱迪拉克、兩輛帕卡德、一輛林肯、一輛克萊斯勒和一輛奧茲摩比。全靠布道所得。

一個月後，貝貝再次現身眾人面前。這次她穿的不是那襲白絲袍，而是藍色褶裙和貼身的藍色大學毛衣，胸前繡了代表「派頓宗教教育學院」的金色字母P，背後則飾以鮮明的金色十字架。今天，她不是向信徒布道，而是在法院裡作證；不過法庭裡也擠得水洩不通，通道都站滿了人。此時是一九五〇年二月，派頓面臨嚴重竊盜罪、欺詐罪、侵占罪和詐欺圖利罪的控告（因為某些原因，貝貝並未成為被告）。在四個半月間，檢查官仔細羅列派頓夫婦如何濫用權力，從茫然無知的信徒身上坑錢。紀錄顯示，派頓夫妻至少吞掉七十萬美金，全花在個人用途。這些錢不只讓他們享受奢華的生活，還讓派頓付掉賭博欠債。當一家賭場業者上前作證，拿出派頓四千美金賭債的證據時，派頓只是聳聳肩說：「我只是犯了個小錯。」派頓夫妻保證信眾將歷久長存的教堂早被轉手賣掉。

派頓夫妻大言不慚地辯解。「人們自願拿錢給我，」派頓抗議，「我負責為宗教之輪上油打磨，好讓靈性機器運作順暢。」他堅持並未奪取任何人的錢財，讓人想到宗教改革前販售贖罪券的教士。「上帝站在我們這一邊！」貝貝回應道，「榮光！哈利路亞！阿們！」

即便在法庭裡，眾人依舊此起彼落地回應貝貝的「阿們」，快把屋頂掀翻。部分的信徒仍忠心耿耿。

派頓對陪審團大聲叫罵：「當你們轉頭不看耶穌，你們就墮落了！誰同意我？阿們！」阿們，阿們。

審理已近尾聲，一名助理檢察官宣讀對貝貝的特質描述：「她讓眾人激昂情緒，設下表演舞台……」手中拿著一朵玫瑰的貝貝義憤填膺，站了起來：「這朵玫瑰和其他許多花束將立在那些反對者的墳上。」她高聲疾呼：「玫瑰將裝飾那女人的棺木。」就是那個出聲批評並毅然離開教會的女人。「她無法改變上帝說的話。今晚她將在地獄裡求饒。」她繼續詛咒膽敢質疑的人：「上帝，讓某個人昏厥吧！不管那人多麼微不足道！這是個跡象，證明你站在我們這邊。」隨著貝貝起身離場，眾人高聲呼喊阿們。她的信徒絕不會背棄她。

不過，法律制度並不信邪。判決出爐，對派頓的所有指控全都成立。

高階騙術訴諸人性善良本質

派頓和貝貝的忠誠信徒簡直是天下最愚昧無知的笨蛋，即使證據確鑿，也不相信自己長久以來都被騙了。如果連攤在眼前的證據也無法讓信徒們醒過來，我們也無計可施。就某個角度而言，他們可說罪有應得：如果你刻意忽略證據，被騙也是活該。但是，派頓的騙局並非一般的詐騙，而是最高超的騙局，它證明了不管多少專家揭穿真相而受害者大聲疾呼，詐騙依舊在世界各地興旺繁榮。**信仰詐騙操縱我們最深刻又最單純的信念、玩弄我們對世界運作的觀念與對生命本質的信仰**。我們渴望信仰、相信因果，萬事自有道理而不是隨機發生。不管我們多麼微不足道，都想相信自己具有影響力。我們想相信自己的重要性、想相信短暫人生背後有個宏觀的偉大計畫，表面的混亂無序自有更崇高的理由。這種渴望讓人變得盲目。詐騙的終極魅力和人類社會宗教勢力崛起的原因相同。人們總希望相信某件事。

「當人們一心一意相信某件事，改變他們難如登天。」二〇一〇年七月傍晚，大衛．蘇里文（David Sullivan）在聯邦俱樂部向全神貫注的聽眾們演講。這是蘇里文第一次公開談論他的特殊職業：狂熱異教的臥底人員。二十年來，文化人類學家蘇里文轉行當私家偵探，專門潛進全國各地的宗教狂熱組織。他學習這些團體的語言用詞、特定儀式與行為，還有他們對生命的看法。他得扮成「真正的信徒」以便與團體成員談話；有機會的話，他會說服信徒脫離團體。蘇里文和執法機關密切合作，接受親人的要求跟蹤成員，試圖救出還沒失去理智的成員，或摧毀力量強大的組織。許多宗教團體會以特定對象為目標，比如年輕且易受影響的女性，所以蘇里文不符資格無法加入，但蘇里文訓練他的同事珍妮弗・史塔薇（Jennifer Stalvey）成為臥底探員。史塔薇告訴我，她與蘇里文合作臥底的三年間，只失敗過一次：多年前徵召史塔薇加入宗教狂熱組織的一名女子，至今仍留在其中。幾年下來，蘇里文和史塔薇可說是樹敵無數。

派頓夫妻信奉的不是異教，但從許多層面看來，他們宣揚的假福音教派象徵了蘇里文痛恨的一切：利用人們對信仰的需求來謀取不義之財。派頓夫妻的所作所為是蓋上正字標記的詐騙行徑。蘇里文完全理解派頓信徒為何忠貞不貳，他曾和一樣信仰虔誠的人談過，他們為了「建新教堂而募款，為烏干達和瓜地馬拉的傳教活動籌錢」，和派頓夫妻向信徒描述的計畫如出一轍。騙子老是用同樣手法釣人上鉤，讓人成為宗教信徒、加入某項計畫，或參加動機可疑的組織團體。這些騙子訴諸人性的善良本質，讓人們以為自己能讓世界變得更好，以為自己屬於一個偉大、優秀的群體，透過參與這些群體能成為更好的人、成就大事業。

史塔薇對招募方式印象深刻。一開始，人們心中滿懷希望，尋求歸屬感，以為自己被帶進一個教派、社群，或一個理念崇高的團體，參與其中將為人生帶來新意義。「一開始你只是去做瑜伽或幫助非洲兒童，接著他們要求你放棄金錢、放棄家人，這實在太神奇了。」史塔薇回憶著十年前那些臥底的日子：「一開始都很美好。你以為自己觸及真理，勸你加入的人可是心理學家或神學家，全是聰明又學識豐富的人。這些組織以愛與互助為基礎，而且強調付出的重要性。」所有的詐騙，包括宗教狂熱，都以一部分的真理為基礎，講述的故事總有幾分真實性。**詐騙組織和合法團體的不同之處在於運用真相的方式與背後目的**。操縱得當，人們就會忽略證據、信仰追隨，唯有完全推翻其人生觀與信念才能把他們救出來。

蘇里文形容狂熱追隨宗教的人「信心太過強烈」，而他得努力挑戰他們堅若磐石的信念，質疑主事者背後動機是否合法。「我得向他們證明，那些為了傳教捐獻的錢事實上被主事者用來買第二棟房子、養情婦，或支付洛杉磯的奢華生活。那些人宣稱拜訪孤兒院，但看看這收據，他們根本是去拉斯維加斯賭博。」除了養情婦外，這些都是派頓夫妻常做的事，而信徒拒絕相信證據，或者否認證據代表的真相。信徒的反應並不令人意外。正如蘇里文一再指出，實體證據根本沒那麼重要，即使你把證據攤在那些已經鬼迷心竅的人面前，他們也會說：「不，這不可能，我瞭解這個人，他是上帝的使者。不可能。」雖然蘇里文已經看過數十次信念對人們產生的深遠影響，卻仍舊很難理解這種行為。「直到今天這種事還是不斷重演，阻止我繼續調查。」幾乎沒人能夠推翻人們心中的信念。

回憶一下本書中提及的故事：蒂利為貴族世家建造異想世界，十年多來把全家人騙得團團轉。奧斯卡向世人鼓吹德瑞克之寶，即使面臨法律制裁，投資人仍然執迷不悟。波耶斯酋長煽動倒楣信眾出發前往新世界，沒想到是航向地府。洛賽斯編造不存在的一家人，捏造歷史，寫下哄騙藝術界二十年的虛幻故事。你所讀到的每個故事，騙子都做了一樣的事，利用人對信念的需求來占我們便宜，各種偽裝、陰謀都只為了圖利自身。尖叫的福音派信徒、譁眾取寵的宗教領袖和異教的靈性導師則是騙徒的極致化身；他們不只利用人們的小小信念，而是一手捏碎我們存在的本質。「我們堅信自己有自由意志，」史塔薇說道，「但很多時候並不是如此。每個人都有弱點，我們渴望接觸更偉大的人事物，追求靈性成長，而眼前正好有人告訴我如何成為更好的人。比起一般詐騙，宗教狂熱更是高階騙術。」

信仰與信念讓邏輯完全失效

二〇一四年，蘇里文因為肝癌復發突然辭世，認識他的人都意外不已。（當然，各種陰謀論立刻浮現：對他怨恨已久的宗教團體是否祭出報復行動？）在蘇里文過世前幾個月，他原打算和記者約書亞・傑利—沙比羅（Joshua Jelly-Schapiro）合作，共筆寫本回憶錄。二〇一五年冬天，我和沙比羅約在紐約西村幽靜街區裡的昏暗酒吧碰面。我們談及蘇里文的成就和願景，以及他對信仰與欺騙的想法。「蘇里文若還在世，一定很想親自和你聊聊，」沙比羅說，「你們的想法相同，宗教狂熱是最厲害的終極詐騙術。」蘇里文認為信仰的對象並不重要。「也許是毗濕奴[1]、耶穌或某種致富祕方，但這些都不重要。」蘇里文曾這麼說過。它們使用的技巧和基本心理學都一樣。「信徒們遭騙子利用，付出巨大代價，有時甚至犧牲了生命。」

1 印度教三大主神之一。

詐騙會發生，得歸咎於人總是渴望從虛無中尋找意義，我們不願心存懷疑、寧可擁抱信仰——而且這情形經常發生聰明人身上（蘇里文會說，別忘了，宗教狂熱特別喜歡吸收聰明、世故且見過世面的年輕人）。「我們人類有個共同點，」蘇里文說過，「我們深切地渴望擁有信念，深切地渴望老天有眼，相信老天看著人世的起落興衰並適時出手干涉。我們渴望建立一致的世界觀，相信人的行為都有原因，而折磨世人的悲慘境遇，比如人們死去、孩童得了白血病，也各有因緣。此時，一位靈性導師適時出現，說道：『我明瞭因果道理。』我們就信了。」不管詐騙規模大小、影響深淺，這就是背後的道理。

就是這種緊抓信仰與意義的人性需求，讓人們拋棄邏輯，讓世上的厲害騙局生生不息，換個面具又騙倒一票人。蘇里文曾半開玩笑地說，以前，你一眼就知道誰是邪教人士。回想一九六〇年代精神主義（spiritualism）的全盛時期，你只要嗅嗅靈性覺醒的氣味，就能找到最近的靈魂導師。但在現代世界，異教崇拜隱匿行跡。他們穿著西裝、打著領帶，主辦團體禪修活動或靈性成長營。

在重視企業文化的美國，許多合法的自我成長團體和邪教團體愈來愈難以分辨。沙比羅說，蘇里文認為「里程碑」（Landmark）這個團體很像宗教狂熱組織，也很像詐騙組織，而且運用很多「不太道德」的技巧，磨損你的自我，並漸漸改變你的世界觀。「他們都以眾人渴望的生命意義與社群團結為基礎。」

正因如此，蘇里文認為邪教是特別令人氣憤的詐騙手段，比其他騙局都更令人唾棄：人們追求生命的意義非常合理，但詐欺犯卻以此下手。每個人都希望擁抱信仰，每個人都想追尋生命真諦，渴望聽見人生道理的解釋，試圖從渾沌中讀出意義，從隨意漂浮的幾何圖像裡創造情節。這是人的本性，是值得理解與珍惜的人性。我們追求真相並在現實中找尋存在意義，何錯之有？但靈性騙局偏偏看準我們最脆弱的部分並展開攻擊。靈性騙局的過程看似合理其實包藏禍心，也最難以抗拒。你不由自主地淪為輸家。

因此，若能從騙局中的王者——宗教狂熱或靈性騙局——成功脫身，我們也能學會如何避免被其他變化多端的惡棍所騙。看看蘇里文和史塔薇一再到宗教狂熱組織臥底，每次都保持理智順利脫身。其實蘇里文和史塔薇也稱得上是詐騙達人；他們比騙子更技高一籌，讓騙子誤以為他們是上鉤的蠢蛋。蘇里文不願解釋瞞過頂尖騙子的方法，這是商業機密，但他屢次強調一件事：**唯有擁有強壯且堅定不移的自我，才能抵擋別人的說服與操弄**。不管發生什麼事都得瞭解自己的本質，深信自己不受影響。然而，能做到這點的人並不多，蘇里文花了好幾年才找到稱職的女臥底員。「適合臥底的人少之又少，你得具備強烈的自我認同。」蘇里文說，「這可不是簡單任務。邪教說服你的心理技巧實在太高超了。」

我和史塔薇見面時，她解釋了導師所傳授的技巧。她說，最重要的訣竅是保持客觀：用邏輯思考戰勝情緒感受。你知道他們會操弄你的情緒，畢竟在各種騙局中，騙子都會想辦法主導你的情緒，這是定位下手目標與前戲鋪陳時的重點任務。一旦你變得情緒化，理性思考就短路當機。「總是注意細節，明察秋毫。」史塔薇告訴我。透過這種方法，你確保自己依然腳踏實地，保有客觀態度，精神和心理不會因為受到影響而變得主觀。暗藏的細節也許令人傷心——史塔薇見過許多悲慘事例，包括肢體虐待、讓兒童用頭撞牆和極端凌辱。「從頭到尾，你得確保自己客觀觀察一切，包括觀察自己情緒如何變化。」

當然，大部分的騙局沒那麼慘無人道，但騙子非常依賴情緒變化機制。要對抗騙子、確保自己沒上當，你得深刻瞭解自我，擁有明辨並控制情緒反應的能力。什麼事情會引起我內心什麼樣的情緒反應？我是否能夠一眼看穿，並抗拒內心的波瀾，保持冷靜、注意細節，並以邏輯判斷？史丹佛大學心理學家羅德瑞克・克瑞默相信自我知識（self-knowledge）能為我們打預防針，對抗虛偽的說服術。

自我知識是蘇里文所說的「核心自我」（core self）要素之一。瞭解自己容易信任哪些人、什麼會吸引你的注意力、什麼會帶給你正面或負面的影響，並且試著保持警覺，謹言慎行，避免一時意亂情迷。簡而言之，你得磨練觀察技巧並洞察入微，正如史塔薇所說，不只是觀察別人，也得觀察自己。

反擊騙局：設立原則，瞭解相關知識

史塔薇和蘇里文的另一項重要武器是：定下界限。史塔薇說：「我在加入前會先定好界限是什麼、我會堅守哪些原則，在肉體或情感上都設好原則。」她告訴值得信任的親友自己的原則與界限，若她快要越界了，他們就能立刻出手制止。可想而知，要避開現實生活裡的詐騙沒那麼簡單：**人往往在騙局結束後才知道上當了，許多人直到窮途末路也不願承認被騙**。但設立原則依然有用，永遠記得你能安心的規範為何，警覺哪些原則你不願打破。

回想一下，多少騙局利用你一時情緒激昂，讓你做出不符原則的事。諾福利特從不向人借錢，但他卻為了第二次大賺一票的機會而開口借錢。米勒的受害者在他不告而別後，反而加碼投資，以為這樣能獲得補償。相信米歇爾靈異能力的人，在她緊迫盯人的壓力下交出錢來，但下一秒就後悔莫及。當你心生悔意時往往已經太遲，這些都是前人教訓。如果你夠瞭解自己，在踏入任何投資計畫或交易前先捫心自問：我願意面對多少風險？我能接受多少損失？我願意做到什麼地步？接著，當別人告訴你「只要再一次，你就能……」時，絕對不要動搖。

別忘了，原則界限的設定取決於你知道何時該脫身，也有脫身辦法：如果你定下原則，但沒有施行機制，那就跟煞車失靈的車子一樣毫無用處。史塔薇有一套脫身之道：她可能會聯繫某人，或是若她錯過原定脫身的時限時，親友會來找她，把她拉出來。面對其他潛在騙局或你的舒適界線即將潰堤的情況，你也該謹守這項原則。克瑞默強調，**為了避免被騙，你得對自己立下逃脫條款或找出辦法，在保持尊嚴的情況下迅速脫身、不再聯絡**。人們之所以耽於騙局之中，往往是因為不知如何脫離——離開好像失了面子，讓別人失望。當我們終於醒覺，明白該轉身離開時，往往已經太遲。

史塔薇說最基本也是最後一道的反擊防線，就是「知識」二字。「明確知道自己正在經歷什麼，有莫大幫助，」史塔薇說，「這就像戰鬥營。如果你知道將面臨長達十五小時的心理折磨，就能有所防備。」在加入新邪教前，史塔薇盡其所能地瞭解它的歷史和成立原因，並在開始臥底後，立刻學習團體運用的技巧。這樣一來，她就能時時保持警戒，避免心防瓦解、讓他人有機可乘。史塔薇的經驗十分獨特，因為她是有所提防、刻意加入邪教。當我們不曉得自己身陷騙局，就無法得知它的運作方式，也難以防備。但我們可以廣泛瞭解詐騙相關知識：騙局種類、騙子接近受害者的手法、運作方法和技巧。舉例來說，知道祖父母騙局的老人家，遇上騙子時就不會被騙。若運氣夠好，你能在成為騙局的獵物之前，遠遠就看穿它的偽裝。

世上沒有辦法能保證你永遠不會上當，而且隨時提高警覺很辛苦。在歷經三年工作、結束一次長達八個月的臥底後，史塔薇受夠了，現階段她朝全職攝影師發展。「我受不了了。這不是我想過的人生。」她告訴我。就連終身臥底的蘇里文也曾舉白旗投降。「每個人都有臨界點。我受過訓練，這種事我做了千萬次，」蘇里文說，「我擅用技巧避免自己中計。」即使如此，他仍差點崩潰。

反詐騙專家的臨界點

蘇里文清楚記得那一天，一切恍如昨日。地面透著寒氣，落葉窸窣，通往訓練室的門傳來人們說話的回音，而他躺在地上，躲在灌木叢底下，急切地對快沒電的手機低語。電話那頭是雇用蘇里文的律師。「這律師有競爭意識高強的A型人格，知道自己想要什麼，」蘇里文這麼形容他，「他無法接受失敗。」當時，蘇里文已陷入絕境，他只想告訴律師一件事：他非退出不可。「我無法繼續下去，我猜他們打算做掉我，我的身分被揭穿了。」蘇里文請求。這幾天他完全沒睡覺也沒吃東西，剛經歷一場終極凌辱：被迫站在牆角，不能進食、喝水、上廁所，除非他接受被人叫做「糞腦先生」；他的飯店房間遭人搜索，車子也被毀了；他嚴重脫水且精疲力竭。不只如此，因為他的指派搭檔突然逃離組織，蘇里文深信有人會做掉他，或至少揍他一頓（他的恐懼是有理由的，正是他讓搭檔逃離組織）。蘇里文只想趁還有機會時趕快脫身。

律師毫不遲疑地回答：「身分被拆穿是什麼意思？想想我們為什麼花錢請你？你給我滾回去那裡。」

蘇里文堅持不從：「你不懂，我已經到了極限。我沒辦法繼續。」

但律師比他更堅決：「聽我說，蘇里文。你得回去那裡。你還沒歷經重生。」

就在此時，手機沒電了。蘇里文重振精神，準備回到那個連窗戶都沒有的地方，而他確信自己的異教臥底工作將在此畫上句點。「我知道我麻煩大了。」

但蘇里文明白一件事，而且恐怕比在場任何人、甚至異教領導者，都有更深刻的體會。他知道為何精湛的騙局有這麼大的影響力，而且他和最厲害的騙子一樣懂得操縱人心。（「我的救命丸就是建立自己的異教信仰，」蘇里文開過這樣的玩笑。沙比羅回憶道：「他瞭解這些人。他本身也是個說服力十足、魅力四射的說故事達人。他瞭解權力人格。」）於是蘇里文回到房裡，異教領導者正放著《二〇〇一：太空漫遊》（*2001: A Space Odyssey*）的原聲帶，而蘇里文心中已擬好計畫。

這一天訓練營照樣按表操課：先向外界散發一劑負能量（本日主題：對父母的憤恨），接著領導者發表救贖談話。這一回，蘇里文毫無保留，他嘶吼、擊牆、痛哭流涕。結束時，他的手滿是瘀青，都腫脹起來了（後來他非得因傷就醫不可），而且聲音嘶啞。接著贖罪的時刻到了。站在房間前台上的領導者打開麥克風，向聽眾說道，不管你現在處在什麼樣的低潮，總有個出路等著你——透過他，透過這個計畫，透過這場訓練營，你將到達成功彼岸。你只要握住他的手，一起往前走向新生。「實在很感人，」蘇里文回憶著。還有那個咽喉癌的倖存者，原本再也無法唱歌，但在那一刻，他突然又開口歌唱了，真是奇蹟中的奇蹟啊！

此時，蘇里文突然從座位一躍而起。「是的，是的！我知道，我明白你的意思，我感覺到它了！」他尖叫。「喔，先生，能否容我表達內心感受？」領導者低頭仁慈地看他：「當然沒問題，糞腦先生。」他默許了。於是，蘇里文趕在被阻止前衝到台上，抓住麥克風。他用盡所有意志力和身上每一寸熱愛生命的肌肉，開始唱歌；他形容自己是拉開嗓門用力嘶吼。而他選的曲子正呼應這神奇的時刻：〈追夢無悔〉（The Impossible Dream）。

「在場的人不禁熱淚盈眶。『做那不可能的夢，對抗那無法擊倒的對手，承受那無法忍受的苦痛』，我的演出達到高潮，大家都淚流不止，」蘇里文回憶道。「邪教大頭擁抱我，眼裡噙著淚水。我們一起高聲合唱，愈來愈大聲，直到走了調，盡情嘶吼。終於，我獲得重生，我突然又堅定不移。我畢業了。我復活了。我得到了新名字，而且是個好名字，不再是什麼糞腦先生。」蘇里文不只贏回尊嚴還變得更厲害了。營訓結束後，領導者和他的部下「天使」們（蘇里文私下叫他們「蓋世太保」）請蘇里文到私人房間裡會談。他們慶賀蘇里文不只成功結業，也通過成為訓練員的考驗。「他們認為我能力十足，能夠在下一場訓練營對新人洗腦。」

蘇里文的信仰詐騙技巧比騙子更上一層樓。他對騙局的運作方式瞭若指掌，還模仿領導人的行為，依樣畫葫蘆，甚至演得更為傳神。他知道故事強大的影響力，也知道如何敘述會引人入勝。當蘇里文說著肺腑之言時，有誰會質疑他、懷疑他不是真信徒呢？

蘇里文從不是信徒，他認為信徒是他所要拯救的對象。但沙比羅形容蘇里文為真正的求道者。蘇里文重視靈性，渴求真相。他曾和蘇族印第安人（Sioux Indians）一起生活，和印第安醫生一起學習，實踐佛教道理，並遊走於六〇年代的政治社群。他總是探索著靈性的深奧與可能性。「他對靈修深深著迷，」沙比羅解釋，「他不是憤世嫉俗的人。因此，他真心痛恨那些利用靈性來圖利的騙子。」這就是為何蘇里文對靈性詐騙的虛假承諾怒不可遏的原因。他瞭解信仰的力量多麼強大。**信仰是人類世界觀的基礎，不該被人用來謀取私利**。

虛無，就是一片虛無。虛無令人喪氣、鬱悶、失去希望，更別提它讓人迷失方向、內心不安。沒有人希望真實世界像卡夫卡形容的那樣。當現實陷入渾沌，發生超出常識的事情時，人們努力理出頭緒。我們先是驚訝，接著想辦法解釋，說服自己。連約瑟夫．K（Joseph K.）[2]也無法忍受莫名其妙被捕並遭受無理審判。他相信自己一定是做了什麼事，於是重複解讀無意義的事情，即使周遭一切毫無道理地反覆運行。

在人類懂得如何製作器具、墾殖放牧及創作文字之前，就懂得互相述說故事，而且並非隨口編造的故事，而是意涵深遠的寓言。抓到野獸的男人不只魁梧有力，也仰仗狩獵之神的青睞，所有跡象都暗示他的勝利。河流裡水產繁多並不只是氣候變化或自然生態運作，而是河流的精靈、統治者、神明或國王心情愉快。歷史長河裡，一個又一個人類社會與群體中，宗教信仰換上不同面貌主宰人類生活。面對無法合理解釋的事情，我們就想找個說法來釋疑。人類無法停止解釋，而且往往採取一個崇高偉大的宏觀視角：一切都來自一股更強大又難以言說的力量。如此一來，這神祕力量就能解釋一切未知。

我們只是想變成更好的人

現代科學常提及一個觀點，認為上帝住在縫隙裡。也就是說，當人們明白世界有愈來愈多事情可以透過科學合理解釋，瞭解到許多事情根本與神靈扯不上關係，我們還找不出原因的缺口就是知識的裂縫，也就是那股神祕力量的住所。也許它的住所已經縮小，但仍然存在。只要需要解釋，而人們一時又找不到原因，信仰就會在縫隙間乘勢而起。

不難想像為何宗教靈性世界裡，各種騙局欣欣向榮。而且，**篤信宗教往往是容易上當的幾個指標之一。在奇蹟面前，宗教與詐騙只有一線之隔**。人世幫那些派頓夫妻鋪好康莊大道：宗教是孕育詐騙的溫床。信仰的門檻早已被人踏爛，只要找到合適的布道者講些大道理，就能招到信徒。

亞當．吉爾福德勳爵（Adam Lord Gifford）在一八八七年辭世時，留下一項不尋常的遺願。他希望能用遺產為蘇格蘭的各個大學舉辦一系列的講座，以便「提升並傳播自然神學，也就是上帝的知識」。講座成功設立後成了一種榮譽象徵，因此當威廉．詹姆斯得知自己被選為主講人時，立刻欣然同意。

一九〇一到一九〇二年間，詹姆斯成了吉爾福德講座最著名的巡迴講者。這個任務非常辛苦，詹姆斯在第一系列的講座結束後就面臨精神崩潰，幾乎把第二回的講座延後一年，甚至試圖取消演說計畫（但沒有成功）。結果，他的講座內容反而成為他最重要著作的基礎：《宗教經驗之種種——人性的探究》（*The Varieties of Religious Experience: A Study in Human Nature*）。

詹姆斯並未在書中探討宗教起源。他做了一件不管當時的宗教人士或科學家都無法相信的事：把宗教和通靈、迷信、神祕學歸類在一起。對他來說，它們血脈相連。詹姆斯並非無神論

2 卡夫卡著作《審判》裡的主人公。

者，更不是無神論者；他和蘇里文一樣，都是求道者和信仰者。但詹姆斯同時也是一名科學家，而宗教與其他神祕信仰的相似度顯而易見。如果你篤信宗教，那麼不會單純只相信宗教，而會相信一切神祕現象——只要找得出證據。你不會只依方便性相信某一件事，而會依循證據去信仰。如果你願意信仰宗教，那麼也應該檢視那些不可言說的神祕現象。

人們嚇到了。宗教是純粹的，是值得尊敬的信念。通靈是胡說八道，真正的宗教不承認那些鬼話。詹姆斯知名度大增，但連英國哲學家和心理學家詹姆斯．瓦德（James Ward）也拒絕評論《宗教經驗之種種》一書；雖然瓦德不久前才因自己對宗教教條的自由派觀點而離開神職。瓦德說詹姆斯的著作被通靈研究「玷汙」了。瓦德自認思想開放，但詹姆斯的行為太離譜了。

對詹姆斯而言，這並不是無稽之談。伊莉莎白．葛蘭道爾．伊凡斯（Elizabeth Glendower Evans）原是詹姆斯在哈佛的學生，後來協助他從事通靈研究。「每個人都知道，」他給伊凡斯的信裡寫道：「現實生活裡的宗教來自人性，或是人性裡的神祕領域。」所有的信仰都以神祕領域為基礎。問題是，哪些信仰被社會接受，哪些信仰又該被駁斥？這問題的答案往往仰賴主觀判斷；有的判斷經過合理思考，有的則被居心不良的人利用。

詹姆斯在最後一場演講中提到，每個人都有資格也確實具備自己的「超信仰」（over-beliefs），這也是人本身「最有趣也最有價值的東西」。人的超信仰是種無法抗拒的傾向，它無所不在。「心中的上帝來自我們的超邊際自我（extra-marginal self，即潛意識），我們（的意識）存在於超邊際自我的外圍，並相信這就是世界的主宰，這顯然是種超信仰。超信仰就是個人宗教的源頭。」詹姆斯寫道，「大部分人假裝自己的哲學觀由信仰支撐，其實哲學才是信仰的支柱。」

萬事萬物都和信仰有關，問題在於信仰的程度。「雖然當今學術界的思潮反對我的說法，但我堅持坦白直言，我得趕緊擋住這扇打開的門，免得它又被人關上鎖住，」詹姆斯繼續寫道，「即使事實震驚了現今的學者專家，我認為逐一對超自然主義（supernaturalism）仔細研究，並詳細討論其抽象內涵，將證明我的理論是一個已滿足多數條件的假說。」

換句話說，我們所有人與生俱來就有信仰，而且依循直覺決定信仰。每種信仰的差別，只在於我們對「正當」與「不正當」信仰的分類。一個人眼中的詐騙專家，可能是另一個人的靈性導師。

我們不用害怕信仰，這是種符合人性與渴望的活動。「人性裡最特殊的特質就是，人願意仰仗運氣而活，」詹姆斯做下結論。「就像艾德蒙・哥內（Edmund Gurney）曾說，一場以放棄為主調的生命與一場以希望為主調的生命間，唯一差別只在於機運。」

蘇里文常常饒富同理心地說，沒人會刻意加入邪教，他們只是加入一個為生命帶來意義的團體。「人們加入一個在世界各地宣揚和平與自由的團體，或者拯救動物、幫助孤兒、解救苦難的組織。沒人認為自己加入了異教。」沒人擁抱虛假信仰，我們只擁抱真實的信念。沒人打算被騙，我們只想成為一個更好的人。

不管是最厲害或最無賴的騙子，都提供我們生活的意義。**我們上當是因為誤信騙子口中的**

真實，以為騙局會讓人生變得更好，會為我們的存在賦予意義、提供價值，並點出方向。

這的確是信仰的力量，信仰為我們帶來希望。如果我們永遠抱持懷疑，老是吝於付出信任，不願接受世界的可能性，我們就會陷入絕望。要過快樂的人生，我們非得抱持某種信念，保持開懷的胸襟。正因如此，騙徒是史上最古老的行業，它將歷時永存，直到其他職業都已消逝不見。

追根究柢，詐騙專家販賣希望。你希望自己更快樂、更健康、更富有、更受人寵愛、更被人接納、更美貌帥氣、更年輕、更聰明、活出更圓滿的人生。你渴望成為一個更優秀的人。

致謝辭

本書誕生於一個秋日傍晚，當時我正坐下來看大衛・馬梅（David Mamet）的《獵殺遊戲》（*House of Games*）。馬梅向來著迷於詐騙的魅力，我不禁思考：為什麼沒人寫本騙子為何行騙、又如何行騙的書？為何我們之中最聰明的人也難逃騙子的詭計？這本書就是我的成果。因此，感謝馬梅，你為我帶來靈感，若你想聊聊詐騙，我一定奉陪。

太多人幫助我完成本書。我感謝所有慷慨地花了時間、感情與精力的人，他們與我分享詐騙遭遇，我欠他們難以回報的人情。可惜的是，本書無法納入所有的詐騙故事，不過每個故事都成就了本書的樣貌。謝謝決定以匿名分享資料的你們；我不會在此洩露你們的身分，但我對你們的感激絲毫不減。感謝那些願意以真名分享的人們：泰勒・奧特曼、克里斯蒂・亞屈馮登（Christie Aschwanden）、彼得・布洛（Peter Blau）、摩恩・瑟夫、麥可・伊根、瑞比娜・瑪丹・費里恩（Ribina Madan Fillion）、莎朗・弗萊樹（Sharon Flescher）、亞當・葛蘭特（Adam Grant）、南西・霍爾—鄧肯（Nancy Hall-Duncan）、凱文・哈內特（Kevin Hartnett）、傑森・赫南德茲（Jason Hernandez）、偉夫・傑格、大衛・寬恩（David Kwong）、吉姆・萊德貝特（Jim Ledbetter）、羅蘋・洛依、桑第普・馬丹、喬許・曼（Josh Mann）、艾德・莫薛（Ed

Mosher）、伊凡・奧朗斯基（Ivan Oransky）、肯・派雷尼、芮娜（Renee）、麥可・薛默、布蘭達・席默森—默爾（Brenda Simonson-Mohle）、布萊恩・史卡萊多（Bryan Skarlatos）、珍妮弗・史塔薇、克莉斯蒂・蘇佩（Christine Suppes）、卡爾・茲默（Carl Zimmer）。特別感謝幾位人士：莎拉和珍・克萊頓（Sarah and Jen Crichton），感謝他們分享「大詐騙家」數十年的相關資料，並侃侃而談與戴瑪哈行騙事蹟相關的童年故事。感謝琵特・芭拉拉（Preet Bharara），耗費時間教導我詐騙的世界。感謝安・弗瑞曼的坦誠相對，高雅無私地讓我走進她的生活。感謝阿波羅・羅賓斯告訴我魔術世界的障眼法；感謝約書亞・傑利—沙比羅分享與蘇里文共事的點滴。感謝路克・尼卡斯（Luke Nikas），總是樂意幫助我，引領我穿梭詐騙的法律地雷區。我深深感謝每位花了時間提供我各種消息線索的人，你們的付出我真心感激。

我非常感謝背後強大的編輯團隊。感謝你，賽斯・費雪曼（Seth Fishman），你是我厲害的經紀人，我總是對你滿懷謝意。你是忠心支持我的朋友，知道我是糖尿病酮症酸中毒的高危險群，而你總在適當時機激勵我這個飢渴作家。感謝蕾貝卡・嘉德納（Rebecca Gardner）、威爾・羅伯茲（Will Roberts）、安迪・基弗（Andy Kifer），以及哲內特公司（Gernert Company）的所有團隊：你們太棒了。感謝溫蒂・沃爾夫（Wendy Wolf），我那耐心十足、永不厭倦的編輯，總是給我充滿啟發的建議，你是造就本書的大功臣。感謝喬芝雅・博得納（Georgia Bodnar）、凱特・葛瑞格（Kate Griggs）、尼可拉斯・洛瓦喬（Nicholas LoVecchio）、丹尼爾・拉金（Daniel Lagin）、傑森・拉米瑞茲（Jason Ramirez）、克莉斯汀・麥森（Kristin Matzen），以及維京出版社（Viking）的全體成員，你們讓這本書成功付梓。感謝迷人的珍妮・洛德（Jenny Lord），她是我在康納蓋特出版公司（Canongate）的編輯，她的意見鞭辟入裡。感謝康納蓋特全體團隊，你們自本書孕育階段就抱持信念，特別是傑米・拜恩（Jamie Byng）、珍妮・陶德（Jenny Todd）和安娜・法蘭（Anna Frame）。這本書的誕生絕對少不了那些一路上助我良多的絕佳編輯，特別是艾蘭諾・巴克宏恩（Eleanor Barkhorn）、崔希・霍爾（Trish Hall）、吉姆・萊德貝特（Jim Ledbetter）和艾朗・瑞第卡（Aaron Retica）。

當我試圖忙著在截稿期前完成手稿，很幸運地，《紐約客》全體成員給我非常大的幫助。他們引領我度過各項截稿期，總是提供我珍貴的編輯與寫作建議。深深感謝尼克・湯普森（Nick Thompson）和約翰・班內特（John Bennet），你們花了無數鐘點，教我成為更好的作家。感謝喬許・羅斯曼（Josh Rothman），以及我不可或缺的幫手們，幫我確認事實的工作人員和審稿人員，你們的貢獻讓我的作品成型。當然，我還要感謝大衛・瑞姆尼克（David Remnick），你相信我有成為作家的潛能。

我很幸運遇見數位非常棒的導師，但我想特別感謝凱薩琳・瓦茲（Katherine Vaz），當我十八歲那年滿心困惑地走進她的寫作課，她就對我信心十足。史迪芬・平克，謝謝你教我那麼多，你一直是我的靈感泉源。華特・密歇爾（Walter Mischel），你在數小時裡帶給我智慧與美妙的藝術，和你的對談永遠令我深思。

最後，我將最誠摯的感謝獻給包容我最久卻仍不離不棄的人們。那些和我吃飯時，聽我抱怨無數次、陪我共飲的朋友們。雖然我不是個好相處的人，但當我孤立自己、幾個禮拜不見人時，朋友仍親自為我送來暖茶。人生中有你們的陪伴，是我莫大的福氣。還有我美好的家人，不管我想做什麼，總是永遠支持我。當然，我還要感謝外子傑夫（Geoff），沒有你的愛與支持，這些都無法成真。我愛你。

附註

前言

前言及接下來章節中提到「大詐騙家」戴瑪哈的故事，主要有四個來源：羅伯特・克萊頓的《大詐騙家》與《無賴與旅程》（*The Rascal and the Road*）兩本著作，我對克萊頓一家人的親身訪談，以及克萊頓家提供的數箱有條有理的信件、剪報和筆記。其中包括與戴瑪哈的信件往來、與戴瑪哈受害者的通信，以及數百筆歷史紀錄，涵蓋一九五〇、六〇和七〇年代，許多紀錄未曾在克萊頓的著作中提及。本章提及的詐欺數據都來自美國退休者協會與聯邦貿易委員會在二〇一一到二〇一四年間的調查。古老詐騙的相關歷史資訊是根據一篇一八九八年的《紐約時報》文章〈老騙局再現〉（An Old Swindle Revived），以及摩爾的頂尖著作《大欺詐》（*The Big Con*）中探討騙子所用的話術和手段。本書其他章節數次提及摩爾的著作。

第一章　騙子與肥羊

除了戴瑪哈的故事，本書提及的心理學研究實驗都可透過搜尋論文作者名稱與主題找到。本書的明確文獻來源可參閱www.mariakonnikova.com/books網站。《頁岩》雜誌作者的經歷來自本人口述。心理病態者的相關敘述與統計資料來自羅伯特・海爾的研究，以及他頗受歡迎的著作《喪盡天良：心理病態者的異想世界》（*Without Conscience: The Disturbing World of the Psychopaths Among Us*）與《衣冠蛇心：心理病態者上班去》（*Snakes inSuits: When Psychopaths Go to Work*）。詹姆斯・法隆的個人經歷來自他的著作《潛藏的心理病態》，以及二〇一四年刊登於《大西洋》月刊（*The Atlantic*）的文章〈一名非暴力心理病態者的自述〉（Life as a Nonviolent Psychopath）。多項調查結果來自美國退休者協會、聯邦貿易委員會及投資者保障信託公司。

第二章　選定目標、對症下藥

米歇爾的騙行根據數項資料來源寫成，包括法院的逐字稿與文件，和當時的新聞報導。戴瑪哈的故事和序言提過的來源相同。其他的詐騙案則來自作者在二〇一三到二〇一五年間做的訪談，包括與匿名受訪者、桑第普・馬丹、摩恩・瑟夫的親身訪問。其他詐騙案則來自大量的報章雜誌文章。

第三章　詐騙前戲

珊曼莎・亞索帕迪的故事來自多年的國際新聞媒體報導。瓊和愛麗西斯的故事則來自作者在二〇一四年的訪談。其他詐騙故事根據新聞寫成。

第四章　詐騙圈套

安格布朗的故事來自許多新聞媒體，加上作者於二〇一五年對兩位自稱從小就認識安格布朗的人士進行的訪談內容。不過，由於對方提供的背景故事很不可靠，作者懷疑這兩人根本是安格布朗自己假扮的。其中一人在接受Skype線上視訊訪談時戴著太陽眼鏡，另一位則與作者透過電子郵件訪談，但內容不太可信。波耶斯的酋長故事來自數本書籍與新聞報導。奈及利亞王子詐騙與凱西·查德威克的事蹟和本書許多古老詐騙故事一樣，來自納許的著作《騙徒與詐騙專家》，其中記錄許多古老的詐騙手法。關於洛賽斯的一切資訊都來自作者與弗瑞曼、弗瑞曼的律師和洛賽斯的辯護律師之訪談，以及許多法院文件紀錄。庫爾尼阿萬的故事根據作者在二〇一四年與偉夫·傑格、麥可·伊根、傑生·赫南德茲的訪談，以及法院紀錄和逐字稿寫成。本章中也包括了作者在二〇一三至二〇一四年間，與羅賓斯和奧特曼的訪談中提及的詐騙故事。其他的詐騙故事來自新聞報導，包括了赫伯特·布林恩（HerbertBrean）在一九五四年四月十二日的《生活》雜誌對休威特的報導：〈偽馬文·休威特博士〉（Marvin Hewitt, Ph(ony) D.）。

第五章　詐騙童話

保羅·法蘭波頓的故事根據當時英國和美國的新聞，以及布宜諾斯艾利斯的西班牙新聞寫成，並輔以北卡羅萊納大學教堂山分校的文件。吉力·蒂利的故事來自英文及法文相關新聞。

戴夫與戴比的故事來自作者在二〇一三年的私人訪談。而《太陽報》的惡作劇來自當時的新聞報導及馬修．古德曼（Matthew Goodman）所著《太陽與月亮》（*The Sun and the Moon*）。

第六章　獲利誘餌

威廉．法蘭克林．米勒的大冒險來自當時數年間以《紐約時報》為主的報紙報導。本章的其他詐騙案來自新聞媒體，勒斯蒂格與卡彭的故事取自《騙徒與詐騙專家》。本章中引用了洛維爾對賭博與詐騙手法之描述，以及麥基的《異常流行幻象與群眾瘋狂》。

第七章　破局失利

大部分諾福利特的故事根據他在一九二四年的自傳《諾福利特》（*Norfleet*）寫成。其他的詐騙手法來自新聞媒體。

第八章　目標一敗塗地，騙子達陣

洛賽斯與弗瑞曼的故事來自作者在二〇一四與二〇一五年進行的一系列詳盡訪談，訪問對象包括弗瑞曼本人和她的律師路克．尼卡斯、洛賽斯與安德拉德的律師，以及數名藝術專家，包括國際藝術品研究基金會的負責人莎朗．弗萊樹。除此之外，還有許多法庭逐字稿與法院文件。堤頓水壩的故事來自本災難的國會與官方報告。

第九章　排除障礙，買通內線

奧斯卡・赫茲爾的故事來自《騙徒與詐騙專家》與新聞報導。其他詐騙故事根據報章雜誌及作者與伊凡・奧朗斯基的訪談寫成。本章的心理研究輔以作者在二〇一四年訪問鄧巴的內容寫成。

第十章　最古老的行業㊣

派頓夫妻的故事資料來源是歷史文獻與泰普在一九五九年一月十七號刊登於《紐約客》的文章〈有人麻煩大了〉（Somebody Is Going to Get It），以及《騙徒與詐騙專家》。蘇里文的經歷根據他本人二〇一〇年在聯邦俱樂部的演說，以及作者在二〇一五年與沙比羅和史塔薇的多次訪談寫成。詹姆斯的《宗教經驗之種種——人性的探究》對本章的幫助很大。

國家圖書館出版品預行編目（CIP）資料

騙局：爲什麼聰明人容易上當？/ 瑪莉亞．柯妮可娃 (Maria Konnikova) 著；洪夏天譯．-- 二版．-- 臺北市：商周出版：英屬蓋曼家庭傳媒股份有限公司城邦分公司發行，2022.03
面；　公分．--（科學新視野；130）
譯自：The confidence game : why we fall for it... every time
ISBN 978-626-318-177-9(平裝)

1.CST: 犯罪心理學 2.CST: 欺騙

548.52　　111001669

科學新視野 130

騙局：為什麼聰明人容易上當？（二版）

作　　者／瑪莉亞・柯妮可娃（Maria Konnikova）
譯　　者／洪夏天
企畫選書／黃靖卉
責任編輯／羅珮芳
編輯協力／曾曉玲

版　　權／黃淑敏、吳亭儀、林欣瑜
行銷業務／周佑潔、黃崇華、張媖茜
總 編 輯／黃靖卉
總 經 理／彭之琬
事業群總經理／黃淑貞
發 行 人／何飛鵬
法律顧問／元禾法律事務所 王子文律師
出　　版／商周出版
台北市 104 民生東路二段 141 號 9 樓
電話：（02）25007008　傳真：（02）25007759
E-mail：bwp.service@cite.com.tw
發　　行／英屬蓋曼群島商家庭傳媒股份有限公司城邦分公司
台北市中山區民生東路二段 141 號 2 樓
書虫客服服務專線：02-25007718；25007719
服務時間：週一至週五上午 09:30-12:00；下午 13:30-17:00
24 小時傳真專線：02-25001990；25001991
劃撥帳號：19863813；戶名：書虫股份有限公司
讀者服務信箱：service@readingclub.com.tw
城邦讀書花園：www.cite.com.tw
香港發行所／城邦（香港）出版集團
香港灣仔駱克道 193 號東超商業中心 1F　E-mail: hkcite@biznetvigator.com
電話：（852）25086231　傳真：（852）25789337
馬新發行所／城邦（馬新）出版集團【Cite（M）Sdn Bhd】
41, Jalan Radin Anum, Bandar Baru Sri Petaling,
57000 Kuala Lumpur, Malaysia.
電話：（603）90578822　傳真：（603）90576622
Email: cite@cite.com.my

封面設計／廖韡
版面設計／陳健美
印　　刷／韋懋實業有限公司
經 銷 商／聯合發行股份有限公司
地址：新北市 231 新店區寶橋路 235 巷 6 弄 6 號 2 樓
電話：（02）2917-8022　傳真：（02）2911-0053

■ 2016 年 11 月 3 日初版
■ 2022 年 3 月 29 日二版
定價 480 元

Printed in Taiwan

城邦讀書花園
www.cite.com.tw

 ISBN 978-626-318-177-9

商周出版

廣	告	回	函
北區郵政管理登記證			
北臺字第000791號			
郵資已付，免貼郵票			

104　台北市民生東路二段141號2樓

英屬蓋曼群島商家庭傳媒股份有限公司城邦分公司　收

請沿虛線對摺，謝謝！

商周出版

書號：**BU0130X**　　書名：騙局（二版）　　編碼：

請於此處用膠水黏貼

商周出版

讀者回函卡

感謝您購買我們出版的書籍！請費心填寫此回函卡，我們將不定期寄上城邦集團最新的出版訊息。

不定期好禮相贈！
立即加入：商周出版
Facebook 粉絲團

姓名：＿＿＿＿＿＿＿＿ 性別：☐男 ☐女

生日：西元＿＿＿＿年＿＿＿＿月＿＿＿＿日

地址：＿＿＿＿＿＿＿＿

聯絡電話：＿＿＿＿＿＿＿＿ 傳真：＿＿＿＿＿＿＿＿

E-mail ：

學歷：☐ 1. 小學 ☐ 2. 國中 ☐ 3. 高中 ☐ 4. 大學 ☐ 5. 研究所以上

職業：☐ 1. 學生 ☐ 2. 軍公教 ☐ 3. 服務 ☐ 4. 金融 ☐ 5. 製造 ☐ 6. 資訊
☐ 7. 傳播 ☐ 8. 自由業 ☐ 9. 農漁牧 ☐ 10. 家管 ☐ 11. 退休
☐ 12. 其他＿＿＿＿＿＿＿＿

您從何種方式得知本書消息？

☐ 1. 書店 ☐ 2. 網路 ☐ 3. 報紙 ☐ 4. 雜誌 ☐ 5. 廣播 ☐ 6. 電視
☐ 7. 親友推薦 ☐ 8. 其他＿＿＿＿＿＿＿＿

您通常以何種方式購書？

☐ 1. 書店 ☐ 2. 網路 ☐ 3. 傳真訂購 ☐ 4. 郵局劃撥 ☐ 5. 其他＿＿＿＿

您喜歡閱讀那些類別的書籍？

☐ 1. 財經商業 ☐ 2. 自然科學 ☐ 3. 歷史 ☐ 4. 法律 ☐ 5. 文學
☐ 6. 休閒旅遊 ☐ 7. 小說 ☐ 8. 人物傳記 ☐ 9. 生活、勵志 ☐ 10. 其他

對我們的建議：＿＿＿＿＿＿＿＿

【為提供訂購、行銷、客戶管理或其他合於營業登記項目或章程所定業務之目的，城邦出版人集團（即英屬蓋曼群島商家庭傳媒（股）公司城邦分公司、城邦文化事業（股）公司），於本集團之營運期間及地區內，將以電郵、傳真、電話、簡訊、郵寄或其他公告方式利用您提供之資料（資料類別：C001、C002、C003、C011 等）。利用對象除本集團外，亦可能包括相關服務的協力機構。如您有依個資法第三條或其他需服務之處，得致電本公司客服中心電話 02-25007718 請求協助。相關資料如為非必要項目，不提供亦不影響您的權益。】

1.C001 辨識個人者：如消費者之姓名、地址、電話、電子郵件等資訊。
2.C002 辨識財務者：如信用卡或轉帳帳戶資訊。
3.C003 政府資料中之辨識者：如身分證字號或護照號碼（外國人）。
4.C011 個人描述：如性別、國籍、出生年月日。

請於此處用膠水黏貼